Il était une autre fois …

Claudie Cohen

Il était une autre fois ...

À Gill et à Ellis -
Un petit bout
de nostalgie

Roman

Amicalement
Claudie

ISBN: 978-1-4457-6226-5

Pour Paul

*Et à la mémoire de mes parents
Sam et Esther Cohen*

Le seul vrai langage au monde est un baiser
Alfred de Musset

PREMIÈRE PARTIE

TITINE

– Maman ! Maman ! Raconte-moi encore quand j'étais toute petite et que Papa et toi vous m'avez trouvée sur le trottoir.
– Mais enfin Mira, arrête ! Tu commences à m'enquiquiner avec cette histoire. Ça suffit ! *That's enough !* Je te raconterai tout ça plus tard. Ce sera pour une autre fois.
La petite trépignait sur place. Elle criait en battant des mains
– Non Maman ! Maintenant, s'il te plaît ! J'aime quand tu me fais peur. Ça me fait comme la *gargouille* dans le ventre.

Longtemps après, alors que des décennies se sont écoulées depuis cette époque, Mira se souvient toujours que sa maman lui racontait qu'un soir où ils étaient rentrés très tard de chez des amis, ils avaient aperçu à la lueur d'un réverbère, un panier en osier abandonné sur le bord du trottoir. En jetant un coup d'œil rapide à l'intérieur, ils découvrirent un nourrisson qui dormait paisiblement emmailloté dans une couverture de laine rose. C'était une petite fille. Ils décidèrent de la garder. Ils l'élèveraient comme leur propre enfant.

– Il pleuvait à verse cette nuit-là. Un temps à ne pas mettre un chien dehors. Tu vois ces petites taches de rousseur que tu as sur le visage, en fait c'est de la rouille causée par l'humidité de cette soirée.
– Et mon nom ? Pourquoi Mira ?
– Un gribouillage, laissé sur un bout de carton et attaché par un ruban à ta cheville, ressemblait à la lettre M. Nous avons pensé papa et moi que c'était peut-être l'initiale du nom que ta vraie maman aurait voulu te donner. Mais tu sais, si tu n'es pas sage et que tu ne m'obéis pas à la lettre, nous te rendrons aux parents qui t'ont abandonnée sur le trottoir.
– Mais papa ne voudra jamais que je m'en aille.
– Sois sure, si je lui dis que tu n'as pas été sage, il le voudra.
– Alors je prendrai toutes mes poupées avec moi.
– Non ! Toutes tes poupées resteront ici et toi tu mettras simplement quelques affaires dans un *bogo* (balluchon) et tu partiras.
– Mais est-ce que tu sais toi où ils habitent mes vrais parents ?
– Oui, bien sûr que je le sais.
– Et bien où ?
– Dans une petite cabane en bordure du désert. Et crois-moi, c'est plein de scorpions par là-bas qui piquent et qui vivent dans le sable.
– Menteuse !
– Quoi ? Qu'est-ce que tu as dit ?

– J'ai dit que tu es une menteuse. Je ne te crois pas. Tu dis tout ça pour me faire peur.

Titine était dotée d'une imagination fertile. Un rat de bibliothèque, elle passait sa vie à lire des romans. Elle lisait et relisait tout ce qui lui tombait sous la main. Des romans de grandes aventures, de cape et d'épée, des romans policiers, historiques, de sorcellerie, de châteaux forts hantés. Tout un tas de livres qu'elle empruntait chaque mois à la bibliothèque circulante « Vient de paraître » de la rue Nébi Daniel.

Elle inventait, combinait, échafaudait toute cette histoire. Une histoire absurde qui n'avait aucun sens, une histoire rocambolesque, abracadabrante, incroyable, rien que pour effrayer la petite.

Mais pourquoi Titine se livrait-elle à un tel subterfuge ? À quoi tout cela rimait-il ? Où voulait-elle en venir ? Mira finirait un jour par la détester. Était-il possible qu'elle ait eu en elle l'instinct de la Thénardier et qu'elle comparait sa fille à Cosette ou même encore qu'elle se prenait pour Folcoche, l'affreuse mère de « Vipère au Poing » le roman d'Hervé Bazin ?

Terrorisée, la pauvre enfant tremblait comme une feuille. Elle allait de chambre en chambre se dissimuler sous les lits ou s'enfermer dans les armoires. Elle se jetait derrière les fauteuils, s'enroulait dans les lourds rideaux en brocard du salon comme si elle voulait disparaitre. Elle tournait, tournait, s'enveloppant dans l'étoffe en tirant fort sur les tentures au risque de les faire chuter au sol. Elle criait avec rage
– Vous ne me retrouverez plus jamais. Je vais m'enfuir très loin et je prendrai tous mes jouets avec moi.

Il y avait des fois où Mira courait vers le balcon et grimpant sur une chaise, se penchait si dangereusement sur la rambarde en pierre qu'elle risquait à tout moment de basculer dans le vide. À plusieurs reprises, les voisins de l'immeuble d'en face étaient accourus avertir Titine du danger. Alors comme punition, sa mère l'enfermait dans une chambre noire après lui avoir flanqué une bonne fessée.

N'empêche que la petite prenait un malin plaisir à ce jeu cruel et s'embarquait dans cette trépidante aventure d'une autre famille qui peut-être existait après tout et qui regrettait de l'avoir perdue à jamais. Elle aimait cette histoire folle et mystérieuse d'une maman qui vivait quelque part aux confins de la ville et qui la cherchait partout pour la dorloter, la chérir et la combler de cadeaux beaucoup plus que celle qu'elle avait à présent.

Ce n'est que des années plus tard que Mira comprit qu'il n'en était rien. En fait, elle avait été une enfant terriblement souhaitée.

*

Une pluie diluvienne est tombée durant toute la matinée. Des torrents d'eau se sont effondrés sur la ville. Partout les éclairs déchirent le ciel suivis par des grondements de tonnerre qui se répercutent au lointain. Et les gouttières, bouchées par les feuilles mortes, débordent, laissant des flaques d'eau subsister autour des caniveaux.

L'orage, qui a éclaté tout à l'heure, semble s'être calmé momentanément, faisant place à une grisaille lourde et brumeuse qui sature l'atmosphère. Il n'est que deux heures de l'après-midi et déjà le ciel a pris la couleur de l'ardoise. C'est comme si la nuit va tomber d'une minute à l'autre.

Fou d'impatience, les poings enfoncés au fond des poches, les dents serrées, Henri arpente nerveusement le parquet fortement ciré à l'encaustique de la salle d'attente de la maternité. De la porte à la fenêtre. De la fenêtre à la porte. Il n'arrête pas de

compter ses pas – dix à l'aller, dix au retour. Les nerfs en boule, n'arrivant pas à rester un seul instant assis, il est maintenant en grand danger d'abimer le plancher.
Il s'arrête parfois devant la paroi vitrée de la porte-fenêtre. Les yeux perdus dans le vague, un peu comme un somnambule et sans prêter beaucoup d'attention à ce qui se passe à l'extérieur, il jette un regard distrait sur le va-et-vient incessant de la circulation qui glisse le long de la rue d'Aboukir.

Au temps de l'Égypte antique, des Ptolémées, cette longue avenue élyséenne, appelée à l'époque la Voie Canopique était bordée dans toute sa longueur de colonnades en marbre, de temples et de portiques dont les débris auraient été ensevelis sous les immeubles actuels. L'artère centrale et la plus importante de la cité d'Alexandre, elle allait de la Porte du Soleil à l'est jusqu'à la Porte de la Lune à l'ouest, traversant la ville d'un bout à l'autre.

À distance, on entend le bruit saccadé et continu des chevaux tirant les fiacres, faisant résonner leurs sabots sur la chaussée mouillée éclaboussant tout aux alentours. Des chauffards pressés d'atteindre leur destination se dépassent à coups de klaxons stridents, tous leurs phares allumés. Et en face, l'immense étendue de gazon vert du champ de course de l'Alexandria Sporting Club n'est plus qu'un amalgame de marécages boueux.
Pour la énième fois, Henri a traversé la salle pour aller jeter un ultime coup d'œil dans le corridor. Rien. Personne. Pas un chat. Pas une âme. Seules d'immenses corbeilles en osier remplies de roses et d'œillets se tiennent devant l'enfilade des chambres comme de fidèles gardes à leur poste.
Il manque d'air. Il se sent suffoquer. Une odeur douçâtre d'éther, mêlée à un parfum rance de fleurs cueillies depuis quelques matins, lui donne la nausée.

Mais où ont-ils disparu ? C'est la steppe désertique dans cet hôpital. Ils l'ont abandonné là tout seul, sans nouvelles, à poireauter pendant des heures, comme s'il attend le Messie et sans lui donner la moindre idée de l'état dans lequel se trouve sa femme. Il pressent qu'il a dû y avoir des complications mais refuse quand même d'imaginer le pire. Et pourtant, toute cette pluie et toute cette grisaille - s'agit-il là d'un mauvais présage ?
Henri est retourné dans la salle d'attente. Il a repris sa marche vers la fenêtre et a collé son front au carreau. Son haleine chaude crée immédiatement de la buée qui lui trouble la vue. C'est ainsi qu'il se sent au plus profond de lui-même - dans un brouillard total.
Il n'a pas fallu grand-chose pour que tout chavire et que tout dégringole. Qu'est-ce qui a bien pu se passer ? Comment les choses en sont arrivées là ? Il se demande à présent pourquoi son univers s'est-il effondré en si peu de temps et médite un moment en essayant de mettre un peu d'ordre dans tous les souvenirs de la veille qui lui reviennent en pagaille dans la mémoire.

En sortant du bureau vers six heures, il était allé prendre une bière avec un collègue de travail chez Gambrinus, une des brasseries de la rue de l'Ancienne Bourse. Il se rappelle s'être attardé dans l'établissement jusqu'au point d'en oublier l'heure. Et quand finalement il s'était décidé de rentrer chez lui, il avait trouvé Titine dans l'obscurité, affalée dans un fauteuil devant la fenêtre et qui lui faisait la tête. Elle était d'une humeur cafardeuse. Elle l'avait attendu entre quatre murs pendant toute la soirée dans l'espoir qu'il retournerait de bonne heure pour l'emmener au cinéma.
Il était triste de lui avoir causé de la peine et voyant le regard anxieux et plein de larmes, il insista qu'il était encore temps et que s'ils se dépêchaient, ils arriveraient à temps pour la séance de neuf heures. On donnait un film français, « Le jour se lève », avec Jean Gabin et Arletty au cinéma « Lumière » une salle pas très loin de chez eux à la rue de la

Gare du Caire.

Une fois installés sur les strapontins, il avait constaté que Titine ne semblait pas être dans son assiette. Elle s'agitait continuellement sur son siège. À trois reprises, elle s'était absentée pour se rendre aux lavabos. Et puis en plein milieu du film, elle lui avait agrippé fortement le bras en lui chuchotant à l'oreille qu'elle était prise d'une violente colique et qu'il fallait qu'ils quittent immédiatement la salle.

Dehors, sur le trottoir, il avait immédiatement remarqué son teint blême et sa mine défaite. Elle était pâle comme un linge et se tenait le ventre. À un moment il avait même cru qu'elle allait s'évanouir. Sans plus attendre, il avait hélé un taxi qui passait en maraude pour rentrer au plus vite. Ils louaient un petit appartement qu'ils avaient déniché quelques mois auparavant, au troisième étage dans un immeuble cossu, avec portier et ascenseur, pas très loin du caracol *(poste de police) de Moharrem Bey dans le quartier grec, un des plus beaux quartiers résidentiels de la ville.*

De retour à la maison, tout s'était déroulé à une rapidité ahurissante. Titine se tordait de douleurs. Il l'avait aidée à se mettre au lit. Mais il n'était pas question de dormir, elle n'arrivait pas à rester un seul instant couchée. Elle avait si mal qu'elle mordait dans un oreiller pendant que lui tournait en rond comme une bourrique ne sachant pas quoi faire pour la soulager. Il se souvient lui avoir donné un peu d'eau de fleurs d'oranger dans un verre espérant que ça l'aiderait à se remonter, mais le breuvage n'avait eu aucun effet. Il avait même essayé de lui frictionner les bras et les jambes avec de l'eau de Cologne, mais c'était peine perdue.

Il était près de onze heures et demie lorsqu'il était allé frapper chez la voisine de palier, une femme dont il ne se rappelait plus le nom. Probablement ne sachant pas qui lui tapait à une telle heure, effrayée, elle avait tout d'abord entrebâillé la porte. Et puis, quand elle avait vu que c'était lui, elle lui avait ouvert. Elle était apparue, ahurie, la robe de chambre largement ouverte laissant voir une combinaison courte en satin bleu nuit avec un empiècement en dentelle beige sur la poitrine.

La femme lui avait semblé drôle à première vue avec la tête surmontée de bigoudis et le visage recouvert d'une épaisse couche de crème. Elle tenait dans la main droite une cigarette et dans l'autre la boite ronde de Nivéa en métal bleu foncé.
– Ah z'est vous ? Excusez-moi, zé né zavait pas exactement ...
– Pardon ! C'est plutôt à moi de m'excuser de vous déranger à une telle heure. Puis-je vous demander de rester quelques minutes avec ma femme le temps que j'aille téléphoner à son médecin ?
– Elle ne zé zent pas bien ?
– Elle a de très fortes douleurs en ce moment.
– Zézus Marie Zozeph ! Attendez, z'arrive tout dé suite.
Machinalement, elle avait fait le signe de la croix avec la main qui tenait la cigarette. Henri réalisa qu'elle devait être du rite catholique - elle se signait de gauche à droite. Avec un accent grec à couper au couteau, il aurait juré qu'elle était orthodoxe.
Dans la rue, il avait eu une veine inouïe de trouver le café du coin encore ouvert. Le garçon qui déambulait le long du trottoir dans l'attente d'un dernier client avant la fermeture, l'avait vu traverser la chaussée en courant et compris qu'il venait pour le téléphone. Aussitôt, il était retourné dans l'établissement et s'était glissé derrière le comptoir pour lui remettre l'appareil qui se trouvait sur une étagère. Et sans qu'il le lui ait demandé, il était allé lui préparer une limonade glacée. Il avait dû se rendre compte qu'il en avait bien besoin. En soulevant le récepteur en bakélite noir pour appeler la centrale, Henri s'était aperçu combien sa main tremblait.
Mais le médecin l'avait rassuré. Le Secours d'Urgence n'allait pas tarder à arriver. Effectivement, un quart d'heure plus tard, Titine était en route pour l'hôpital. Elle semblait plutôt rassérénée. Pourtant quand il avait vu se refermer la portière de l'ambulance, il était resté anéanti, les bras ballants sur le trottoir. Encore une fois elle risquait de perdre le bébé.
Le professeur Zondek, qu'ils étaient allés consulter à Jérusalem, les avait avertis d'une pareille éventualité : « Il faudra surveiller de très

près la fin de la grossesse. Le fœtus ne pourra peut-être pas résister les neuf mois. »

Après deux fausses couches plus une grossesse hors matrice, on leur avait recommandé un éminent gynécologue de réputation mondiale qui se trouvait souvent en visite au centre médical de la Hadassah à Jérusalem.

Bernhard Zondek avait fait ses études à Berlin, où il avait obtenu son doctorat. Après la montée des Nazis au pouvoir, renvoyé, il avait quitté l'Allemagne pour Stockholm et ensuite pour Jérusalem. Et voilà que grâce à un traitement efficace, Titine a pu tenir jusqu'au huitième mois. Pendant toute cette période, Zondek est resté en contact permanent avec son médecin à elle à Alexandrie. Et à la suite d'une consultation, ils ont décidé ce matin d'opter pour une césarienne. À présent, il ne peut rien faire d'autre qu'attendre.

Henri jette un regard furtif à sa montre Movado et pousse un profond soupir. Comme il s'y attend, les aiguilles du cadran se sont à peine déplacées.

Brisé de fatigue, n'ayant pas fermé l'œil de la nuit avec toutes ces images qui le hantaient, il a fini par s'affaisser dans un fauteuil et semble s'être assoupi juste au moment où il croit entendre des pas dans le corridor - des pas empressés et scandés. C'est probablement une infirmière qui martèle le sol marbré avec les talons de ses souliers. Mais ces pas décisifs qui se rapprochent rapidement semblent venir vers lui.

Immédiatement il prend conscience de la situation. Son cœur s'est mis à battre à un rythme fou. Il a subitement très peur. Une sueur froide ruisselle sur son visage. Il sent sa chemise lui coller à la peau. Il a tout compris. Quelqu'un court lui annoncer une mauvaise nouvelle. Il essaye de chasser cette idée noire de son esprit et ne sachant plus à quel saint se vouer, il tourne un regard livide vers la porte.

Mais ce n'est pas du tout ce qu'il imagine. Mais qu'est-ce qu'il

voit ? Ce qu'il a devant lui est impensable. Il n'en croit pas ses yeux. Madame Grushkine, la sage-femme, dans son uniforme amidonné, d'un blanc impeccable avec un long fichu d'infirmière en forme de trapèze sur la tête, est là debout devant lui, dans l'encadrement de la porte de la salle d'attente. Elle tient dans le creux de son bras un nourrisson enroulé dans une couverture. Elle affiche sur son visage un sourire imperceptible. Son regard est droit, sec avec des yeux d'un bleu d'acier qui le transpercent.
– Monsieur Lévy, nous avons une petite fille pour vous. Elle est parfaite. Tout est en ordre.
Mais ça ne suffit pas ! Henri a toujours très peur. Cette peur effroyable qui continue à lui tordre les entrailles. Son angoisse a atteint son paroxysme. Il se met à fixer intensément le cadran de la petite montre ronde que la sage-femme a épinglée comme une broche sur la poche de son uniforme comme s'il veut arrêter le temps. Rebrousser chemin. Retourner en arrière. Se boucher les oreilles. Ne pas entendre ce qu'elle a à lui dire. Puis, lentement, il relève la tête et tend vers elle un visage plein de supplication. Ses lèvres tremblent. Il n'ose pas prononcer la question qui le torture mais connait déjà la réponse. Titine est morte pendant l'intervention mais le bébé a survécu.
– ...
L'inquiétude de son regard a surpris la sage-femme.
– Mais voyons donc Monsieur Lévy ! Ne vous inquiétez pas comme ça ! Vous allez vous rendre malade. Votre femme se porte bien, mais elle dort pour le moment. On vient à l'instant de la ramener dans sa chambre. Elle est encore sous l'effet de l'anesthésie. Revenez la voir dans la soirée. Elles auront énormément besoin de vous toutes les deux dans les prochains jours.
Henri Lévy souffle un grand coup - il revient de loin. Dieu soit loué ! Le soulagement se lit sur son visage. Titine est là, saine et sauve, quelque part dans cet hôpital. Elle dort. Elle respire. Elle

est vivante. Elle vient de lui donner un enfant.

Les larmes lui sont montées aux yeux. Il bredouille un « Je peux » inaudible entre ses dents. La sage-femme a entendu

– Rien que quelques instants. Ensuite je la ramène à la pouponnière. Vous la reverrez dans la soirée.

Madame Grushkine ne se perd jamais dans de longs discours. Tout ce qu'elle dit est succinct, net et précis comme une horloge. D'ailleurs, elle n'a jamais grand-chose à dire. Sauf que quand elle le dit, elle ne mâche pas les mots. Elle délivre ses ordres comme un commandant à ses troupes. C'est une femme d'un tempérament acerbe, inflexible et sévère.

Elle n'a rien d'une *daya*. Elle n'a rien de ces bonnes femmes qui arrivent, retroussent les manches, s'affairent en demandant immédiatement qu'on leur prépare des bassines d'eau bouillante. Ces femmes obligeantes et généreuses qu'Henri a connu dans son enfance avec leurs grosses mains expertes qui faisaient accoucher tout le quartier. Petit, il avait souvent observé ces accoucheuses dans l'embrasure d'une porte ou derrière un rideau. Et quand il entendait les cris perçants de la mère, il savait que le moment était venu d'ébouillanter le bébé. Alors affolé, comme un diable, il courrait se cacher sous un lit ou dans un placard de peur qu'on ne l'attire lui aussi dans la bassine.

Henri est resté interdit, sans paroles, là enfoncé dans son fauteuil. L'émotion lui a ôté l'usage de ses jambes. Il ne bouge plus. Lui qui a parcouru cette pièce pendant des heures, est maintenant cloué à sa place. La sage-femme s'est approchée et lui met avec fermeté le petit être dans les bras.

Il s'est levé et a pris le léger fardeau des mains de l'infirmière comme si c'est un objet rare en porcelaine. Il n'arrive pas à imaginer la *baraka* qu'il a. Il s'est penché sur le minuscule visage. Cette petite chose molle et chaude enroulée dans une couverture et qu'il tient dans les bras est bien à lui. Il la regarde intensément. C'est vrai ce qu'on raconte. « Les bébés des césariennes semblent avoir été repassés. » Elle a la peau toute lisse, toute fraiche, toute rose et les yeux bleus - les yeux de Léah.

Il y a longtemps qu'il attend ce moment. Une enfant. Sa propre petite fille, à lui. Ce n'est pas possible. Il s'est pincé le bras au point de se faire mal pour s'assurer qu'il ne rêve pas. Il veut crier sa joie. Battre tambour. Il plane sur un nuage. Mais il faut redescendre sur terre. Il a un tas de préparatifs à faire dans les prochaines heures. Il ferait mieux de se dépêcher.

Dévalant l'imposant escalier de l'hôpital Israélite, taillé dans le marbre de Carrare, Henri traverse le hall jusqu'à la réception. En passant devant une somptueuse corbeille de fleurs, il pique un œillet rose qu'il met à sa boutonnière. Henri est un homme heureux. Il respire le bonheur. Il voudrait escalader le comptoir pour aller embrasser la réceptionniste, lui sauter au cou, la serrer dans ses bras, lui dire qu'il est père d'une petite fille, mais il préfère plutôt lui demander s'il peut utiliser le téléphone.

Il soulève le récepteur et donne le numéro à la centrale - 1-9-5-7. Elle le met immédiatement en contact avec la Glacerie Panagos à Ibrahmieh.

– Allô ? Allô Omar, est-ce que tu m'entends ? C'est Henri à l'appareil. J'appelle de l'hôpital. J'ai de très bonnes nouvelles. Je t'en prie, envoie le gosse en haut chez ma mère pour lui faire savoir que nous venons d'avoir une petite fille. Et qu'il lui dise qu'elle a les yeux bleus comme les siens.

– Tu es sûr que c'est une fille ? Tu as bien vérifié ? Tu sais ils font souvent des erreurs dans les hôpitaux. *Ya khabar abyade* (quelle drôle de nouvelle) se dit Omar.

– Mais oui que je suis sûr ! Un amour de petite fille.

– OK ! *Maaleche habibi* (Tant pis, mon ami). Dans tous les cas *mabrouk* (félicitations), mille *mabrouks*. Tu verras, ce sera un garçon la prochaine fois. Ne t'en fais pas ! Dieu y pourvoira ! Je vais immédiatement expédier le petit chez ta mère pour lui communiquer la nouvelle.

Dehors, une heure d'éclaircie n'a été que de courte durée. Le ciel a repris sa couleur grise. Il a recommencé à pleuvoir. Une pluie fine et persistante et qui refuse de s'arrêter. Henri évite de justesse de patauger dans une flaque et saute lestement dans un taxi libre qui vient à l'instant de déposer un client dans la cour.

Avant de s'engouffrer dans la voiture, Il s'est retourné un instant pour contempler la façade de l'hôpital. Cette imposante bâtisse construite en pierre blanche et grès rose. La fierté de la communauté Juive d'Alexandrie et qui maintenant abrite sa nouvelle famille.

— *'Alla fenne ya Bey ?* (Où est-ce que nous allons, chef ?) Lui demande le chauffeur pendant qu'il bascule le drapeau du taximètre pour le remettre à zéro.

Par où commencer, se demande Henri qui est dans un état d'allégresse et d'euphorie qu'il n'a pas ressenti depuis longtemps. Tant de choses à organiser, tant d'achats à faire en si peu de temps.

Il en avait eu purement et simplement par dessus la tête de ces superstitions, de ces légendes absurdes, de ces ragots de bonnes femmes qui ne permettaient jamais de faire de préparatifs pour la naissance d'un bébé. Et dans leur cas à eux, c'était encore pire. S'ils avaient pris la moindre initiative, comme déménager ou acheter une layette, c'était comme s'ils faisaient un pacte avec le diable. Henri et Titine avaient complètement abandonné depuis longtemps l'idée qu'ils auraient un jour pu avoir un enfant. Et à présent, voilà que l'enfant était là et que rien n'était prêt.

Tout compte fait, la tâche la plus urgente est de trouver quelque part où loger. Titine lui a dit à maintes reprises

— Je ne me vois pas avec un bébé dans cet appartement. Il est trop exigu, trop sombre. Il me donne la *claustro*. Il faut trouver quelque chose de plus spacieux, d'ouvert, pas trop ensoleillé, avec une véranda ou des balcons, à Ramleh peut-être, pas en pleine ville.

— Mais, je ne comprends pas. Tu le voulais tellement cet appartement. Tu l'appelais ta petite bonbonnière. Tu t'en es déjà lassée ?

— Je ne sais pas. Je ne l'aime plus. Je veux autre chose. Depuis que nous sommes ici, je sens que cette maison me fiche la poisse.

— D'accord, ma chérie. Nous chercherons ailleurs.

À un moment, ils ont envisagé de déménager dans la banlieue du côté de Ramleh, mais avec la grossesse incertaine de Titine, tous les mois ils remettaient le projet à plus tard. Et puis, ils ont trouvé cet appartement au centre-ville qui à l'époque leur a beaucoup plu. Maintenant il n'y a plus une minute à perdre.

Il lance au chauffeur l'adresse de l'épicerie grecque qui se trouve à la gare de Sporting, à Ramleh.

— Ma femme vient de donner naissance à une petite fille et j'ai besoin de nous trouver un logement.

— Mon pauvre homme ! Je vois que tes ennuis commencent. Laisse tomber le logement. Ne te casse pas la tête. Et puis qu'est-ce que tu as à faire dans une épicerie ? Je vais plutôt te déposer à la gare de Sidi-Gaber.

— Comment à Sidi-Gaber ?

— C'est ce que je suis en train de t'expliquer. Profite que ta femme est à l'hôpital pour quitter la ville pendant que tu y es. Écoute-moi bien. Tu as une femme, maintenant tu en as deux. Qui sait dans quel enfer tout cela va te mener ? Qu'est-ce que tu attends ? Qu'une pastèque te tombe sur la tête ? Crois-moi dans une situation pareille, il vaut mieux prendre la fuite. Les femmes, ça n'apporte que des ennuis. Ça veut ceci, ça veut cela et en fin de compte, ça ne veut rien du tout. *El nesswane, koullou hawa* (les femmes, ce n'est que du vent). Comment allons-nous faire avec elles ? Et comment allons-nous faire sans elles ?

Henri éclate de rire. Il aime l'humour égyptien. Cet esprit vif et

alerte, toujours penchant du côté optimiste des choses avec un sens aigu de la repartie en toutes circonstances. Dans ce monde, il vaut mieux tout prendre à la rigolade. Rien au sérieux ! Après tout, la vie n'est qu'une grosse farce dont il faut seulement rire.
Il règle au chauffeur le montant de la course affiché sur le taximètre et rajoute un bakchiche. Celui-ci le dépose devant l'épicerie Christo.

Depuis le début du XXe siècle, la communauté européenne d'Alexandrie avait commencé sa lente migration vers les quartiers résidentiels à l'est de la ville. Le quartier Juif, le haret el yahoud, avait toujours était localisé dans les environs de la rue de France à proximité du port Ouest. Mais depuis l'arrivée continuelle de nouveaux immigrés venant des quatre coins de l'empire ottoman, attirés vers l'Égypte par le développement d'un commerce est-ouest, la ville avait pris un essor considérable. Les familles plutôt fortunées avaient profité pour déménager dans de plus amples propriétés du côté de Ramleh.
Souvent l'épicier du quartier était au courant des nouvelles constructions aux alentours et donnait des renseignements pro bono sur tel ou tel logement disponible. Bien qu'en réalité il ne vendait que des produits alimentaires, on trouvait chez lui les contrats de location, le tarif des taxes ainsi que tous les timbres nécessaires une fois que la transaction eut été effectuée.
Le logement trouvé, il n'y avait plus qu'à signer le bail. Cela se faisait sur-le-champ. Deux signatures étaient requises, celle du locataire et celle du propriétaire. Ce dernier, fréquemment habitant les lieux, était joignable sans délai.

Christo, l'épicier, lui fait savoir qu'un appartement est disponible au premier étage d'un immeuble récemment construit dans la rue Zananiri Pacha pas très loin de la station de tram, avec une vue splendide sur les terrains du Sporting Club. Une autre recommandation est que Christo et sa famille occupent l'appartement du deuxième dans le même immeuble.

Henri est pressé. Il n'a pas une minute à perdre. Après tout, c'est peut-être une aubaine. Il emporte toute la paperasse et se rend à l'adresse rue Zananiri. L'immeuble est coquet, moderne avec en plus portier et ascenseur. Il rencontre le propriétaire, Signor Parazolli. Un type assez excentrique, qui le reçoit en pyjama. Un pyjama rayé dans les couleurs du drapeau italien. Il cligne des yeux constamment et ne semble pas voir plus loin que le bout de son nez. Il porte d'étranges lunettes rondes d'apothicaire et aux pieds de vieilles savates trouées qu'il aurait dû jeter depuis longtemps. C'est un petit homme, nerveux, rachitique, la cigarette continuellement clouée au bec et un bonnet de laine sur la tête. Il se traine en marchant.

Parazolli le fait visiter sommairement l'appartement. Il est vide, vaste, clair, avec de belles dimensions, occupant un coin entier de l'immeuble. Il se compose de trois chambres à coucher, deux salons, une salle à manger, un immense hall d'entrée carré (qui à la rigueur pourrait servir de salle de séjour), cuisine, office, salle de bain et petit cabinet de toilette pour les domestiques. Téléphone. Balcons s'ouvrant sur toutes les pièces, plus l'usage de deux chambres de bonne sur la terrasse et d'un abri antiaérien souterrain pour les locataires. Il est vacant et ils peuvent emménager immédiatement. Le loyer est de cinq livres égyptiennes par mois avec un « bon de sortie » négligeable.

Henri signe le bail sans même le lire et l'affaire est conclue. Il remercie l'Italien et lui serre chaleureusement la main. Elle est gelée.

— Je vous envoie les quittances du loyer en début de mois. Mais pour ce qui est de l'électricité, il vous faudra établir un contrat individuel avec Lebon & Cie, lui dit l'Italien au moment où les deux hommes se séparent.

— Et pour le gaz ?

– Pour le gaz, c'est autre chose. Ce n'est pas le centre-ville ici. Nous sommes encore avec les bonbonnes de Butagaz dans le quartier. Faites un arrangement pour que l'on vous les livre à domicile. Pour le reste, demandez au portier. C'est un brave homme, un *barabra*, de Nubie, excessivement débrouillard. Il s'occupera de tout.
Titine va être ravie. C'est exactement ce qu'elle souhaite. Du moins, c'est ce qu'il espère. Avec Titine on n'est jamais sûr de rien !
Sur le chemin de la station, Henri se demande pourquoi cet abruti de Parazolli se pavane dans les couleurs italiennes. N'est-ce pas pousser le patriotisme un peu trop loin ? Par les temps qui courent, il faut être fou à lier pour s'exhiber de la sorte. Mussolini a déjà signé un pacte avec Berlin. L'Italie va surement entrer en guerre du côté allemand et lui Parazolli dans son accoutrement bariolé risque de finir en saucisson.

Entre-temps à l'hôpital, Titine, avec sa santé plutôt précaire, se remet lentement de sa césarienne. Quatre ans de souffrance, d'incertitudes, de cauchemars, plus les allées et venues à Jérusalem, les traitements, les longs séjours en clinique pour pouvoir finalement donner naissance à un enfant - cela en est trop ! Pendant tant d'années, elle a supporté tous ces supplices sans se plaindre. Aucune femme n'a le droit d'être mise à si dure épreuve. La malheureuse en a soupé de tous ces problèmes d'enfantement !
Elle se demande s'il a été raisonnable après tout de faire un enfant. Quel va être l'avenir de cette petite avec déjà une condamnation à mort sur la tête avant même d'avoir vu le jour ? D'un côté une guerre qui se présente sous les pires auspices et qui pourrait devenir mondiale. De l'autre, les Juifs pourchassés sans relâche un peu partout en Europe. La flotte anglaise amassée en Méditerranée. Les Italiens aux aguets ! Quelle

débâcle !
Titine se sent submergée, fragilisée, malheureuse. Elle ne sait plus à quoi se raccrocher. Elle vient de perdre sa mère quelques mois auparavant après huit ans de calvaire. La pauvre femme ne s'est jamais consolée de la perte de son fils unique. Et maintenant, depuis deux ans déjà, son père souffre de la maladie de Parkinson. C'est Titine qui s'occupe de tout avec l'aide de la bonne grecque, Calliopi, qu'ils appellent affectueusement Poppy et qui est loyalement restée à leur service depuis leur arrivée de Salonique.

Renversée sur les oreillers dans une parure en soie vert Nil, brodée à la main par les sœurs de charité, les cheveux épars, alanguie, le teint pâle, Titine soupire. Elle contemple cet avenir incertain en fixant ses yeux noisette sur un morceau d'arc-en-ciel qu'elle observe à travers la vitre de la porte-fenêtre.
Comment va-t-elle se débrouiller à présent avec un bébé sur les bras ? Elle se console en se disant qu'elle demandera à Poppy de venir lui donner un coup de main jusqu'à ce qu'elle s'organise et qu'elle se trouve une bonne.

À quatre heures tapantes, la porte de la chambre s'est ouverte brusquement et Titine est prise d'une vague sensation de vertige. Toutes ses amies sont là. Elles sont toutes venues en force à l'hôpital. Elles ne l'ont pas abandonnée.
Les mains gantées, munies de la traditionnelle boite de friandises, d'ensembles layette ou de petits bijoux en or souvent sertis de turquoises pour être à l'abri du mauvais œil, Fifi, Lydia, Mireille, Lili, Nadine, Aimée, Marcelle, Francine, Magda papillonnent autour de l'accouchée. Aucune ne manque à l'appel.
Élégantes, sur leur trente et un, hissées sur de hauts talons, avec des jupes « crayon » qui leur tombent jusqu'aux chevilles et des vestes dans des étoffes sombres et chatoyantes, tellement cintrées

à la taille qu'elles risquent à tout moment de perdre connaissance. Elles babillent toutes en même temps et à une telle rapidité qu'elles trébuchent sur les mots, posent mille et une questions, n'écoutent rien mais par contre ne veulent pas rater le plus petit détail juteux lorsqu'il s'agit de potinage.
Pour une visite à l'hôpital, certaines sont venues drôlement chapeautées. Fifi arbore un superbe turban en soie sauvage vert bouteille. D'autres, de tout petits bibis inclinés sur le front avec des voilettes mouchetées. Magda porte une toque en feutre lie-de-vin surmontée d'une aigrette. Aimée, un modèle avec le voile relevé et bouillonné.

– Tu sais en fin de compte, je dois te dire que c'est Katz qui m'a sauvé la vie. Sans lui je serais aujourd'hui au cimetière de Chatby. Il a réalisé immédiatement que je souffrais d'une appendicite aiguë. Il n'a pas voulu attendre un seul instant, il m'a tout de suite opérée à chaud.
– Dis-moi Aimée, tu la trouves comment la Grushkine ?
– Un peu sévère sur les bords, tu ne penses pas ?
– Sévère ? Moi j'aurais dit plutôt bourreau d'enfants.
– Et dire qu'elle les fait naitre !
– Moi, tu sais, ajoute Lili, je faisais de ces angines carabinées qui me clouaient au lit tout l'hiver avec une fièvre de cheval à tout casser et des amygdales grosses comme des cailloux. Je vivais nuit et jour avec des cataplasmes d'antiphlogistine autour du cou. Et finalement c'est Nazarian, notre médecin de famille qui m'a envoyée chez Gorélik. Et lui, bistouri en main, m'a faite passer immédiatement sur le billard, il y a juste trois mois. À présent je me porte comme un charme.
– Lydia, dis-moi, tu as une mine resplendissante.
– Avec la guerre en Europe ma chère, cette année je n'ai pas pu partir pour Aix-les-Bains. Alors faute de mieux je me suis prise deux semaines à Hélouân. Je n'ai trouvé aucune différence, sauf

le prix bien sûr. La moitié de ce que me coûte la France. Le climat était paradisiaque. Sec avec vingt et un degrés tous les jours. Des bains de soufre et des traitements hydro thérapeutiques sans oublier les massages. La vie au grand air ! La belle vie, quoi !
– Dis donc Francine, il est superbe ton ensemble. Tu es d'un chic fou ! Paris ?
– Jean Desses, ma chérie ! Je me demande ce que mon mari essaye de se faire pardonner cette fois-ci ? Mais c'est fini tout ça !
– Comment ça, c'est fini ?
– Et bien oui ! Finies ses petites gambades parisiennes et toutes les midinettes qu'il devait s'envoyer à tout bout de champ. Il ne partira plus batifoler à l'étranger.
Francine, soulagée d'avoir enfin dévoilé son secret à ses amies et du coup ôté le poids qui l'oppresse, monte sur une chaise, retire le foulard Hermès qu'elle a autour du cou et levant le bras en un geste théâtral, le fait virevolter en l'air comme Jeanne d'Arc avec son étendard en criant à tue-tête « Hourrah ! La France est en guerre ! Les départs sont annulés jusqu'à nouvel ordre ! »

À l'instant même, la porte de la chambre a bougé et laisse apparaitre Claire, la sœur ainée d'Henri. Elle a mis son éternelle robe noire au décolleté carré. Ses longs cheveux couleur d'ébène tirés dans un chignon épais lui donnent un aspect rigide. Encadrée dans le chambranle, elle ressemble à un de ces portraits austères de la famille des Borgia. Elle tient son manteau et son sac sur l'avant-bras. Elle est arrivée, flanquée de sa mère.
Ses yeux jettent un regard circulaire tout autour de la pièce. Son visage s'est rembruni et elle reste ébahie par la vue qui s'offre à elle. Qu'est-ce que c'est que ce cirque ? Elle hésite un instant. Mais avec tout ce grabuge, elle décide de rebrousser chemin. Titine veut dire quelque chose, mais Claire ne la laisse pas finir sa phrase. Empoignant sa mère par le bras, elles repassent la porte

et repartent dans le couloir duquel elles viennent d'arriver. Soit elles se sont trompées de chambre, ce qui n'est pas le cas, soit sa belle-sœur a perdu la boussole en fréquentant cette bande de débauchées.

Aussitôt Titine qui vient de réaliser la catastrophe, demande à l'une de ses amies de courir les rattraper. Elle est fort embarrassée. Quelle déveine qu'elles soient toutes venues en même temps à l'hôpital. Elle se sent gênée devant sa belle famille par toutes ces femmes folichonnes, qui gigotent constamment en se trémoussant et en se racontant sans cesse les derniers cancans de la ville.

Ne voulant pas causer d'éclat et en faire une querelle de famille, Claire et sa mère retournent et vont s'installer dans un coin de la pièce à l'écart des autres. Les amies se calment et certaines sortent sur la véranda pour fumer.

Claire, les lèvres pincées, les mains jointes, posées sur son ventre, le regard haineux, les observe du coin de l'œil, derrière la baie vitrée, manier leur fume-cigarette avec des gestes affectés. Un bruit assourdi de rires lui parvient du balcon. Elle se demande si elles ne sont pas en train de se moquer d'elle. Mais elle s'enfiche carrément de toutes ces femmes prétentieuses et stupides. Qu'elles aillent toutes au diable Vauvert !

Elle tourne la tête et demande à Titine d'une voix nasillarde.

– Où est la petite ?

– Ils la gardent à la pouponnière pour l'instant.

– Tant mieux ! Avec tout ce monde, c'est préférable. Ça pourrait lui donner de mauvaises habitudes !

Titine a essayé de faire de son mieux pour détendre un peu l'atmosphère. Elle a même proposé d'ouvrir une des boites de caramels qui s'empilent périlleusement sur la table de chevet. Mais au moment d'offrir le contenu à l'assemblée, elles éclatent de rire en découvrant à l'intérieur des sucettes à la menthe - surement destinées à une fête d'enfant. Ces boites de friandises circulent continuellement mais elles ne sont jamais ouvertes. Simplement elles se les offrent de l'une à l'autre.

Claire s'est levée. Elle décide que la visite a assez duré. Elle rajuste son corset qui est remonté, en le tirant vers le bas dans un geste disgracieux. Elle enfile son manteau en se secouant dans les manches étriquées du vêtement et se baisse pour ramasser le sac qu'elle a posé parterre. Il est temps de partir. *Basta !* Elles ont fait leur devoir. Rien ne les retient plus ici.
— Vous partez déjà ? Demande Titine d'une voix chevrotante.
— Oui, il est temps. Mais nous allons tout d'abord passer à la pouponnière pour voir à qui ressemble la petite.
Sa belle-mère se penche pour l'embrasser.
— Surveille bien ta santé, *habibti* (chère). Tiens, ça c'est pour toi. C'est de la *bessissa*, une recette marocaine de chez nous. Je l'ai faite ce matin. Tu vas voir. C'est très bon pour l'allaitement et très fortifiant - un mélange de noix, de fruits secs et de miel.
Titine s'est emparée vivement du paquet que Léah tient dans la main et l'a fourré sous les couvertures. Mais pour qui la prend-on ? Pour une vache laitière ? Fortifiant ? C'est la dernière chose dont elle a besoin. Elle ne compte pas allaiter l'enfant. Elle va reprendre sa ligne le plus rapidement possible et la petite sera nourrie au biberon.

— Tu appelles ça des femmes ! Claire dit à sa mère en allant prendre l'autobus. Tu as vu toute cette *marmata* (débauche). Qu'est-ce que c'est ? Des filles de la *harrah* (impasse). Rien de plus. Je préfère me taire et ne pas dire ce que j'ai sur le cœur. C'est une honte. Et celle qui était debout sur la chaise. Quelle *fédiha* (scandale). Et dans un hôpital par dessus le marché !
— Mon pauvre fils. Que Dieu lui donne la force et la santé ! Avec ce genre de fréquentations, j'imagine qu'elle est en train de le

faire vivre au-dessus de leurs moyens.
– Dans quelle horreur de milieu mon frère est tombé ! Ça lui apprendra d'épouser la première venue. Il aurait mieux fait de prendre une fille de bonne famille. Une fille de chez nous, racée, avec de la distinction et des belles manières ! Quant à la petite, elle ne ressemble à personne de notre côté. Va voir d'où elle sort !
– Mais comment ? Elle a les yeux bleus, comme les miens.
Claire se retourne vers sa mère et se met à crier en plein milieu de la rue en faisant des gestes avec les mains.
– D'où par où ? Qui t'a dit qu'elle a les yeux bleus ? Nous n'avons rien vu. Ils étaient fermés. Et puis, tu ne sais pas que beaucoup de nouveau-nés ont les yeux bleus quand ils naissent ?

CLAIRE

Claire, une femme au tempérament autoritaire et contradictoire, avait constamment l'air d'être de mauvaise humeur - on ne la voyait jamais sourire. Avec un caractère querelleur, souvent sur la défensive, prête à s'attraper avec le premier venu, elle se plaignait de tout et rien ne la satisfaisait. Par moments, elle rendait la vie insupportable à ses proches.
Elle avait la fâcheuse habitude de remettre les gens en place. Son franc-parler agaçait souvent ceux qui se trouvaient autour d'elle. « C'est comme ça, c'est à prendre ou à laisser. Moi je suis une personne qui aime la franchise, je préfère dire la vérité en face et tant pis si ça blesse. » Gare à son mari, à ses enfants, aux domestiques s'ils entravaient son passage ou s'ils l'irritaient

quelle qu'en soit la raison. Un rien la contrariait. Elle se comportait en tyran - *personne ne pouvait sur elle.*

Claire s'habillait souvent en noir ou en foncé comme si un deuil venait tout à coup de frapper sa famille. Favorisant les robes aux décolletés carrés, elle exhibait quelquefois un superbe clip serti de brillants qu'elle fixait dans un coin de l'échancrure du vêtement. Ce même clip qu'elle avait quasiment contraint Edgar à lui offrir à l'occasion de leurs fiançailles. Il se l'était procuré à un prix avantageux chez un cousin de la famille, bijoutier à la *sagha* (marché des orfèvres). Elle le portait avec un de ces « m'as-tu-vu ? » insolent et effronté.

Le visage rond, le front haut, les joues roses et potelées, Claire ne mettait jamais de maquillage, sauf un peu de poudre et du rouge à lèvres. Elle se flattait d'avoir le teint frais, net, la peau tirée qu'elle expliquait par l'usage quotidien d'une lotion florale à base d'eau de rose et d'hamamélis. Une recette jalousement gardée qu'elle avait obtenue chez le pharmacien Lorenzo à la rue Peluse dans le quartier d'Ibrahmieh.

Elle n'utilisait que la poudre Caron, couleur Rachel. « C'est la meilleure, la plus fine, la plus chère. C'est la seule qui sied si bien à mon épiderme délicat. » Sur ses lèvres, le rouge Baiser lui créait une bouche vermeille en même temps que boudeuse car elle affichait souvent sur son visage une moue renfrognée.

Par contre, elle adorait se parfumer. Pas avec des parfums de pacotille comme Bonjour ou Bon Soir de Chabrawishi – elle préférait les grands parfums. Les parfums capiteux et chers comme ceux de Paris. Quand elle entrait dans un salon, elle annonçait toujours son passage par sa fragrance préférée – Crêpe de Chine de Millot !

Ses cheveux étaient tirés en arrière avec une raie parfaite et attachés en un chignon impeccable sur la nuque qu'elle fixait avec des épingles et quatre petits peignes en ébonite noire. Pas

une mèche ne dépassait ni ne s'échappait de sa chevelure. La taille emprisonnée dans un corset « Scandale » elle se tenait toujours droite, le port altier, la poitrine bombée avec un regard perçant qui donnait l'impression qu'elle reprochait constamment une incartade à quelqu'un. Ses petits-neveux étaient pétrifiés par cette tante tout habillée de noir qui ressemblait à leurs yeux à la fée Carabosse. Quand ils la voyaient s'approcher, ils se faisaient tout petits en espérant ne pas se faire rabrouer. Elle leur parlait souvent avec un ton de reproche dans la voix.
– Venez par ici ! Qu'est-ce que vous faites petits garnements ? Des bêtises, j'imagine. Je n'en doute pas un seul instant. Gare à vous si j'apprends que... Gare à vous ...
L'air penaud, ils baissaient la tête. Cette phrase « Gare à vous » les effrayait. Elle leur faisait toujours penser à « loup garou » Gare à vous, loup garou, gare à vous, loup garou !
– Non, Tante, je te jure, nous sommes très sages.
Claire aimait se faire passer pour une personne sérieuse et intelligente mais en réalité elle était pleine de coquetteries et de superstitions.
Parfois, assise dans un fauteuil, elle se mettait de biais cherchant à se placer dans un angle avantageux. Plongeant la main dans son sac, elle faisait ressortir un genre de minaudière en argent de forme rectangulaire, le couvercle orné d'une feuille d'acanthe sertie de turquoises. Elle levait le bras à hauteur de son visage et se regardait dans la petite glace pour peaufiner son maquillage ou sa coiffure ou pour ajuster son rouge à lèvres. Elle le faisait de manière à exposer les petites pierres bleues du poudrier devant les yeux de ceux qui se trouvaient autour d'elle juste au cas où quelqu'un décidait de lui *flanquer* le mauvais œil.
Edgar son mari, son souffre-douleur, sa victime, sa cible, n'avait jamais voix au chapitre. Il ne comptait pour rien. D'ailleurs, il ne prononçait pas plus de deux mots en sa présence. C'étaient des « oui *ya rohi* » et des « oui *ya 'eni* ». Il préférait ne pas trop

provoquer sa colère car une simple conversation risquait de finir par une chamaille. Elle voulait dominer et avoir raison à propos de tout. À peine ouvrait-il la bouche pour répondre à quelqu'un, que le malheureux était immédiatement arrêté dans ses paroles d'une manière dictatoriale : « Edgar, qu'est-ce que je t'ai dit avant de sortir de la maison : *basse escotte* (seulement tais-toi) »
Edgar se taisait mais il n'était jamais offensé. Il adorait sa femme. Il faisait tout pour lui rendre la vie agréable - jusqu'à ce que la mort les sépare comme il disait. C'était sa dulcinée, sa raison d'être. Le jour de son anniversaire, il faisait égorger un mouton et tous les petits indigènes du domaine venaient jouer la *taraboka* (tambour) sous sa fenêtre pour lui souhaiter bonne fête - elle aurait préféré des bas de soie et une soirée au cinéma.

En début de saison, il allait cueillir dans le verger les primeurs et venait les lui offrir le matin à son réveil. Les premiers abricots, les premières goyaves, les oranges, les mandarines étaient pour elle.
« Qui t'a demandé de les cueillir ? Ils sont encore verts et durs comme la pierre avec un gout de médicament. Amères. Jetables. *Zeft !* (Horreur). Tu es un imbécile fieffé ! *Yalla*, débarrasse-moi de tout ça. Jette tout à la *zibala* (poubelle). Et ne fais jamais plus rien sans me le dire. »

Le samedi, c'était le jour sacré. Le jour du cinéma. Ils prenaient de bonne heure la navette de Damanhour pour se rendre à Alexandrie. Ils passaient la nuit chez Léah et retournaient le lendemain au village.
Claire avait en horreur les transports en commun avec toute cette racaille en guenilles, cette horde de va-nu-pieds qui puaient, transpiraient, toussaient, éternuaient, crachaient par terre et se mouchaient sur la manche de leur gallabieh. Elle abominait tout ce monde répugnant.

– Edgar, surtout ne t'assois pas à côté de cette pouilleuse. Regarde comme elle se gratte la tête. Pas celle-là, non plus, celle avec la *mélaya* (drap noir dont se couvrent les femmes), elle sent mauvais. Attention, tiens ton portefeuille bien serré dans la main et éloigne-toi de cette autre, elle m'a l'air d'une voleuse !
Le malheureux Edgar ne savait plus où se mettre.
Une vraie maniaque, elle emportait toujours avec elle son savon, sa *tassa* en argent (écuelle) et sa *liffa* (éponge végétale) pour se laver et se désinfecter à peine arrivée en ville.
– Edgar, j'espère que tu n'as pas oublié le savon phéniqué et la bouteille d'Eau de Cologne Atkinson ?
– Non mon âme. Je n'ai rien oublié. Tout est là dans le panier avec toutes tes affaires et l'essuie-mains ainsi que la bouteille de Enos Fruit Salt au cas où tu as des aigreurs ce soir.

Quelques années plus tard, quand ils eurent des enfants, il n'était plus question pour elle de monter dans un autobus avec la marmaille. Avec les quelques sous qu'il avait pu mettre de côté, il put s'acheter une Fiat Topolino pour leur faciliter les longs déplacements.

Le cinématographe était l'amour de sa vie. Elle raffolait du cinéma américain - c'était la seule chose qui la rendait heureuse. Depuis sa jeunesse elle était tombée follement amoureuse du Septième Art. D'abord avec les films muets, ensuite vers la fin des années vingt avec les films parlants.
Claire dévorait tous les magazines cinématographiques de l'époque : Photoplay, Ciné Revue, Ciné Miroir, Cinémonde. Elle découpait les photos des stars pour les coller sur le mur de sa chambre. Chaque semaine, elle était la première dans la queue devant l'American Cosmograph.
Elle ne ratait jamais un film et connaissait la vie privée de tous les acteurs. Elle idolâtrait les chéris de l'écran - Douglas Fairbanks

et Mary Pickford avec leur tumultueuse histoire d'amour et leur mariage secret. La mort du « Cheik » (Rudolph Valentino) l'avait complètement déboussolée – elle en était restée malade pendant des semaines. Elle compatissait avec Pola Negri pour s'être jetée sur le cercueil ce jour-là.

Jeune, elle avait fréquenté l'école de la mission américaine. Elle parlait couramment le français, l'anglais et l'arabe, songeait à l'Amérique et Hollywood, cette machine à rêves était son nirvana.

Elle épousa Edgar, un jeune agronome, après l'avoir rencontré juste une seule fois. Mais ce n'était pas du tout le mariage dont elle rêvait ou qu'elle aurait voulu faire. Loin de là. Elle le jugeait moche, mal vêtu, ignorant, lourdaud, la peau basanée comme un indigène (le malheureux passait sa vie sous le soleil), d'une mentalité primitive, sans le sou et pas du tout à sa hauteur. Le pauvre homme n'avait rien d'une vedette de cinéma.

Malheureusement elle n'avait pas grand choix. Elle-même n'était pas très attrayante avec son sale caractère, mais elle avait atteint l'âge où une jeune fille devait déjà être casée. Le temps passait et aucun parti ne s'était encore présenté à sa porte. Et puis ses parents ne disposaient d'aucune fortune et donc pas de dot à offrir à un séduisant prétendant. Pas comme ses cousines qui elles avaient épousé des jeunes gens de la haute, choisis au sein des meilleures familles bourgeoises juives d'Alexandrie. Claire devait se contenter du premier venu.

Edgar était né à Damas, en Syrie, durant la première décennie du XXe siècle. Il avait perdu ses parents dans son enfance et avait été élevé par sa tante Farida.

Farida adorait son petit neveu. Elle aurait voulu le garder à ses côtés éternellement. Mais elle savait qu'un de ces quatre matins, il aurait bien fallu qu'elle se sépare de lui. Souvent elle lui disait

« Edgar chéri, prépare-toi, un de ces jours, tu devras partir en Palestine pour aller labourer la Terre Sainte et la faire fructifier comme on nous apprend dans la *Thora*. »
Quand il avait atteint l'âge d'aller travailler, elle enroula ses habits dans un balluchon, lui prépara de la nourriture pour la journée et l'embrassant tendrement l'emmena à la place Merjé pour prendre le taxi service qui le conduirait jusqu'à Jaffa.
En ce temps là, la Palestine, n'étant plus administrée par la Sublime Porte à la suite du démembrement de l'Empire ottoman après la Première Guerre Mondiale, avait été placée sous mandat britannique par la Société des Nations.

Edgar entra dans la ferme école de Mikveh Israël fondée en 1870 par l'Alliance Israélite Universelle. Cette même école qui plus tard allait créer toute l'infrastructure agricole du pays. Après avoir fait son apprentissage sur les 2,600 *dounams* que le Sultan Abdelaziz avait assigné à l'Alliance, il s'en alla travailler chez un propriétaire terrien, un certain Broza. Il s'avéra un employé remarquable. Il était jeune, compétent, il connaissait bien son métier, il aimait la nature et n'avait pas peur du travail.

– Edgar, je voulais t'ouvrir la question sur une idée comme ça qui me trotte par la tête, lui dit un jour son ami Zaki pendant que les deux jeunes gens s'étaient arrêtés quelques minutes pour souffler à l'ombre d'un olivier. Que dirais-tu si nous partions pour l'Égypte ?
– L'Égypte ? *Enta magnoune ?* (Tu es fou ou quoi ?) Quitter la Palestine. Mais qu'est-ce qu'il y a de mieux qu'ici en Égypte ? Ici c'est la terre promise qui ruissèle de lait et de miel. N'est-ce pas ce qu'on nous raconte dans la Bible ?
– Mais quel lait et quel miel ! Laisse tomber tout ça. Là-bas, c'est de l'or qui ruissèle avec les plantations de coton. Et puis tu sais avec la terre fertile irriguée par les eaux abondantes du Nil,

l'Égypte est un pays béni. Tout pousse là-bas à une rapidité incroyable. C'est un immense jardin potager, l'Égypte. Qu'est-ce que tu crois ?
– Tu penses qu'il y a de l'avenir dans le coton ?
– Et comment ! Mais qu'est-ce que tu racontes ? Le coton est roi. Le coton égyptien possède une fibre extraordinaire. Longue et robuste, c'est la meilleure au monde. On l'exporte partout. Et avec ton arabe et ton français, *khalass*, considère-toi heureux. Nous sommes déjà sur le chemin de la fortune.
– Comment fait-on pour y aller ?
– C'est très simple, aucun problème. Nous allons au consulat d'Égypte et avec nos papiers nous faisons une demande de visa. Deux semaines plus tard, nous sommes en route pour la terre des Pharaons.

Edgar aimait l'aventure. Après tout, il avait déjà fait le voyage de Syrie. Il se disait qu'il n'était que de passage en Palestine et comme tout le monde, en route pour l'Amérique. Il remplit les formulaires, fit les démarches nécessaires et une quinzaine de jours plus tard, il se présenta au consulat.
– Je regrette lui dit l'employé, mais on t'a refusé le visa.
– Pourquoi ? Pour quelle raison ?
– Ils disent que tu es un bolchévique.
– D'accord mais dis-moi, qu'est-ce que c'est qu'un bolchévique ?
Il s'attendait à un coup fourré du vieux Broza, son patron. Ne voulant pas le perdre, il était allé raconter un tas de sornettes aux autorités pour empêcher son employé de quitter la Palestine.
Edgar finit quand même par obtenir ses papiers.

Une fois en Égypte, il n'eut aucun problème à trouver un emploi dans une exploitation à côté de la ville de Damanhour dans le delta du Nil. La terre était facile à cultiver dans ce pays. Pour cela il n'avait aucun problème. Mais il était très malheureux. Il se sentait seul. Il ne voyait que des champs autour de lui à perte de vue. Zaki, son copain de Jaffa, avait trouvé un emploi dans un domaine à Dessouk. Bien qu'ils n'étaient pas très loin l'un de l'autre, ils se retrouvaient rarement.

S'occupant à longueur de journée sur d'immenses terrains agraires sous un soleil de plomb, Edgar n'avait que les villageois avec qui parler. Il se dit qu'il fallait qu'il se trouve une épouse.

Il s'était fait quelques connaissances dans la petite ville de Damanhour. Des familles marocaines juives étaient venues s'installer dans cette localité pour être près de la tombe du thaumaturge le rav Abou Hassira.

La famille Abensour s'était prise d'une grande amitié pour Edgar. À une de leur *hafla* (soirée) de couscous du vendredi soir, après diner, Georgette Abensour vint se mettre à ses côtés.

– Edgar, devine un peu ? J'ai une fiancée pour toi.

– C'est vrai ? Vous plaisantez ou quoi ?

– Comment je plaisante ? Je suis très sérieuse. Je te jure. Une fille en or.

– Maman dis-lui la vérité. Ne lui mens pas. Elle louche d'un œil et elle est borgne de l'autre.

– Mais Félix, ça suffit à la fin ! Laisse-moi parler. Edgar, écoute-moi bien. Elle est superbe cette fille. Douce, sage, affectueuse. Elle te sera dévouée du matin au soir. Une perle rare ! Ne rate pas ce parti. Va à Alexandrie. Va la rencontrer.

– Est-ce qu'elle est d'accord pour vivre au village ?

– Mais bien sûr que oui. Elle fera tout ce que tu lui demandes. Va *habibi*. Va les voir. Qu'est-ce que tu perds ? Tu verras. Elle te rendra très heureux. Les parents sont des gens très bien. La mère est marocaine comme nous. Sa famille est originaire de la ville de Tétouan.

– Ne va pas Edgar. Tétouan, *zéftuan* ! Ils te rendront la vie noire. Je te préviens. Ils ne te lâcheront pas. Ils vont te coller leur fille.

Méfie-toi ! C'est des sangsues, ces gens ! Tu vas te faire avoir. Félix Abensour n'arrêtait pas d'avertir son ami.

Edgar décida de tenter sa chance et partit pour Alexandrie.
Il avait mis ce jour-là des sous-vêtements neufs, une chemise blanche et son meilleur costume avec cravate assortie - un costume en flanelle gris fer, croisé quatre boutons, le seul qu'il possédait d'ailleurs. Celui réservé aux visites chez le patron, aux mariages et aux enterrements.
En descendant du tramway de la ville, pour deux millièmes, il s'était fait cirer les chaussures par un *boyagui* (cireur) qui se trouvait sur la place. Avec des godasses reluisantes, son chapeau sur la tête, il était prêt à affronter le périple.
Il traversa un dédale de ruelles étroites et de petits passages obscurs où il risquait à tout moment de salir son costume ou pire encore de se faire arnaquer par des crapules qui lui carotteraient son portefeuille.
Ses pas le conduisirent devant une *ouékala* (un immeuble) vétuste de trois étages. Au moment de franchir le portail, il se sentit pris d'une terreur qui se mêlait à un immense désir de rencontrer la jeune fille. Madame Abensour lui avait-elle dit la vérité ? Il n'allait pas tarder à le savoir.
Anxieux et appréhensif, il s'arrêta un moment pour reprendre son souffle. La main agrippée à la rampe, il commença à gravir lentement l'escalier en planches, étroit et branlant, qui l'amena jusqu'au palier du premier étage. Après quelques hésitations mais avec un peu de courage, il frappa à la porte.

*

Jacob avait pris place au coin du divan turc qu'on avait recouvert pour l'occasion d'un drap blanc immaculé en guise de housse. Il était penché en avant, son corps squelettique et débile ratatiné sur lui-même pour se faire encore plus minuscule qu'il ne l'était - comme s'il voulait s'effacer, disparaitre.

La mine apeurée, le teint blafard, une jambe croisée sur l'autre, avec un coude sur le genou, il tirait nerveusement sur la cigarette qu'il venait d'allumer après l'avoir roulée et sécurisé le papier en le collant avec le bout de la langue. Du coin de l'œil, il observait les allées et venues de sa femme et de sa fille qui s'affairaient dans l'appartement. Mais qu'est-ce qu'elles avaient encore combiné comme histoire ces deux ?

– Qui vient ? Le roi de Prusse ?

– Jacob, reste tranquille, à présent. Ne te mêle pas. Ce n'est pas ton affaire.

Léah s'accroupit devant le dressoir et fit sortir une pile de petites assiettes rondes en porcelaine décorées de fleurs. Sur la table ovale de la salle à manger, était étalée sa plus belle nappe, celle des grands jours - une nappe de couleur ivoire crochetée à la main. Dans la *vitrina*, elle avait pris les trois confituriers en argent ciselé avec l'intérieur en verre bleu cobalt et les douze petites cuillères accrochées tout autour et les avait remplis de ses meilleures confitures – *balah* (dattes rouges), *naringue* (oranges amères) et *mastika* (confiture à la résine blanche de Chios).

Des verres remplis de sirop d'orgeat (un mélange d'orge et d'amandes douces allongé d'eau) s'alignaient en deux rangs comme des soldats de plomb sur un plateau en métal argenté. Dans deux grands plats en porcelaine d'Autriche ornés du portrait de Napoléon et de Joséphine, elle avait empilé des friandises de toutes sortes. Il y avait des petites brioches, des gâteaux fourrés de noix, des sablés, des biscuits aux amandes en forme de cornes de gazelle et des bâtons salés.

À la demande pressante de sa femme, Jacob avait hâtivement terminé sa partie de trictrac avec Samuel Bénine. Elle venait de l'appeler à la cuisine en l'intimant de se débarrasser au plus vite possible de son ami. Une personne importante allait leur rendre visite d'une minute à l'autre.

Jacob Lévy et Samuel Bénine, tous deux natifs de la vieille ville d'Aden, située dans le cratère d'un volcan éteint, se connaissaient depuis toujours. Leurs pères avaient été associés dans l'artisanat de l'argent et du cuivre.
Jadis ils avaient joué dans les ruelles tortueuses du quartier juif de la ville portuaire et ensemble ils avaient suivi les cours au Talmud Thora à la synagogue de Shemuel Nissim. Et puis un jour, après la montée au pouvoir des imams, le père de Jacob et sa famille avaient pris la route de l'exil pour l'Égypte.
Des années plus tard, les deux amis s'étaient retrouvés à Alexandrie. Et maintenant ils passaient les après-midis en tête-à-tête. Installés au balcon, des deux côtés d'une petite table marocaine de forme hexagonale et accoudés à la balustrade, ils tapaient les jetons noirs et blancs avec force et les faisaient résonner chaque fois qu'ils les déplaçaient sur les cases triangulaires du damier. Le jeu de taoula était leur passe-temps favori, leur plus grand mazag (plaisir). *Léah leur préparait du thé à la menthe dans des verres incassables qu'ils sirotaient accompagné de rosquettes salées.*

*

Léah vint lui ouvrir et le pria d'entrer.
– *Etfadal. Anesténa !* Bienvenue ! Tu nous honores de ta présence. *Tu as illuminé la maison.*
Avant de pénétrer dans l'appartement, Edgar s'essuya les pieds sur le paillasson, posa deux doigts sur la *mézuzah* fixée au linteau de la porte et les porta furtivement à ses lèvres. Il fit quelques pas dans le vestibule et puis s'arrêta un peu embarrassé ne sachant que faire. Il avait retiré son chapeau qu'il triturait nerveusement entre ses mains.

De la pièce attenante à l'entrée arrivait un bruit étouffé de rires. Léah l'invita à passer au salon.
Il vit la jeune fille. Elle était à moitié assise sur le rebord d'une petite table carrée. Une joyeuse effervescence régnait dans la pièce. Entourée de cinq à six garçons à califourchon sur des chaises, ils semblaient tous être en pleine discussion.
Léah le présenta à Claire et aux autres membres de sa famille et l'invita à prendre place dans un des deux fauteuils vacants.
Edgar l'observait depuis un moment. Il la trouvait mignonne. Son épaisse chevelure était tressée en une longue natte qu'elle ramenait sur le devant de l'épaule. Il comprit tout de suite qu'il ne pourrait jamais contrôler une fille pareille, la changer en femme et éventuellement en mère.

Léah semblait perturbée, ne sachant plus quoi faire. Elle se sentait mal à l'aise. Elle avait invité ce jeune homme pour une entrevue et Claire ne l'avait même pas regardé ne serait-ce qu'une seule fois. Elle bavardait continuellement avec ses frères en ignorant tout de ce qui se passait autour d'elle.
Jacob, cloué dans son coin du canapé turc et qui jusqu'à présent n'avait pas ouvert la bouche, attira l'attention de sa femme.
– Léah, tu penses que je devrais m'aliter ? Tâte mon pouls, je crois que j'ai la fièvre.
– Laisse maintenant, ce n'est pas le moment. Reste où tu es. Ne bouge pas. On verra ça plus tard.
Elle se retourna vers sa fille
– Claire, mon âme, monte sur la *tarabéza* (table) et hausse un peu la *fétilla* (mèche) de la lampe. Il n'y a pas assez de lumière.

Claire tenait dans sa main droite une copie de la Semaine Égyptienne et dans l'autre une copie du magazine Rose-el-Youssef. Elle parcourait les pages fiévreusement les unes après les autres profitant des feuillets du journal pour cacher son

visage et ainsi ne pas avoir à croiser le regard du jeune homme.
— Regarde maman ! On raconte exactement la même chose dans les deux revues. Hoda Chaaraoui est partie pour l'Europe et l'Amérique donner une série de conférences sur le féminisme.
Léah admirait beaucoup cette femme qui avait fondé le mouvement féministe égyptien. Quelques années auparavant, elle avait eu l'audace de retirer son foulard en descendant du train qui la ramenait au Caire. Mais pour le moment, Léah avait d'autres chats à fouetter.
— Claire, *ya rohi, el lamba* ! (La lampe)
Claire obéit. Elle se leva en s'emparant délicatement de sa jupe qu'elle releva pour ne pas trébucher. Elle monta sur un escabeau et ensuite sur la table pour atteindre la lampe à huile. En se hissant vers la flamme, elle découvrit une partie de ses mollets.
Léah se retourna vers Edgar et l'invita à admirer les atouts de sa fille. « Regarde-la. N'est-ce pas qu'elle est belle ma fille. Où trouveras-tu mieux ? » Semblait-elle lui dire.

*

Edgar quitta l'appartement du premier étage de l'immeuble de la rue du *souk el Samak-el-adim* dans le Haret-el-yahoud, le quartier populaire juif, perturbé et désenchanté avec de plus un mal de tête atroce qui lui enserrait les tempes.
Il tira le mouchoir propre qu'il avait soigneusement plié en quatre et fourré dans sa poche avant de partir, retira son chapeau et s'épongea le front d'où perlaient de grosses gouttes de sueur. Il avait besoin de se rafraichir un peu les idées et d'étancher une soif qui le tiraillait. Il n'aurait jamais dû s'empiffrer de tant de friandises.
Il arrêta un badaud qui lui indiqua l'emplacement de la fontaine publique au bout de la rue juste sur la place du Midan. Les trottoirs qui n'étaient pas bien larges grouillaient de monde. Un

marchand de *eresousse* (jus de réglisse) passa en faisant tinter ses verres. Edgar hésita un instant, mais préféra attendre de se désaltérer à la fontaine. Partout des camelots criaient en interpelant les passants. Il se fraya un passage parmi la masse crasseuse de va-nu-pieds et de mendiants. On le bousculait. Quelqu'un lui marcha sur le pied. Un vendeur borgne de billets de loterie le tira par la manche. Il eut une peur bleue et s'éloigna rapidement. Quelle différence avec le calme et la douceur de la campagne !

Il n'avait vraiment rien compris à cette visite qui avait duré plus de deux heures et qui n'avait abouti à rien. Ces deux heures qu'il aurait mieux préféré passer à découvrir le bord de mer d'Alexandrie – cette ville qu'il ne connaissait pas encore. Qu'est-ce que c'était que cette affaire ? On lui avait dit qu'il allait rencontrer la jeune fille en question et ses parents. Georgette Abensour lui avait parlé d'une personne douce, sage et réfléchie. Elle ne lui avait pas dit que c'était une écervelée accompagnée de ses cinq jeunes frères qui s'agitaient sans arrêt comme des guignols autour d'elle en parlant tous à la fois de cinéma, de théâtre, de magazines et de livres. La plupart du temps ils avaient dialogué entre eux en anglais, une langue qu'Edgar comprenait à peine, l'ignorant totalement. La fille qui s'appelait Claire ne l'avait même pas regardé une seule fois.

Le père était resté figé dans son coin du canapé en le regardant furtivement avec des yeux exorbitants qui disaient « *enta mine enta ?* (Qui es-tu toi ?) D'où sors-tu ? Qu'est-ce que tu viens faire chez nous ? » Il grillait continuellement une cigarette après l'autre en allumant la suivante avec le mégot de la précédente. Il n'avait pas prononcé le moindre mot. Une seule fois seulement il s'était adressé à sa femme mais elle lui avait fait un geste évasif avec la main l'informant que ça pouvait attendre. Elle s'affairait éternellement à la cuisine et chaque fois qu'elle retournait au salon c'était pour bourrer Edgar d'encore plus de gâteaux et de confitures.

« *Etfadal* ! Tu n'as rien pris. Goute les bâtons salés. Ils sont faits avec du *yansoun* (anise). Prends encore une cuillerée de confiture. Essaye le chorek. » Elle n'arrêtait pas d'insister et de l'inviter à manger.

Le malheureux Edgar ne savait plus quoi faire. On ne lui avait rien demandé et on ne lui avait même pas donné la chance de s'exprimer sur quoi que ce soit.

Il avait préparé quelques petits propos dont il aurait voulu leur faire part comme par exemple le mode de vie à la campagne; leur parler de l'étendue infinie de la *ezba* (l'exploitation) et les milliers de feddans qui étaient à sa charge; de la terre fertile du Nil, une vraie bénédiction du ciel. Il aurait voulu leur décrire les champs immenses de coton qui devenaient tout blancs comme de l'albâtre quand les gousses s'entrouvraient; des rizières inondées d'eau; des plantations de *barsim* (foin), de mais, de tabac.

Mais c'était une perte de temps - rien de tout ça ne les intéresserait. C'étaient des citadins, des gens de la ville.

Néanmoins il avait été impressionné par Claire. Il la trouvait jolie, éduquée, un peu étourdie quand même. Il ne pensait pas qu'elle eut les qualités requises pour faire une bonne épouse et éventuellement, si Dieu le voulait bien, lui faire des enfants. Se plairait-elle dans un village ? Il en doutait.

Il avait tout de suite compris que ce n'était pas une fille pour lui. N'empêche qu'au moment de partir, pendant qu'il les saluait, il leur avait fait la promesse qu'avant l'arrivée du Chabbat prochain, il leur ferait savoir d'une manière ou d'une autre la décision qu'il allait prendre. Il leur avait donné sa parole d'honneur. Mais à présent il le regrettait.

Dans un tramway bondé ouvert des deux côtés qui le ramenait vers la Place Mohammed-Ali, il trouva un siège vacant qu'un

resquilleur venait de libérer en voyant le contrôleur arriver vers lui. Une chaleur suffocante planait sur la ville. L'air était irrespirable, saturé de poussière. Il s'assit et retira le chapeau qu'il avait sur la tête et s'éventa.
Si seulement Farida avait été là pour le conseiller. Mais où était-elle Farida à présent ? Si loin, à Damas. C'était le bout du monde ! Il n'y avait même pas moyen de la contacter. Il pourrait lui écrire une lettre « poste restante ». Ensuite, il fallait qu'elle aille la retirer et puis passer chez le *kottab* (le scribe) pour qu'il la lui lise et pour qu'elle lui dicte la réponse. Et peut être aussi la lettre se serait perdue en route. Tout ça prendrait trop de temps.

Il se demandait si en fait il n'aurait jamais dû quitter la ferme de Broza et la Palestine. Dans quel bourbier il s'était empêtré à présent ! Il prenait trop de risques avec tous ces déplacements.
Cependant Edgar était content en Égypte. Il y avait du travail et la terre était facile à cultiver. Le propriétaire des terrains lui avait fait confiance immédiatement. Il appréciait ses compétences. Il l'estimait et comme il n'avait pas d'enfants, il le considérait comme son propre fils.
Edgar s'efforça de penser à autre chose et regagna le foyer qui allait l'accueillir pour la nuit. Aussitôt il se coucha – il avait toujours son mal de tête. Il décida qu'il partirait de très bonne heure le lendemain pour retourner au village.
Il tournait et se retournait sur sa couche. Impossible de s'endormir. Il pensait à la fille qu'il avait rencontrée, entourée de tous ses frères, comme si elle avait besoin d'eux pour la protéger ! Étant l'ainée de la famille, elle avait l'air de faire la loi autour d'elle. Comment une fille pareille pourrait-elle aimer vivre à la campagne loin de la vie tumultueuse d'une grande ville ? Elle devra apprendre à tout faire. Donner à manger aux *fellahines* qui travaillaient pour lui. Nourrir les animaux. Mariner les légumes. Préparer le fromage. Pétrir les galettes de pain de seigle pour la

semaine. Cuisiner des kilos de *foul medammesse* (fèves) tous les jours. Avec toutes ces questions qui tourbillonnaient dans sa tête, il finit par s'endormir en pensant qu'en fin de compte les femmes ne pouvaient que lui attirer des ennuis.

Edgar entendit quelqu'un qui lui criait. « Ouvre la bouche, tu n'as rien mangé. Ouvre ! Goute les bâtons salés. Goute ! Ils sont fait avec du yansoun … Mange ! Ouvre ! »
Il se réveilla en sursaut. Il voulut hurler, mais aucun son ne sortit de sa bouche. On tambourinait fortement à sa porte. Quelqu'un avait la main sur la poignée et essayait vainement d'ouvrir.
– Edgar, réveille-toi. Ouvre la porte. Ouvre ! Il y a deux personnes très importantes qui demandent à te voir immédiatement.
– *Chéma Israël.* Attendez, j'arrive.
Ce ne pouvait être que la police. Ils étaient venus l'arrêter – il avait dû commettre une bêtise. Broza avait surement dû l'accuser d'un délit, peut-être même de ce « bolchévisme ». Cet imbécile continuait à le poursuivre jusqu'en Égypte !

Transi de peur, dans un désarroi absolu, il enfila en vitesse son pantalon et sa *jaquette* sur son pyjama, se passa les doigts dans ses cheveux hirsutes pour les aplatir, déverrouilla la porte et les pieds nus sortit précipitamment de la chambre.
Le hall de l'entrée était plongé dans la lumière blafarde que jetait la lampe à pétrole. À première vue il ne reconnut pas les visiteurs. Le visage de Léah était à moitié caché par la *habara* (foulard) qu'elle portait sur la tête. Elle se tenait un peu en retrait derrière son fils Henri. D'une voix forte et assurée elle entama la conversation.
– *Shouf ya ebni* (regarde mon fils). Tu as vu ma fille et j'ai pu lire sur ton visage qu'elle t'a plu. Nous ne pouvons pas attendre jusqu'à la fin de la semaine. Tu t'habilles maintenant et tu viens

avec nous. Nous allons établir un contrat provisoire comme quoi tu acceptes de l'épouser. On annonce les fiançailles et plus tard nous ferons les préparatifs pour la *kétouba* (le contrat de mariage).
– Mais …
Effrayé, hagard, à moitié endormi, ne comprenant rien de ce qui était en train de lui arriver, Edgar les regardait avec effroi.
– Mais quoi *habibi, khalass* tout est réglé. Nous sommes tous d'accord sur ce point, n'est-ce pas ? *Mabrouk !* C'est l'essentiel !
Il resta interloqué, cloué sur place. Edgar balbutia quelque chose mais les mots se perdirent. On ne lui donna aucune chance. Il sentait qu'on l'avait kidnappé. Bon gré mal gré, qu'il le veuille ou pas, on lui mettait la corde au cou ! Une chose était sure, on allait le forcer à épouser cette fille ! Félix Abensour avait eu raison.

LÉAH – ALEXANDRIE 1921

Souvent quand Maurice manquait la classe et que tous les autres étaient partis pour l'école, il courait pieds nus dans son pyjama en castor à petits carreaux bleu et blanc se réfugier sous le *léhaffe* (édredon) en satin rouge. Il escaladait le grand lit matrimonial en fer forgé garni de grosses boules en cuivre jaune aux quatre coins, grimpant tout d'abord sur un escabeau pour ensuite se hisser en tirant à pleines mains sur le drap.
Là dans le noir, caché sous la couverture molletonnée et soyeuse, il attendait patiemment le moment où sa maman retournerait de la cuisine pour se blottir à nouveau dans les bras de celle qui n'avait des yeux que pour lui.

Maurice était adoré de sa maman. Le quatrième d'une tribu de sept, il avait été entouré de tendresse et de gâteries pendant toute son enfance. Petit, il souffrait de bronchite chronique. Elle hésitait à l'admettre, mais il était son préféré. Elle lui pardonnait tout, même quand il faisait de grosses sottises et il en faisait souvent.
– Maman, maman ! *Sauve-nous* ! Viens vite voir ce qui se passe ! Maurice envoie les brioches à la *'agouza* (vieille femme) par-dessus le balcon.
Léah accourait de la cuisine, tremblante, affolée, séchant rapidement ses mains mouillées sur son tablier.
– Maurice *ya Allah* ! Mais qu'est-ce qui te prend ? Qu'est-ce que tu as encore fabriqué comme bêtises ?

Le vendredi, immédiatement après déjeuner et avant que la grande bousculade de l'après-midi ne se forme devant l'échoppe du *farrane* (boulanger), le jeune domestique Ali, qu'elle employait à temps partiel faute de moyens, courait récupérer les petits pains en spirale et les brioches pour la semaine. Léah les avait envoyés le matin même au four communal.
Quand les grands plateaux carrés en métal noir qu'il portait sur la tête retournaient du four, elle inspectait minutieusement la cuisson et la couleur et ensuite vérifiait que le compte était bon. Il en manquait toujours deux. Mais c'était la portion réservée au boulanger pour qu'il ne leur flanque pas le mauvais œil ou qu'il aille les mettre trop près de la flamme où les petits pains risqueraient de bruler. Ensuite elle s'empressait de recouvrir les *chorek*, ces petites brioches arméniennes, encore bien chaudes de sucre candi pulvérisé qui adhérait immédiatement à la surface. Elle les posait sur la grande table du balcon en les recouvrant d'une *namousséya* (léger voile) pour les protéger des mouches et aussi pour les laisser bien se refroidir avant de les empiler soigneusement dans des boites en fer blanc.

— *Maurizio, hermoso, echa un pan* (Maurice chéri, jette-moi un pain) criait la vieille femme en ladino, la langue judéo-espagnol que parlaient les descendants des Juifs d'Espagne qui avaient été pourchassés par les rois catholiques.

Maurice, entendant l'appel de la mendiante, courait comme un petit diable au balcon et à travers les barreaux, il lui envoyait les brioches dorées les unes après les autres. Léah arrivait juste à temps pour prévenir la catastrophe.

— *Ana mouche oultellak la'* ? (Ne t'ai-je pas déjà dit non ?) Combien de fois vais-je te le répéter ? Tu ne donnes rien à cette femme. Et tu sais très bien que c'est *haram* (péché) de jeter dans la rue le pain que le bon Dieu a béni.

La vieille femme était maligne. Elle savait que le vendredi le pain se trouverait à portée de la main de l'enfant.

— Allez ouste ! *Emchi* (vas-t-en). Tu n'as pas honte vieille mégère ! Tu profites de l'innocence d'un enfant. Fiche le camp de notre quartier. Et ne reviens plus jamais par ici, ou sinon j'appelle le *chaouiche* (gendarme).

Mais ces paroles étaient dites en vain. Une ou deux semaines passaient et la quémandeuse était de retour pour mendier son pain.

*

Il avait toussé toute la nuit. Toute la nuit elle avait entendu cette toux rauque et persistante qui lui déchirait quelque chose dans la poitrine et qui ressemblait plus à la toux d'un vieillard qu'à celle d'un enfant.

Elle s'était levée à maintes reprises pour lui frictionner le thorax avec de l'huile de camphre. Mais les quintes de toux ne diminuaient pas et il avait même eu des crachats sanguinolents. Parfois elle lui enroulait le torse de journaux imbibés d'alcool rectifié. Seulement le froissement du papier et la forte odeur qui s'en dégageait le réveillaient et le faisaient tousser de plus belle.

Il était brulant. Des frissons de fièvre lui secouaient le corps. Elle lui couvrit le front de compresses trempées dans de l'eau et du vinaigre pour faire baisser la température. Elle était terrorisée à l'idée qu'elle puisse le perdre un jour. Elle avait déjà perdu son fils Elie à l'âge de sept ans. Il avait été emporté en quelques jours par une diphtérie foudroyante. Elle n'avait jamais compris comment il avait pu lui filer entre les doigts aussi rapidement.

Plus tard, elle pensera à lui appliquer des ventouses sur le dos pour soutirer le mal. Mais il était si malingre et si chétif. Il n'avait que la peau sur les os. Les ventouses ne tiendraient pas. En observant sa frêle silhouette, son cœur se fendait. Parfois des larmes lui embuaient les yeux.

Épuisé, l'enfant s'était finalement rendormi à l'aube. Elle décida qu'il n'ira pas à l'école. Elle le gardera auprès d'elle pour le surveiller.

Jacob s'en été allé de très bonne heure pour se rendre à son magasin emportant avec lui son déjeuner dans une gamelle. Avant de partir, elle lui avait touché un mot sur ce qu'il fallait faire pour le petit. Cette toux la tracassait terriblement.

– Tu penses que je devrai appeler le médecin ?

– Le médecin ? Il n'en est pas question. Avec quoi veux-tu le payer ? Il ne nous reste plus une piastre. Nous n'avons rien vendu cette semaine et David nous a dévalisé. Il puise dans la caisse comme si c'était son propre portefeuille. Et puis, il continue à envoyer des tapis à ses maitresses, deux ou trois à la fois, soi-disant pour qu'elles choisissent et ni les tapis reviennent ni nous voyons la couleur de l'argent. Ce roublard, cette canaille de frère que j'ai, ce coureur de jupons finira un jour par nous mettre sur la paille.

– Et comment allons-nous nous débrouiller à présent ?

– Cette semaine avec l'aide de Mansour (le petit indigène qui lui

donnait un coup de main dans la boutique) nous allons déplacer le stock autour du magasin. *Fel haraka baraka* (le mouvement amène la chance). Quand tu bouges la marchandise, elle se vend. Ça lui donne des ailes. Elle a envie de s'envoler. C'est ce que me disait mon pauvre père quand nous vivions à Aden.
– Pourvu qu'elle n'aille pas s'envoler chez les maitresses de David ?
– J'espère que pas. Enfin, pour le petit, fais ce que tu peux et emmène-le au dispensaire chez les sœurs de charité, ça ne nous coutera rien. Quant au reste, *'Al Allah !* Dieu s'en occupera.
– Comment au dispensaire ? *Rabéna Yestor* ! Que Dieu nous garde de ce dispensaire ! Cet endroit est plein de mouches et de cafards. De plus les gens crachent par terre et les enfants pissent dans les coins. Les sœurs ont beau crier, on ne les écoute pas. Rien qu'à voir la foule qui se presse tous les jours dans la salle d'attente avec des bandages suintant de pus et de sang, on risque d'attraper une maladie encore plus redoutable. Je préfère attendre et voir s'il se remet de lui-même. Que Dieu m'entende et qu'il ait pitié de moi !

Léah fit sortir la petite boite rectangulaire en métal toute cabossée qu'elle cachait précieusement parmi les draps dans l'armoire à linge et l'ouvrit. Elle avait servi autrefois à contenir des cigarettes turques Balkan Sobranie et retenait encore l'odeur douce du tabac. Elle vérifia le contenu. Trois grosses piastres et quatre millièmes. Juste assez pour payer le domestique et subvenir aux frais de la vie quotidienne jusqu'à la fin de la semaine. Elle réfléchira plus tard comment s'en tirer la semaine suivante. Peut-être que d'ici là Jacob aura vendu un tapis ! Inchallah ! De temps en temps il recevait la visite de touristes américains, des collectionneurs, qui voyageaient de par le monde à la recherche de rares tapis de prière persans ou de sacs de selle d'Anatolie. Sinon elle devra encore une fois aller quémander un prêt à son beau-frère, le mari de Sarina, la sœur ainée de son mari. Rien qu'à l'idée d'aller implorer ce goujat la fit frémir. Le monstre jubilait quand il la voyait arriver lui demander de l'aide. Costaud, avec sa carrure de géant, il dominait la pauvre femme. Il la rabrouait d'une voix nasillarde comme si elle était une gamine.

– Hein ! Dis-moi un peu ? Qu'est-ce que tu as encore fait avec l'argent que je t'ai donné le mois dernier ? Tu as tout dépensé ?

– Je dois bien nourrir ma famille. Tu veux que je les laisse mourir de faim ?

– Tu les nourris ou tu profites de mon argent pour aller t'acheter des *fassatines* ? (robes)

– De quoi tu parles ? Quelles robes ? Tu crois que j'ai le temps pour ça ?

De quel droit osait-il lui faire un pareil affront ? Elle, qui se saignait aux quatre veines du matin au soir pour ses enfants.

– Viens par ici, *ta'ali,* (viens) viens dans mon bureau. Je vais voir ce que je peux faire pour toi.

Quel bureau ? Il n'avait pas de bureau. Il se prenait pour le roi des nababs prétendant être le grand philanthrope de la famille.

Tout simplement, il l'attirait dans l'étroit passage qui menait à l'office loin du regard jaloux et envieux de Sarina, et là, l'œil narquois, la bouche tordue en un affreux rictus, il s'approchait encore plus d'elle en lui envoyant son haleine nauséabonde en pleine figure. Ensuite il se frottait les mains et tirait lentement un *talari* (vingt piastres) du gousset qu'il avait sur la poitrine. Il le lui glissait dans la paume tout en profitant pour lui tripoter la main avec les siennes moites de sueur. Mais la malheureuse n'avait pas d'autres alternatives. Elle ne pouvait pas laisser ses enfants mourir de faim.

– Profite de cet argent que je te donne pour t'acheter du parfum de *maouarde* (roses). *Akh ! Akh, yani* ! (Mon Dieu !) Comme j'aime sentir l'odeur des roses sur ta personne - ça me rend fou. Vous

les Marocaines vous avez la peau blanche comme du lait et douce comme le satin, pas comme cette Yéménite de Sarina. C'était un jour noir, le jour où elle est tombée sur mon chemin. Elle n'a même pas su me donner un héritier. Que des filles qui pleur-nichent à longueur de journée ! À nourrir, à habiller et à leur trouver des dots !
Parfois, au moment de quitter l'abominable demeure, Sarina la rattrapait sur le pas de la porte.
– Tiens, prends ça. C'est pour tes enfants. Donne leur à manger.
Elle lui flanquait entre les mains un colis huileux enroulé dans du papier journal dans lequel se trouvaient les restes de leur repas du jour d'avant. Léah commençait par refuser mais préférait ne pas envenimer la situation de peur que le vieux ne se vexa et refusa de l'aider à l'avenir ou que Sarina la trouva trop fière.
Un peu plus loin, quand elle remontait la rue *Mawlaya Mohammad,* grouillante et surpeuplée d'une foule hideuse, pour rentrer chez elle, elle trouvait toujours un mendiant pour lui mettre le paquet dans son giron.

Léah grimpa sur le grand lit matrimonial et vint s'installer confortablement aux côtés de l'enfant.
– Regarde un peu ce que je t'apporte.
Dans une assiette, elle avait mis des fruits de saison, des tartines de *boxomadi* (pain grillé) recouvertes de beurre et de sel ainsi que des tranches de brioche - tout le meilleur de ce qu'elle possédait dans la *namleyya* (garde-manger).
– C'est le dernier chorek. Je l'ai gardé rien que pour toi. Mais tout d'abord tu dois tout manger. Il faut que tu te renforces pour pouvoir grandir.
Le petit engloutissait le contenu de l'assiette à une vitesse démesurée.
– Pas si vite. Pas si vite, mon chéri. Tu vas t'étrangler. Et avec ta toux en plus. Mange doucement.

– Écoute maman, puisque je suis à la maison aujourd'hui, il lui dit entre deux bouchées, je vais t'apprendre à lire le français comme on nous l'enseigne au collège. Hier le Frère Visiteur est passé. J'ai récité par cœur les deux premiers quatrains du « Dormeur du Val » d'Arthur Rimbaud. Il m'a félicité et m'a ensuite demandé mon nom. Quand je le lui ai dit « Lévy », il m'a tout de suite dit de me rasseoir et il a tourné la tête. Je n'ai pas compris pourquoi il a fait ça. Pourtant il avait l'air enchanté de ma récitation. Je vais aller chercher mon livre et tu vas répéter après moi.

Par la porte-fenêtre restée entrouverte, Léah entendit des cris venir de l'extérieur. Elle se couvrit la tête et les épaules d'un grand châle blanc et courut au balcon. Une racaille en liesse passait dans la rue hurlant des slogans. « La Sultane Nazli vient de donner un fils au Sultan Fouad. Ils vont le surnommer Farouk avec un F comme ils l'ont fait avec leur fille Fawzeyya. » Cette sixième lettre de l'alphabet était devenue le porte-bonheur de la famille régnante.
– Quelle bonne nouvelle ! Enfin un fils pour le Sultan. Tout ça est de très bonne augure. Inchallah que leur chance déteigne sur Maurice et qu'il guérisse. Allez, viens m'aider à préparer la pâte pour faire des petites rosquettes sucrées en l'honneur du nouveau-né et pour cette fois-ci seulement tu pourras en donner une ou deux à la vieille femme qui je suis sure ne tardera pas à apparaitre.
– Mais maman ? Et la lecture alors ?
– Laisse maintenant la lecture. Apprendre à lire c'est un luxe pour une personne comme moi. *Mouche wa'tou !* (Ce n'est pas le moment) Plus tard. J'apprendrai à lire un autre jour quand nous aurons de quoi vivre. Rien ne presse. La naissance de l'enfant Farouk est beaucoup plus importante.

LES ANNÉES DE GUERRE

Quelques mois après avoir déménagé dans l'appartement de la rue Zananiri, Henri et ses frères furent appelés à servir dans les forces de Sa Majesté. Ils détenaient tous la nationalité britannique du fait que le grand-père Samuel était né à Aden, ce port sur la Mer Rouge, en ce temps-là colonie de la couronne d'Angleterre.
L'un d'eux entra dans l'armée comme infirmier et fut envoyé en Grèce où il survécut par miracle à l'une des campagnes les plus sanglantes et les plus meurtrières de la Deuxième Guerre Mondiale. Édouard qui travaillait à Bagdad au moment où la

guerre éclata, devint décodeur à l'ambassade de Grande-Bretagne. Henri et Maurice furent mobilisés sur un ravitailleur ancré dans le port d'Alexandrie.

Henri s'attendait à ce que la marine lui donne des responsabilités importantes, relatives à celles qu'il avait dans la vie civile. Mais à son immense déception, son boulot consistait à laver tous les matins les ponts du navire et à s'occuper du ménage dans les cabines des officiers.

Jeter des seaux d'eau à profusion sur les passerelles ne l'incommodait pas vraiment, mais s'occuper du nettoyage - il était hors de question qu'il entreprenne une pareille besogne. Dans les pays du Levant, un homme a une servante ou une épouse pour faire ce genre de travail et très souvent il possède les deux. Comment allait-il s'y prendre pour gérer cette situation ?

La solution au problème lui sauta aux yeux à l'instant même où il aperçut un gamin assis sur le bord d'un trottoir du *gomrok* (port), la tête enfouie dans les bras qu'il avait croisés. La voix d'Henri le tira de son hébétude.

– Qu'est-ce que tu fais là, petit ?

– Je ne fais rien. Et toi, qu'est-ce que tu as à me regarder de cette façon ?

– Où loges-tu ? Tu as un emploi ? As-tu des parents ?

– Non. Pas d'emploi. Pas de logis. Pas d'argent. Je n'ai ni père ni mère. De quoi tu te mêles ? Laisse-moi tranquille. Fiche-moi la paix. Je n'ai rien fait de mal.

– Et alors quoi ? Tu as un prénom au moins ?

– Ni nom, ni prénom. Tu ne vois pas que je suis tout simplement tombé d'un arbre.

– Tu veux venir travailler pour moi.

– À faire quoi ?

Henri s'assit à côté du gamin et ensemble ils élaborèrent un plan. Vu que les officiers abandonnaient leurs quartiers de très bonne heure tous les jours pour se rendre aux *barracks* de Moustapha

Pacha et ne retournaient que le soir, le gosse viendrait tous les matins sur le quai devant le navire et Henri le ferait monter à bord en cachette. Et là, il s'occuperait de l'entretien des cabines. Avec une ou deux piastres comme récompense, il était persuadé d'avoir trouvé la solution idéale à son problème.

L'arrangement qu'il avait conçu avec le petit fonctionnait à merveille. Tout marchait comme sur des roulettes. Chaque matin le gosse arrivait, escaladait la passerelle, se faufilait à bord, travaillait quelques heures et ensuite repartait errer dans le labyrinthe interminable des ruelles sales et tortueuses du port d'Alexandrie.

Jusqu'au jour où il fut appréhendé par un officier de haut rang au moment où celui-ci entrait dans une des cabines.

– Eh toi, petit ! Qui es-tu ? Que diable fais-tu sur ce navire !

– Je travaille pour le *khawaga* (le monsieur).

– Quoi ? Quel khawaga ? Il n'y a pas de *khawagattes* dans la *Royal Navy*.

– Khawaga Henri.

– Approche ici. Nous allons examiner tout ça de plus près.

Pauvre Moustafa. On lui botta les fesses et il fut viré sur-le-champ. Henri, lui, fut informé dans des termes plutôt sévères que les marins n'avaient aucun droit d'employer des petits Arabes pour faire leurs travaux. Ils les font eux-mêmes.

En apprenant que le pot aux roses avait été découvert, Maurice piqua une crise. Il enrageait contre les Anglais pour avoir chassé le gosse.

– Je m'attendais à ce que ça tourne mal. De quel droit osent-ils le renvoyer ? Pour qui se prennent-ils, ces margoulins d'Anglais ? Ils se la coulent douce, en se prélassant dans les bars et les night-clubs pendant que nous trimons comme des nègres à faire leur sale besogne.

– Qu'est-ce que tu espères, Maurice ? Intenter un procès à la

marine pour avoir remballé notre domestique ? C'est déjà bien qu'ils ne nous jettent pas tous en prison.
– Il faut faire quelque chose pour le gamin.
– Comme quoi ?
– Je ne sais pas. Lui trouver un autre emploi.
– Pourquoi tu ne le prendrais pas travailler chez toi ?
– Ce ne serait peut-être pas une mauvaise idée. Je vais en parler à Rosalba.

Les deux premières années de guerre favorisèrent les deux frères. Maurice, qui était Fondé de Pouvoir à la Banque Ottomane dans la vie civile, travaillait à présent comme boucher à la caserne de Laurens. Il s'arrangeait pour que toute la famille ait de la viande fraiche à volonté. Mais parfois, cette situation devenait plutôt embarrassante car rien n'était petit dans la marine. Les quantités étaient astronomiques.
Il était convenu que tous les lundis, un camion livrerait chez Titine une demi carcasse de bœuf. Deux jeunes marins montaient la pièce jusqu'à la cuisine et l'étalaient sur le comptoir en marbre. La carcasse était immense. Elle dépassait de partout. Une partie de l'animal restait suspendue en l'air.
Titine s'était mise d'accord avec Idriss, le domestique des Émerlé, les Français du quatrième, moyennant les os et quelques restes de viande, de descendre lui donner un coup de main avec la découpe. Elle se doutait qu'il devait les vendre au boucher du quartier pour quelques piastres.
– *Bonjou, ma petite Madame. J'ai apoté deux gands couteaux tanchants et un mateau. Alo on coupe ensemble aujoudui ?*

Idriss était originaire du Tchad et parlait « petit nègre ». Chaque fois qu'il apparaissait devant la porte, Titine était subjuguée, effrayée plutôt. Souvent elle était prise d'un fou rire nerveux en voyant ce grand colosse noir avec ses trois balafres en diagonale qui lui zébraient le visage, la dominer du haut de ses deux mètres. Il était si grand que quand il arrivait dans la cuisine, il y avait juste assez de place pour contenir Idriss, Titine et la carcasse.

Et chaque lundi, pendant plus d'une heure, la cuisine prenait l'aspect d'un abattoir.

Avant d'entreprendre quoi que ce soit, Idriss suivait un petit rituel bien à lui. Il retroussait les manches de son caftan qui était d'une blancheur éclatante et allait vers l'évier pour se savonner les mains qu'il rinçait à grande eau. Ensuite il les essuyait soigneusement avec une serviette. Il prenait tout son temps, il n'était pas pressé. Les Émerlé, eux, pouvaient attendre !

Avec le plat de ses mains, il ajustait sa calotte blanche en l'enfonçant bien sur la tête comme si elle risquait de s'envoler. Ensuite, il vérifiait que la ceinture en étoffe rouge était correctement fixée autour de sa taille. Finalement, ceint d'un grand tablier blanc de boucher qu'il revêtait pour se protéger des éclaboussures de sang, il était prêt.

Quand Titine le regardait aiguiser les deux couteaux aux lames scintillantes l'un contre l'autre dans un bruit déchirant, elle se disait qu'il valait mieux rester toujours en bons termes avec le domestique.

Une fois qu'il s'était assuré qu'ils étaient bien tranchants, Idriss commençait minutieusement à taillader la viande et donnait des coups de hache retentissants avec une force titanesque quand il rencontrait une partie osseuse. À chaque coup, Titine sursautait en plissant les yeux. Parfois, il se retournait vers elle et la regardait à la dérobée pour quêter son approbation, roulant les yeux dans leurs orbites comme des billes de marbre.

Ce qu'elle ne faisait pas pour faire plaisir à son mari ! Mais pourvu que sa belle-famille ait de la viande fraiche – une viande qui se payait à prix d'or sur le marché. Elle s'en fichait comme de l'an quarante de la viande fraiche et de sa belle-famille. C'était

le cadet de ses soucis. Mais elle en avait assez d'être devenue leur centre de distribution ! Et ça ne s'arrêtait pas là. Il fallait encore nettoyer partout, empaqueter les portions, demander à chacune de s'arranger pour récupérer la sienne. Et une fois la viande distribuée, les critiques ne tardaient pas à se manifester.
– La viande n'était pas très tendre cette fois-ci. Tu aurais mieux fait de me donner un morceau du filet. À propos, dis-moi, à qui tu l'as donné le filet ?
D'autres ronchonnaient
– Il n'y avait que des os dans le paquet - comme si j'allais inviter une horde de chiens à une soirée. J'ai dû tout jeter à la poubelle.
– La semaine prochaine quand tu iras à la NAAFI, (l'intendance de l'armée) au lieu de la viande, apporte-moi un demi kilo de fromage de Chester ? Et peut-être aussi une livre de beurre australien et de l'Ovaltine si ça ne t'ennuis pas ?
– Tu sais, les enfants aimeraient beaucoup avoir ce nouveau jeu de « Monopoly » qui vient de sortir. Ce serait bien s'ils apprennent à le jouer avant tout le monde. Et vois si tu trouves une bouteille d'eau de Cologne quatre mille quelque chose ... Elle sent si bon !
– Et pour moi, peut-être aussi une paire de draps « Canon » en coton canadien pour lit double.
Et quoi encore ? Elle en avait marre avec toutes ces demandes ! Il ne s'agissait plus de quelques faveurs. C'était un commerce en bonne et due forme !
Elle se disait, pour l'eau de Cologne 4711, ce n'est pas chez les Anglais qu'elles la trouveront – mais plutôt dans le camp ennemi ! C'était une marque allemande. Quant au Monopoly, pas pour le moment. Ils apprendront à le jouer après la guerre avec tout le monde. Ils auront toute la vie devant eux !
Elle commençait à en avoir assez de ces femmes pleurnicheuses, ingrates, chichiteuses, jalouses, continuellement en train de grincher, jamais reconnaissantes pour tout ce qu'elle leur donnait.

Elle se demandait quand est-ce que cette fichue guerre allait finir pour que cesse ce trafic incessant de victuailles.

Titine s'arrangea un matin pour créer une petite révolution dans le voisinage. Le camion de l'armée venait de livrer à peu près cinquante kilos de farine blanche – cette denrée précieuse totalement inexistante durant la guerre. Un jeune matelot avait monté le sac qui était si lourd qu'il avait fallu l'aide du portier pour le porter jusqu'à la cuisine.
Quand plus tard elle fit une entaille dans le papier tissé pour l'ouvrir, un rat s'en échappa. Elle hurla, la servante hurla, le rat prit la fuite dans les escaliers de service et l'emballage et tout son contenu avec l'aide du portier encore une fois bien entendu, furent immédiatement descendus aux poubelles.
Une heure plus tard, une querelle éclatait. L'arrivée d'un sac de farine au bas des escaliers sema la pagaille dans tout l'immeuble et même dans les environs. Des gens du voisinage s'étaient précipités avec toutes sortes de récipients et de casseroles espérant mettre la main sur ce qu'ils considéraient être de l'or pendant cette période de rationnement.
Mais ils étaient trop nombreux dans l'étroit réduit devant les boites à ordures – ce qui déclencha une bagarre effroyable. Ils criaient, se bousculaient, se frappaient, s'injuriaient, la farine volait partout. Parfois un ustensile atterrissait sur un crâne. Un nuage blanc planait dans l'air. Ils en prenaient plein les yeux et les narines. Le portier dû faire venir la police. Deux gendarmes arrivèrent pour rétablir le calme et mettre fin à la bagarre.
Titine fut convoquée au caracol du quartier le lendemain pour un procès verbal. Un officier la reçut avec courtoisie dans son bureau. En la saluant, il lui broya la main.
– Etfadali *ya* madame.
Elle lui expliqua cordialement qu'elle ne parlait que très peu l'arabe. Aucun problème, il parlait l'anglais à la perfection et

même un peu le français. Il connaissait aussi quelques mots d'italien.
Immédiatement il prit une plume sur le bureau, la trempa dans un encrier en cristal et griffonna quelque chose sur un bloc notes. Ensuite il lui demanda sur un ton plutôt désinvolte d'où provenait toute cette farine. Trafiquait-elle par hasard dans le marché noir ?
Titine n'avait aucune crainte. Elle se dit « Que le diable l'emporte à cet imbécile ! » Après tout, un petit gringalet de chaouiche de rien du tout ne l'effrayait pas. Il pouvait parler toutes les langues de la planète, elle s'enfichait carrément. Elle avait toute la flotte derrière elle pour la protéger. Par contre elle se demandait ce qu'il pouvait bien être en train de gribouiller sur le calepin : cinquante kilos de farine ou le fait qu'elle ne parlait pas l'arabe ! Le policier n'arrêtait pas de prendre des notes.
Elle élabora sur le fait que comme ressortissante britannique, elle avait tous les droits de recevoir ou d'aller chercher des provisions à la NAAFI. Elle n'avait de comptes à rendre à personne. D'ailleurs pourquoi aurait-elle jeté la farine si elle aurait pu la vendre sur le marché noir comme il prétendait ?
Le polyglotte décida de changer de tactique. Il se leva et alla fermer la porte qui était restée entrouverte. Ensuite il vint se mettre devant elle et posa ses fesses sur le bord du bureau en la toisant d'un œil suspect.
— Et si on se mettait d'accord entre nous à l'amiable, comme ci comme ça. Je m'arrangerais peut-être pour oublier toute cette affaire. Cinquante kilos de farine, c'est quand même beaucoup, vous ne trouvez pas ? Ça représente au bas mot un capital substantiel.
— Se mettre d'accord ? Comment ?
— Comprenez-moi. Je pourrais à la rigueur passer vous voir une fois par semaine, disons.
— Pour quoi faire ? Titine s'entendit crier en prenant peur

devant cette situation qu'elle ne comprenait pas.
— Mais pour vous prendre quelques provisions et comme ça je fermerai l'œil sur vos petites combines.
Titine respira un grand coup. Elle avait eu chaud pour quelques instants. Son mari étant dans la marine, le policier devait se dire qu'elle vivait seule à la maison.
— Je ne pense pas que ce soit une brillante idée. Le portier pourrait avoir des soupçons avec ce va-et-vient continuel. Ça ne servirait qu'à vous attirer des ennuis.
— Alors j'enverrai mon fils à ma place.
— La farine était une exception. D'ailleurs, elle était de très mauvaise qualité, avec un rat à l'intérieur. Vous vous imaginez un peu ! En fait je ne reçois pas de nourriture en quantité appréciable chez moi.
En disant cela, elle pensa à la pièce de bœuf et faillit pouffer de rire. Elle imaginait une farce dans le style de Molière : « Le policier, le domestique, la carcasse et les belles sœurs ! »
— Écoutez-moi bien. Ce serait préférable de laisser tomber toute cette affaire. Et puis, la guerre finira très bientôt et tout rentrera dans l'ordre.
Le policier ne capitulait pas. À présent il devenait méchant. Il battit l'air avec la main et rétorqua avec arrogance.
— Guerre ou pas guerre, portier ou pas, je serai dans l'obligation de faire une perquisition à votre domicile un de ces jours. Ça ne finira pas comme ça tout simplement. Attention ! Je vous avertis !
— Faites comme vous voulez. En tout cas, j'en parlerai à mon mari le plus tôt possible et lui, j'imagine, en parlera à son commandant.
Elle paraissait lui avoir cloué le bec à cet abruti. L'affaire du sac de farine semblait être réglée pour l'instant.

Henri, de son côté, s'était lié d'amitié avec son *Chief Petty Officer* (officier marinier en chef) William Scott, Bill pour les intimes, lorsque celui-ci s'était épris follement d'une jeune Copte, Laura, une fille d'une beauté incroyable. Il l'avait rencontrée lors d'un après-midi dansant chez Athinéos, le salon de thé. Mais la belle demoiselle refusait catégoriquement de sortir en tête-à-tête avec lui.

La première fois qu'il avait vu Laura, elle était attablée avec deux jeunes filles de l'autre côté de la salle. Elle portait une robe rouge en surah avec une ample jupe, un corsage bien ajusté qui lui moulait la poitrine et des manches trois quarts. C'était ce rouge intense, versant sur le cyclamen qui l'avait tout d'abord attiré. Il laissa passer une ou deux danses, ensuite se leva, traversa la piste et vint s'incliner devant elle.

Quand ce jeune officier en uniforme blanc de la marine royale, casquette sous le bras, chamarré de galons, bien baraqué, beau comme un dieu, surgit devant elle pour lui demander de danser, elle se leva d'un bond comme si elle était assise sur des ressorts. Elle se sentait comme Cendrillon devant le Prince Charmant.

Laura adorait danser. Il l'entraina dans un tango argentin. Un, deux, trois, quatre. Joue contre joue, les corps droits et rapprochés, pieds entre pieds, leurs jambes se pénétraient. Elle était légère comme une plume et dansait comme une nymphe. Elle prenait des cours de danse chez Evanghelitsa Loucas à la rue Attarine et une fois par semaine, elle venait chez Athinéos à la gare de Ramleh rien que pour écouter la musique et se sentir glisser sur la piste.

Bouleversé par cette jeune femme qu'il tenait entre ses bras, Scott réalisa qu'il n'allait plus jamais la lâcher. C'était un véritable coup de foudre. À tout casser !

Il proposa à Laura de l'emmener le samedi suivant au Casino Chatby, ce casino construit sur pilotis qui surplombait la mer, mais elle refusa.

– Je n'ai pas la permission de sortir seule avec qui que ce soit.

Mon père est catégorique sur ce point.
— Mais vous venez chez Athinéos.
— Je viens avec mes amies, juste pour écouter la musique. Ensuite nous rentrons toutes ensemble, nous habitons le même quartier.

Scott, ne sachant plus quoi faire, s'en alla demander l'aide d'Henri pour conquérir la belle Égyptienne.
— *I am crazy about that girl.* Je ne dors plus. Je vais perdre la raison. Il faut que tu m'aides. Peut-être qu'elle accepterait de sortir avec moi si tu venais toi aussi avec ta femme. On pourrait sortir à quatre quelque part pour aller danser.
— *Scott, consider it a done deal.* C'est une excellente idée. Ma femme adore danser. Mais surtout ne t'attache pas trop à cette fille, ça pourra finir mal.
— Qu'est-ce que tu veux dire par là ?
— Je veux dire que tu auras moins de chance d'être tué par les bombes de la Luftwaffe. Ces filles ont des pères et des frères. Et tu sais les Coptes sont des gens très unis. Ils se rallient autour de leur communauté et préfèrent rester entre eux. Ils se considèrent les vrais descendants des Pharaons.
— Et alors ?
— Et alors, c'est l'Égypte ici ! Un soir, on pourrait te retrouver égorgé comme un mouton dans une impasse mal famée.
— *It is serious then. O.K. I'll make an honest woman of her. I'll marry her.*
— *For heaven sake, Bill. Watch out !*
Et c'est alors qu'allait naître entre les deux hommes une amitié qui allait durer tout au long de la guerre.

*

Titine était assise devant le piano en train de jouer une mazurka de Chopin. Avec le tempo endiablé du morceau, elle n'entendit pas la bonne qui lui parlait.
— Madame, *ya setti* (madame), il y a un gros monsieur très énervé à la porte de la cuisine qui veut absolument vous parler.
— Pourquoi à la cuisine ? Il te connait ?
— Non. D'où par où ? Il est arrivé par les escaliers de service. De ma vie, je ne l'ai jamais vu. Il a l'air d'un type qui vient de s'échapper d'un hôpital de fous. Venez vite, il m'effraye ! Je vais mourir de peur.
Titine abandonna le clavier et se leva pour aller voir de qui il s'agissait.
La porte de la cuisine était largement ouverte. Un homme barbu, bâti comme une armoire, emmitouflé dans un gros paletot noir qu'il avait boutonné jusqu'au cou malgré la chaleur, était planté sur le palier. Les jambes écartées, le visage congestionné, rouge comme une pivoine, des sourcils épais en broussaille, il la regardait avec effarement. Il agitait un pistolet qu'il tenait dans la main droite, le doigt sur la gâchette.
Horrifiée, elle s'arrêta net et dévisagea l'homme avec un regard chargé d'épouvante. Elle eut à peine le temps de réagir en réalisant la situation que les yeux de la bonne qui arrivait juste derrière elle, s'écarquillèrent d'effroi. Elle se mit à hurler.
— *Ya khabar abyade ! Oualéna !* (C'est la catastrophe). Il va tous nous tuer *bel gomla* (d'emblée).
— Si vous ne me rendez pas ma fille sur le champ, j'ouvre le feu. Où est-elle ? Où est ma fille ? L'homme fulminait sur le pas de la porte. Le pistolet tremblait dans sa main.
— Mais qui êtes-vous ? Qui est votre fille ? De quel droit brandissez-vous un objet pareil dans ma maison ? Vous vous imaginez être dans un film de cow-boys ? Remettez ça immédiatement dans votre poche ou j'appelle la police.
La bonne de son côté continuait à vitupérer en se frappant la

poitrine et en sautillant comme un crapaud autour de la cuisine. Titine entendit le bébé qui pleurait à l'intérieur de l'appartement et lui ordonna d'aller tout de suite s'occuper de la petite.
– Mais madame...
– Va, je te dis. Laisse-moi faire ici. Je m'en occupe.
La servante voulait s'assurer que sa patronne n'était pas en danger.
L'homme avait remis le pistolet dans sa poche.
– Je suis le père de Laura. Je demande à voir ma fille immédiatement. Où est-ce qu'elle se cache ?
– Mais vous êtes fou ? Elle n'est pas ici, votre fille. Elle n'habite pas chez nous.
– Et où est-elle ?
– Je n'en ai pas la moindre idée.
Titine mentait. Depuis deux jours déjà, Scott cachait Laura chez Tante Rose dans son petit appartement à la rue Tanis, au Petit Sporting du côté de la mer. Elle était arrivée chez Titine échevelée, en larmes, les genoux écorchés et les bras recouverts d'égratignures.
Elle s'était échappée de chez ses parents qui l'avaient enfermée à double tour pour l'empêcher de sortir et d'aller rejoindre son amoureux. Mais elle avait déjoué leur manœuvre et s'était enfuie en sautant par une fenêtre d'un premier étage en s'accrochant aux branches d'un arbre.
– Ma fille ne se mariera pas avec ce vaurien d'Anglais, hurlait le Copte avec des cris perçants et en faisant trembler la glacière en tapant fortement avec son poing. J'irai jusqu'à l'amirauté s'il le faut. J'ai des connaissances. Des gens haut placés. Des sommités, je vous dis. *Je casserai le monde.* Je me fous qu'il soit un officier de la marine britannique. Que le diable l'emporte ! Je jure que cette canaille n'aura pas ma fille. Elle se mariera la semaine prochaine avec un jeune homme de notre famille. Tout est déjà décidé. Un prêtre donnera la bénédiction nuptiale selon

le rite de l'église Copte Orthodoxe. Vous me saisissez, oui ou non !

– Tout d'abord ne criez pas comme ça. Je ne suis pas sourde. Et puis écoutez-moi bien Monsieur, votre fille n'étant pas là, vous n'avez rien à faire ici, je vous demande donc de vous en aller.

– Non, non et non. Si elle ne fait pas ce que j'ordonne, je la tuerai, ensuite je le tuerai à lui et ensuite je me tuerai moi-même.

– Voyons, c'est ridicule tous ces meurtres et suicide. Réfléchissez.

– Il n'y a rien à réfléchir. Ou bien elle épouse son cousin ou si elle doit être avec cette crapule, ce chenapan, ce bon à rien, ce sera dans la tombe et pas ailleurs. C'est comme ça ! Un point, c'est tout ! *Ellé maktoube, maktoube* (Ce qui est écrit, est écrit). Je ne reviendrai pas sur mes paroles !

Ce jour-là le père de Laura avait fait une scène épouvantable jamais imaginée. Il frisait l'hystérie. Il était fou de rage. Les poings crispés, il hurlait, tempêtait, criait son désespoir, se tirait les cheveux. Il s'était même agenouillé aux pieds de Titine la priant de faire quelque chose pour retrouver sa fille.

Et puis, il avait été saisi par une quinte de toux incontrôlable qui l'avait terrassé sur le fauteuil de l'entrée. À un moment, Titine avait cru qu'il allait s'étouffer devant elle. Immédiatement elle l'avait aidé à se débarrasser de son manteau, à défaire le nœud de sa cravate et à déboutonner le col de sa chemise. Ensuite elle était allée lui chercher un morceau de sucre imbibé de quelques gouttes d'alcool de menthe de Ricqlès, un verre d'eau, une serviette mouillée pour lui rafraichir le visage et de l'eau de Cologne. Le pauvre homme avait la figure cramoisie, couverte de sueur. Il hoquetait. Sa respiration devint saccadée. Il tremblait de tous ses membres.

– Il faut vous calmer. Tout ça ne sert à rien.

– *Ana ha moutte ya madame* (Je vais mourir madame). Le mauvais sort s'est acharné sur notre famille. Une malédiction nous est tombée sur la tête. *Khalass.* Je n'ai plus qu'à mourir. Il ne me reste plus rien. Je n'ai qu'une fille. Il va me la prendre, ce voleur, ce fils de chien. J'ai tout perdu. Sans ma fille, ma vie ne mérite pas d'être vécue. Je vous baise les mains madame, que Dieu vous préserve, rendez-moi ma fille !

Titine avait eu une peine immense de voir le malheureux dans cet état de détresse. Mais derrière la porte vitrée du petit salon, sur la table de poker de forme pentagonale, étaient posées trois tourtes de différentes dimensions, recouvertes de glaçage blanc qui allaient former la pièce montée du *wedding cake* pour célébrer le mariage de Laura et Bill le samedi suivant.

Le mariage civil s'était fait dans la plus stricte intimité dans le salon de cérémonie du consulat de Grande-Bretagne. Laura était dans une robe longue en Crêpe de Chine rouge qui lui allait à ravir. Copiée sur un modèle de Madeleine Vionnet, la robe était coupée en biais et la moulait bien en épousant ses formes. C'était le vœu de Bill. Il voulait la revoir comme au premier jour de leur rencontre – en rouge. Elle était superbe dans sa tenue de mariée toute simple, un gardénia blanc dans ses longs cheveux ondulés d'un noir intense et quatre bracelets en or qu'il lui avait offerts de chez Matossian, le bijoutier arménien et qui cliquetaient à son poignet. Avec ses cheveux qui lui tombaient en cascades sur les épaules, elle ressemblait à la Princesse Fawzeyya, la sœur du roi qui elle ressemblait à Hedy Lamarr.

Comme Laura ne pouvait convier personne de son côté et que Bill n'avait que très peu d'amis à Alexandrie, Henri et Titine invitèrent tous les leurs pour « faire du monde ». Ils avaient réservé le Pré Fleuri au Domaine de Siouf. Des *soffraguis,* tarbouche sur la tête, gants blancs et sanglés de ceinture bleue sur leur caftan, circulaient continuellement avec des plateaux en argent chargés de coupes de champagne, de sandwichs, de petits fours et de différentes sortes de gâteaux soirées.

*

Dehors, la guerre faisait rage. Les attaques aériennes nocturnes de la Luftwaffe sur le port d'Alexandrie étaient impitoyables. Les plus dévastatrices arrivaient souvent les soirs de pleine lune. Depuis juin 1940, la majeure partie de la flotte britannique en Méditerranée se trouvait à Alexandrie. Elle protégeait le Canal de Suez et en même temps bloquait le passage à la marine italienne des mers Égée et Ionienne ainsi que l'accès à l'est de la Méditerranée.

Dès qu'elle entendait le premier hurlement des sirènes, Titine sautait du lit, enveloppait Mira dans une couverture et avec la bonne, elles dévalaient les escaliers jusqu'au rez-de-chaussée dans l'appartement du propriétaire, Signor Parazzoli. Mais celui-ci n'était plus là. Comme il était ressortissant d'un pays ennemi, il avait été envoyé dans un camp d'internement à Fayed où il côtoyait des compatriotes, employés de magasins, commerçants, chauffeurs de taxis, directeurs de banques, garçons de cafés, vendeurs de journaux, tout un tas d'Italiens dont la plupart n'avait vraiment rien à faire avec cette guerre. Mais l'Italie faisant partie des pays de l'Axe, on les avait jetés en prison.

Le portier, qui possédait les clés, dégringolait à toute vitesse de la terrasse pour leur ouvrir la porte. Au fond du petit jardinet, Parazzoli avait fait construire, sur ordre des autorités, un abri rudimentaire mais assez grand pour contenir tous les locataires de l'immeuble.

À moitié endormis, en pantoufles et munis de manteaux enfilés à la hâte au-dessus de leur pyjama ou de leur chemise de nuit, ils s'installaient sur les banquettes en bois aménagées tout autour du local, collés les uns aux autres en attendant la fin de l'alerte.

Mais parfois, celle-ci tardait à venir. Les raids pouvaient durer toute la nuit. Et toute la nuit le bruit fracassant des bombes qui tombaient faisait trembler les murs. De temps à autre on entendait retentir des coups de sifflets stridents. Des gens couraient dans la rue cherchant asile. Des vitres éclataient dans les environs. Des voix criaient « *Taffoul nour, taffoul nour !* » (Éteignez les lumières). Et quand finalement au petit matin la sirène annonçait que tout était fini, chacun regagnait son chez soi. Et si une bombe avait raté sa cible et atteint un quartier résidentiel à Ramleh, on courrait inspecter les dégâts. On voyait souvent le lendemain d'un bombardement, une foule se serrer autour d'un gros trou béant quelquefois en plein milieu de la chaussée. Ils se regardaient tous comme des chiens de faïence, ne sachant que dire ni que faire, mais soulagés quand même.

En juin 1942 l'Afrikakorps de Rommel était arrivé à Tobrouk. Devant « le Renard du désert » plus rien qu'une centaine de kilomètres : Abousir, Borg el Arab, Dékheila, le Mex. La route était maintenant libre pour rejoindre Alexandrie. Son plan était de traverser l'Égypte d'ouest en est, de s'emparer du Canal de Suez et ensuite d'atteindre la Palestine.
Avec la menace de Suez et la situation aggravante dans laquelle se trouvait la flotte britannique, toutes les lignes de ravitaillement et tous les navires furent immédiatement éloignés les uns après les autres de la zone périlleuse.
Les pays de l'Axe se préparaient pour la victoire. Quand Rommel s'empara de Tobrouk, Mussolini partit immédiatement pour la Libye organiser son entrée triomphale sur son cheval blanc dans la capitale égyptienne. Il jubilait à l'idée de voir la fin du règne anglais en Égypte.

Depuis quelque temps déjà, Titine n'avait plus aucune nouvelle d'Henri. Son navire avait quitté le port avec toute la flotte pour une destination inconnue. À Alexandrie, la situation était chaotique. Tous ceux qui pouvaient quitter la ville le faisaient, partant vers le sud et vers l'est, essayant au plus vite de s'éloigner du danger. Des milliers de personnes convergeaient vers la capitale et sur les villes d'Ismalieh et de Port-Saïd. Des rumeurs couraient en ville qu'on avait vu des officiers de la Wehrmacht sur des motocyclettes vêtus de leur uniforme couleur vert-de-gris parcourir la région du Mex. Alexandrie était à présent devenue une ville morte.

Un matin Titine passa un *trunk call* à sa cousine Magda qui habitait Le Caire.

– Titine chérie, quelle joie de t'entendre. Tu n'as pas la moindre idée de ce qui se passe ici. C'est un chambardement total ! La ville est en état de siège. Les Anglais arrivent de partout pendant que d'autres s'apprêtent à partir.

– En effet, ils ont l'air d'avoir tous quitté Alexandrie.

– C'est incroyable ici ! Tous les jours des queues immenses se forment devant les banques – ils essayent de retirer leur argent. Et aux quartiers généraux, ils brulent tout. Ils ne veulent rien laisser derrière eux. L'atmosphère est remplie de brindilles de papier carbonisé - ça sent le brulé dans tout Le Caire. On arrive à peine à respirer.

– Mais quel bazar !

– Eh oui ! J'imagine qu'il sera là dans quelques jours.

– Qui ça ?

– « Le Duce » ma chérie ! Qui d'autre ? Il va surement emménager au Sémiramis avec tous ses acolytes, les *camicie nere*.

– Et chez toi à la maison comment ça se passe ?

– Ne demande pas c'est mieux ! Mes beaux-parents me sont tombés sur la tête avec leurs quatre enfants. Et qu'est-ce que tu crois qu'ils ont apporté avec eux ? J'en suis encore malade. Six poules dans un *afasse* (panier). Ils s'imaginent que c'est une basse-cour chez moi. « Elles seront très bien au balcon » m'a dit ma belle-mère. Apparemment mon beau-père a envie d'œufs frais à la coque tous les matins pour son petit-déjeuner. Qu'est-ce que c'est ? Il attend un enfant !

– Mais il doit bien y en avoir des œufs frais au marché !
– Mais bien sûr qu'il y en a. Il y a tout ! Avec le marché noir nous ne manquons de rien.
– Et ton beau-père, que fait-il de son temps sans la Bourse ?
– La matinée, il trainaille dans la maison en gallabieh et babouches. C'est comme si j'ai la famille du portier au salon ! Ensuite, il passe l'après-midi à son quartier général, chez Groppi, à tramer des affaires. Il vend et il achète tout ce qui lui passe sous la main. À propos laisse-moi que je te raconte. Tu vas mourir de rire.
– Dis-moi, quoi ?
– Ce grand manitou qui se prend des airs de pacha avec son cigare refuse catégoriquement d'entrer dans la baignoire. Il veut absolument se laver dans un *tosht* (bassine) avec une tassa. J'ai dû en faire descendre un de la terrasse. Le plus rigolo, c'est que la laveuse est arrivée lundi en criant qu'on lui a volé son tosht.
Titine se tord de rire.
– Mais c'est incroyable !
– Fellah ! L'atavisme ma chérie ! Avec tout l'argent qu'il a, quand on est mal né, on le reste pour la vie. Il parait que quelqu'un lui a dit que les Français se font assassiner dans leur baignoire.
– Les Français ? Quelle bourde ! Enfin, un seul peut-être – Marat. Et c'était pendant la Révolution, il y a de ça plus de cent cinquante ans. Mais excuse-moi, il est timbré ton beau-père !
– Et ce n'est pas fini. Ce matin, je rentre à la salle à manger pour savourer mon café et fumer tranquillement une cigarette et qu'est-ce que je te trouve ? Une poule perchée sur le Coromandel ! Tu sais, la commode chinoise Louis XV qui m'a coûté les yeux de la tête. Mais tu réalises un peu ? Une poule sur le Coromandel ! J'ai failli avoir un coup d'apoplexie. J'ai tout de suite appelé le domestique et je lui ai dit : « Tu me prends immédiatement toute cette volaille au souk et tu me la rapportes

égorgée dans un sac, prête pour la casserole. Et il n'y aura aucune autre discussion. Ma décision est prise. *Yalla* ! » Tu sais cette famille finira par m'envoyer à la Villa Anna (asile d'aliénés). C'est un châtiment que de vivre avec ces gens – c'est pire que la guerre !

Titine n'arrêtait pas de pouffer de rire.

– Et comment t'arranges-tu pour faire dormir tout ce monde chez toi ?

– On a mis des matelas au salon sur le Tabriz. S'ils me le ruinent, *khalass,* je commets le meurtre du siècle. Six d'emblée – je les tue tous ! Justement, hier, je suis descendue chez Cicurel acheter des draps pour recouvrir les meubles et le tapis. J'ai trouvé Monsieur Argy, tu le connais. Il était échevelé. Il courait de gauche à droite, absolument perdu. Il m'a dit : « Madame Magda, les Italiennes ont envahi le magasin. Elles achètent tout ce qui leur tombe sous la main pour confectionner jupes, écharpes, drapeaux, banderoles, le tout dans les couleurs du drapeau italien. Elles se préparent à descendre dans les rues recevoir Mussolini à son arrivée. Il ne me reste plus un centimètre de tissu. Vous vous rendez compte un peu ! »

Finalement, Titine reçut un appel interurbain d'Henri. Son navire était ancré dans le port de Haïfa. Elle devait immédiatement prendre Mira et partir pour Port-Saïd. Des navires de la Royal Navy se tenaient prêts à évacuer hors du territoire égyptien femmes et enfants de nationalité britannique au cas où la situation s'aggraverait davantage.

Titine jeta pêle-mêle des vêtements et des articles nécessaires pour le voyage dans deux valises qu'elle boucla à la hâte. Elle renvoya la bonne dans son village de Hadara en lui disant de revenir si les choses s'arrangeaient. Le portier les accompagna à la gare de Sidi-Gaber portant les bagages sur ses épaules. Titine tenait Mira dans les bras.

Mais quand ils arrivèrent à la gare ferroviaire, c'était la panique générale. Le quai grouillait de monde. Ils eurent de la difficulté à se frayer un chemin à travers la cohue déferlante qui arrivait sur la plate-forme. On risquait de tomber sur la voie tellement la foule était dense. Des gamins grimpaient sur les réverbères pour anticiper une arrivée prochaine. Mais on ne voyait rien venir. Les gens commençaient à s'impatienter. Y aura-t-il un train bientôt ? On harcelait le chef de gare de questions. Mais le brave homme ne savait rien non plus. Finalement, après voir attendu assez longtemps, ils entendirent un bruit de roues se répercuter comme un écho sur les rails annonçant l'approche d'un train.

Une locomotive noire entra en gare dans un roulement fracassant de ferraille laissant derrière elle une longue trainée de fumée blanchâtre. Les wagons se succédaient les uns après les autres à une vitesse infernale. Subitement un malaise gagna la foule. Le train allait-il bruler la gare et continuer sa course folle ? Le serpent finit par ralentir et s'immobilisa.

C'est alors qu'un véritable carnage se déroula sur le quai. Hommes, femmes, enfants, soldats, vieillards, des indigènes avec des cageots à volaille sur la tête, d'autres tirant des chèvres par une corde, d'autres encore avec des balluchons de vêtements, des matelas pliés en deux et attachés hâtivement avec des cordages, des bagages de toutes sortes, tout ce monde écrasé, épuisé, exaspéré d'avoir attendu si longtemps, essayait maintenant d'accéder au chemin de fer tous en même temps. Pas un *chayal* (portefaix) en vue pour aider la multitude qui se jetait sur les wagons. Ne pouvant pas atteindre le marchepied, les passagers déjà à l'intérieur hissaient d'autres avec leurs effets par les fenêtres.

Titine entendit dans la cohue quelqu'un qui l'appelait avec un fort accent slave. Elle se retourna pour voir la tête de Frau Hoffmann émerger à l'une des fenêtres en train de gesticuler.

« Madame Lévy, madame Lévy, donnez-moi la petite, passez-la-moi. Je m'en occupe jusqu'à ce que vous puissiez monter dans le train. »

Mais Titine hésitait. Comment pouvait-elle confier son enfant à la femme d'un Nazi ? Elle ne le ferait pas. Il n'en était pas question. Elle se débrouillera autrement.

Dans le voisinage, on racontait que Frau Hoffmann qui était elle-même d'origine hongroise était mariée à un officier allemand. Elle était arrivée d'Europe quelques mois auparavant et louait un appartement dans l'immeuble. Elle était descendue une ou deux fois dans l'abri mais après avoir été froidement reçue par les locataires, on ne l'avait plus revue.

Enfin, après plusieurs tentatives, Titine finit par s'enfoncer dans la foule compacte et parvint à monter dans le train.

Jusqu'à ce qu'elle ait pu se retourner pour recevoir Mira et les valises des mains du portier, le chef de gare avait sifflé et le train s'ébranlait.

Titine ressentit une terreur folle l'envahir. « Mon Dieu ! Mon bébé ! Aidez-moi ! Mon bébé va rester sur le quai. » Le portier, lui, était perdu. Il était là, cloué sur place comme une statue et muet comme un Sphinx, tenant l'enfant dans ses bras ne sachant que faire. Il regardait, médusé, Titine qui commençait lentement à s'éloigner.

Un militaire qui se trouvait à l'une des fenêtres s'aperçut du drame et se mit à crier au portier en lui faisant de grands gestes avec les bras. « *Look here, my man. Hurry up ! Pass me the child.* » Le portier comprit tout de suite et s'approchant du train en courant, il tendit Mira au soldat qui la happa dans ses mains. Les bagages restèrent sur la plate-forme. Tout ce que Titine possédait sur elle maintenant étaient son passeport, le billet de train, le sauf-conduit de la marine et la monnaie qu'on lui avait rendue au guichet. Elle avait laissé tout le reste derrière elle sur le quai.

Dans le train, les soldats décidèrent de les garder auprès d'eux.

Ils leur offrirent du thé, des biscuits secs et du chocolat. Ils fixèrent un hamac en diagonale dans le compartiment et y placèrent Mira qui dormit tout le long du voyage.

À Port-Saïd les autorités navales les prirent en charge et les logèrent dans un petit hôtel minable pendant quelques jours. Les cafards rampaient dans la chambre et la nuit, les moustiques les piquaient impunément.

À l'Ouest les évènements s'accéléraient. L'Afrikakorps venait d'être écrasé à El Alamein par la Huitième Armée. En même temps les forces alliées débarquaient en Afrique du Nord. Pour Rommel, c'était l'apocalypse ! Et pour l'instant les *Fritz* s'étaient arrêtés dans leur avancée. La guerre en Afrique prenait un autre tournant. Elle semblait cette fois-ci avoir quitté l'Égypte pour ne plus y revenir. Alexandrie allait pour toujours demeurer un mirage pour « Le Renard du désert ».

CHAM EL NESSIM

Les canons s'étaient tus sur toute l'Europe. Dans les rues des foules en liesse célébraient la victoire. Jour après jour des titres gras apparaissaient en profusion sur les manchettes des journaux. Les armées américaines et soviétiques se rejoignaient sur l'Elbe. Les camps de concentration nazis étaient libérés et évacués. Partout les forces alliées reprenaient les grandes villes européennes et le 21 avril les Soviétiques entraient dans Berlin. Mussolini avait été fusillé et son corps pendu par les pieds à l'étal d'un boucher. La Seconde Guerre Mondiale allait bientôt toucher à sa fin.
Et à Alexandrie, immédiatement après les pâques Coptes, en ce

lundi de 1945, on se préparait à accueillir le *Cham el Nessim*, le festival qui commémore le retour du printemps. Depuis déjà des millénaires, cette fête nationale, d'origine pharaonique, avec ses traditions et ses folklores, était célébrée par tout le peuple de toutes les confessions sans exception. Jeunes ou vieux, riches ou pauvres, toute l'Égypte était en fête. On partait se balader à la campagne, on piqueniquait dans les jardins et dans les parcs, on recherchait les squares et les espaces verdoyants de la ville pour festoyer et pour respirer le zéphyr, ce vent doux, léger et agréable qui soufflait de l'ouest.

Claire et Edgar avaient décidé de réunir quelques membres de la famille dans leur ezba pour célébrer ensemble cette journée de plaisir.
Edgar dirigeait en ce temps-là une exploitation de coton de trois mille feddans dans le delta du Nil, à Simbelawein, une petite bourgade, située à quelques kilomètres de la ville de Mansourah.
Pour profiter entièrement des festivités, Henri et Titine avaient choisi de partir dimanche avant l'aube pour ne retourner que le lendemain. Cela leur ferait deux jours entiers de vacances. Maurice avait obtenu la permission d'utiliser un *lorry* de la marine (camion de transport) qui allait pouvoir les contenir à tous.
Il était en tout dix personnes, cinq adultes et cinq enfants. Ils partaient pour deux jours et c'était comme s'ils allaient s'absenter pendant des semaines pour une longue expédition dans le désert.
À quatre heures et demie du matin, les petits, les yeux encore mi-clos et remplis de sommeil s'étaient recroquevillés à l'arrière du camion pour continuer leur somme aux cotés des mamans et de la montagne de provisions. Ils avaient endossé les couvertures en grosse laine rêche à rayures bleues de la marine pour se protéger de la brise matinale.
Le portier, 'Am Mohammad, était descendu précipitamment de

la terrasse pour leur donner un coup de main et les aider à entasser tout au fond du véhicule des caisses de bière, de boissons gazeuses, de la nourriture, des vêtements, du linge de maison, des bidons d'essence, du kérosène pour les lampes et un tas d'autres objets hétéroclites comme des cordages et des bâches.

Henri avait reçu le jour précèdent de chez Chahine, un commerçant spécialisé dans le poisson salé à Sayéda Zeinab, un quartier du Caire, un colis contenant le fameux *fessikh* si recherché et si apprécié par les amateurs et qui sans lui aucune fête de Cham el Nessim ne pouvait être réussie. C'était du *bouri* (mulet) cru que l'on laissait mariner dans le sel et ensuite séché au soleil jusqu'à putréfaction.

Avec toute la smala et les provisions finalement à bord, ils étaient prêts pour le voyage. Il y avait la cousine Greta et ses quatre enfants, Rosalba, Titine et Mira. Henri et Maurice étaient assis à l'avant du véhicule et se relaieraient pour la conduite.
Après s'être assuré de n'avoir rien oublié - Titine était remontée trois fois dans l'appartement - le camion gronda et ensuite s'ébranla dans un fracas de moteur.
Ils commencèrent par prendre la rue d'Aboukir pour traverser les faubourgs de Ramleh aux trois quarts endormis. Dans la pénombre de l'aurore, on distinguait de chaque côté de l'avenue les silhouettes des villas individuelles. Après Bulkeley, en côtoyant les quartiers de Fleming, Seffer, Schutz et Bacos, l'opulence des propriétés devenait grandiose, partout entourées de superbes jardins aux pelouses immaculées et verdoyantes avec des haies de lauriers roses.
À la sortie de la ville, ils hésitèrent un moment et puis prirent à gauche pour s'engager sur l'ancienne route agricole qui longeait le canal Mahmoudieh. Ici la chaussée était continuellement défoncée et pleine de crevasses. On essayait d'éviter les ornières

de la route mais c'étaient de fortes secousses et des vibrations continuelles. À chaque soubresaut du camion, ils étaient propulsés en l'air et retombaient lourdement sur leur derrière. Mais on oubliait la torture car il faisait un beau dimanche de printemps et la promenade s'avérait des plus excitantes. La promesse de deux jours de fête rendait tout le monde heureux.

Au fur et à mesure qu'ils avançaient, l'aube commençait à poindre timidement entre les peupliers gigantesques qui bordaient la route. Un jour nouveau allait naitre. Dans la vallée on distinguait des fellahines dans leur gallabieh flottante déjà occupés à travailler paisiblement dans leur champ, partout entourés de colonies d'aigrettes blanches descendues des arbres pour venir picorer la terre labourée. Au loin des maisons en torchis surgissaient de la terre au milieu de plantations verdoyantes de mais et de trèfle et les rizières inondées d'eau reflétaient le ciel et se perdaient à l'infini.

Une heure de route s'était déjà écoulée. Réveillés, les enfants réclamaient à boire. On décida de marquer une pose. Titine distribua à la marmaille des gourdes d'eau fraiche et chacun bu au goulot en riant et en renversant la moitié sur leurs vêtements.

Ils s'étaient arrêtés à l'entrée du petit village de *Abou Hommos,* pas très loin de *Kafr el Dawar* devant un énorme achalandage en terre cuite de *ballas, de ollah et de tagen* (récipients et gargoulettes). Titine descendit du camion et profita pour acheter au marchand une gargoulette et deux tagens qui serviraient à préparer le *miche* (fromage paysan blanc épicé semi-solide). Elle les offrira à Claire.

Dans un arabe cassé, rempli de paroles biscornus et inintelligibles, elle marchandait avec acharnement le prix avec le vendeur. Celui-ci, un vrai Saïdi (habitant du Saïd - province de Haute Égypte) entêté ne voulait pas démordre. Titine insistait, par moments le traitant presque de voleur. Elle essayait de lui arracher la marchandise des mains. Le marchand s'obstinait, il refusait de céder. Les pots risquaient de tomber à terre et de se casser.

— Mais enfin Titine, tu es ridicule. Le prix est déjà dérisoire. Nous n'allons pas passer toute la matinée ici. Allez paye lui ce qu'il demande et partons.

— Mais non, c'est trop cher ! Il faut qu'il baisse le prix.

— Oui, mais pas quand celui-ci est déjà au plus bas ! Il va finir par te mettre un couteau dans le ventre. Pour quelques récipients insignifiants, tu vas te faire tuer.

— Et toi alors, tu ne prends pas de risques quand tu achètes une pastèque au couteau ?

— C'est autre chose.

— Non ce n'est pas autre chose ! Tu laisses le marchand couper quatre à cinq fruits avant de te décider lequel est le plus doux. Ce n'est pas un risque ça ?

— Titine ça suffit ! Allons ! *Let's not ruin the day !*

Henri paya le marchand et ils reprirent la route.

À présent la piste étroite semblait un peu plus goudronnée mais toujours cahoteuse et poussiéreuse et ils étaient tous jetés continuellement les uns contre les autres comme dans une casserole. D'un coté il longeait le canal bordé de roseaux et de l'autre les champs de trèfle et de blé s'étendaient à perte de vue.

À un moment, alors qu'ils bifurquaient vers l'Est, ils aperçurent sur la gauche une grosse boule orange apparaitre à l'horizon dans un ciel d'un bleu turquoise. Plus tard le disque solaire grimpera pour changer de taille et de couleur et deviendra torride et implacable sur leurs têtes.

Ils atteignirent les faubourgs de Damanhour au début de la matinée avec tous leurs os fracassés en menus morceaux. Maurice arrêta le camion sur le bas coté devant le canal sous des sycomores et tout le monde descendit pour se dégourdir un peu les jambes et prendre quelques minutes de repos sur la bâche que Rosalba venait d'étaler en bordure de la route. Le temps était au beau fixe. Une brise légère faisait rider la surface de l'eau. On entendait le doux bruissement des feuilles dans les arbres.

Ils se partagèrent une collation d'œufs durs, de *cream crackers* (galettes carrés) et de tranches de fromage de Chester, courtoisie de la marine anglaise. Rosalba avait apporté du café au lait dans deux Thermos.

– Préparez-vous les enfants, la prochaine étape est la plus dure. Je vous promets d'être à temps pour le déjeuner. Et maintenant, *all aboard !*

Ils grimpèrent à nouveau dans le lorry et les parents aidèrent à installer la bâche car le soleil allait bientôt être de la partie.

Finalement vers onze heures ils arrivèrent à destination. Claire, Edgar et les enfants vinrent à leur rencontre les bras ouverts. Ils y avaient des embrassades et des rires. Ils étaient tous ravis de se revoir. Et puis chacun aida à décharger le camion. Claire remercia Titine pour les tagens. Elle était quand même surprise par la ollah. Qu'est-ce que sa belle-sœur allait s'imaginer encore ? Que maintenant qu'elle vivait au village elle buvait « à la gargoulette ». Ce n'était pas du tout le cas. Elle n'avait pas besoin d'une gargoulette – il avait une immense glacière. Elle pensera à la donner à Khadiga.

Des cousins de Tantah étaient arrivés la veille. Ils ne s'étaient pas revus depuis des lustres.

Au fond du jardin, le traditionnel *kharouf* (mouton) était déjà embroché et recouvert d'un morceau de *chacha* (lin) pour le protéger des insectes. Sa cuisson allait commencer tard dans la nuit.

À l'ombre des acacias, pour être à l'abri du soleil cuisant, Claire avait préparé un festin. Sur une longue table recouverte d'une nappe rouge à carreaux s'étalaient des tas de mets succulents. Il y avait *du foul,* de la *ta'mia,* (boulettes de fèves) de la *téhina,* des œufs durs, du fromage, des olives, des oignions, des cornichons, de la salade et des tas de fruits cueillis dans le verger et enfin et

surtout le fameux fessikh que tout le monde allait trouver un délice. Il y avait de la bière et du *zibib* (alcool anisé) pour les adultes et des boissons gazeuses pour les petits.
– Mais ma parole d'honneur Claire, tu n'aurais pas pu attendre un peu avant de faire sortir ta nappe en cotonnade Vichy ? Lui dit Maurice avec sa sagacité habituelle.
Le frère et la sœur s'attrapaient entre eux continuellement.
– *Khalass* ! La guerre est finie ! Il faut oublier tout ça. Il faut aller de l'avant.
– Pour toi peut-être. Mais pas pour les malheureux qui sont en Europe, ou plutôt ceux qui restent encore et qui ont miraculeusement survécu. Tu sais combien de Juifs ont péri dans les camps de concentration ? Il lui dit d'un ton belliqueux.
Henri intervint. Il était en train de se prélasser à l'ombre d'un arbre sur une chaise balançoire avec un chasse-mouche dans la main en attendant le déjeuner.
– Ah non ! Arrêtez de vous chamailler. Vous n'allez pas créer la zizanie un jour de Cham el Nessim. Oublions la guerre pour aujourd'hui et dégustons le féssikh. Où est le pain ? J'ai une faim de loup ! Titine chérie, va voir si le pain est sorti du four.

Khadiga, la fellaha, qui aidait Claire avec les travaux journaliers autour de la ferme, était accroupie devant le *forn baladi* (four en terre cuite) à l'arrière de la maison.. Dans une immense robe longue rouge ballonnée à volants avec un *mandil* (mouchoir) bariolé sur la tête, une boucle en or dans une narine et de gros bracelets torsadés en argent qui cliquetaient à ses poignets, elle alimentait le feu en jetant des fagots de branches de cotonnier mouillées et des épis de maïs séché sur la flamme. À côté d'elle sur une *tableyya* (table basse circulaire) de grandes galettes plates de pain de seigle qui avaient fermenté toute la matinée, attendaient d'être enfournées. Une à une elle les plaçait sur une longue palette en bois pour les déposer au fond du four.

Immédiatement au contact de la plaque brulante les galettes gonflaient et au fur et à mesure que les pains étaient cuits, elle les retirait pour les entasser dans un grand panier.
Edgar appela du jardin « Allez les enfants, venez vous régaler ! À table tout le monde, le pain est chaud. Il n'attend pas et la ta'mia non plus. Elle va se refroidir. »
On se mit à table. Le déjeuner était succulent. Pendant le repas, Edgar reçut la visite du *Omdah* (maire) du village avoisinant. Il arrivait en grande pompe, tout endimanché. Il avait endossé un burnous écru pour la circonstance garni d'un liseré doré tout autour du vêtement et entre ses doigts il égrenait les perles d'ambre d'un chapelet.
Immédiatement Edgar se leva pour accueillir son hôte et lui souhaiter la bienvenue.
— La paix sur vous *ya Hagg* (votre honneur)
— Et sur vous aussi, la paix du Dieu clément et miséricordieux, répondit le Omdah
— Quelle bonne nouvelle vous amène ? Etfadal. Edgar l'invita d'un signe de la main à prendre place à table avec ses invités.
— Merci, mille mercis. Machallah, machallah ! Toute la famille au grand complet à ce que je vois. Vous m'excuserez, je suis simplement passé vous entretenir de quelque chose pour un moment. Je ne voulais pas vous déranger.
Le Omdah se sentait un peu mal à l'aise. Il ne s'attendait pas à trouver tout ce monde chez Edgar. Le visiteur salua l'assemblée en mettant la main droite sur son front et ensuite sur son cœur et les deux hommes sortirent du jardin pour délibérer dans la cour.

— Qu'est-ce qu'il te veut qui est tellement pressé pour venir un dimanche ? Demande Claire quand Edgar est retourné au jardin.
— Il est venu pour nous inviter au mariage de sa fille Zakéya la semaine prochaine et il voudrait aussi que tu assistes à la soirée de la *henna*. Il a l'air de faire les choses en grand. Il prépare une

zambalita (festivité) de tonnerre. Une danseuse du ventre va venir du Caire. Tout le village est invité.
— Sa fille Zakéya se marie ? Mais c'est de la folie furieuse ! C'est une enfant, elle a à peine douze ans ! Avec qui compte-t-il la marier ?
— Avec Metwalli, le boucher.
— Quoi ? Cette grosse patate chauve qui vend de la viande condamnée ! Mais ce type a déjà été marié. Il y a des années que sa femme est morte en couches. Ses enfants sont tous bien plus âgés que Zakéya. C'est un *'agouz* (vieillard) celui-là. Il a presque un pied dans la tombe.
— Et à présent avec la Zakéya, voilà qu'il aura l'autre au paradis. Rétorque Henri qui ne perd jamais son sens de l'humour.
— Qu'est-ce que ça veut dire « morte en couches », ça veut dire « morte coupée en tranches ? » Demande Simon, le petit de Greta
— Ne dis pas de bêtises Simon. Elle était malade et elle est morte. Et basta ! C'est une expression purement française.
— Dans tous les cas, le Omdah m'a dit que Metwalli a une position respectable au village. Il compte s'occuper d'elle comme de la prunelle de ses yeux – elle ne manquera de rien.
— Et surtout pas de viande condamnée ! Renchérit Maurice.
— À la campagne l'honneur des filles est très friable. Il ne tient qu'à un fil. La minute où elles ont leurs règles, on les marie. Ajoute Pauline en soupirant. À Tantah j'en connais qui se sont mariées à neuf ans.
La petite Émilie se met à chanter « *Je vais à Tantah avec ma chanta* » (Je vais à Tantah avec ma valise).
— Maman qu'est ce que ca veut dire avoir des règles ? Demande Élico le fils de Pauline.
— Tais-toi idiot ! Ce n'est pas pour tes oreilles. Tourne ta langue sept fois dans ta bouche avant de demander des questions pareilles. Ça c'est des histoires de filles. Lui répond sa sœur Anna.

Élico la regarde en lui tirant la langue et en lui faisant un pied-de-nez.
– C'est toi l'idiote. Moi je sais très bien ce que c'est. C'est le sang ! Sales dégoutantes que vous êtes vous les filles avec vos saletés.
Les enfants se mettent à ricaner sous la nappe.
– Maman ! Regarde ce qu'il est en train de dire. Gronde-le !
– Taisez-vous ! Ca suffit comme ça ! *Vous m'avez enlevé l'âme !* Courez jouer dehors et que je ne vous revoie plus.

Après déjeuner, Khadiga prépara deux *kanakas* (cafetières) de café turc sur la *spiritiera* (petit réchaud à alcool) et Claire servit les cafés brulants qu'ils dégustèrent tranquillement accompagnés de pâtisseries orientales.
– S'il te plait, Claire, verse-moi un café avec du *wéesh* (couche de crème) dit Pauline
– Tu ne prends pas de gâteaux ? Claire demande à Greta qui n'a pas touché aux pâtisseries
– Je déteste tout ce qui est fait avec la *samna* (beurre clarifié). C'est infect - elle se colle au palais. À Alexandrie, les pâtisseries sont toutes faites au beurre.
– Si c'est tellement infect, *balache* (tant pis). N'en prends pas !
– Rentrons à l'intérieur – les mouches m'ont rendue folle ! Dit Titine
– Attends quelques minutes. Je viens de dire à Khadiga de mettre du Flit au salon.

L'après-midi, Edgar organisa une sortie à dos-d'âne pour les enfants. Comme ils étaient nombreux, ils durent monter à deux à califourchon sur le dos des malheureuses bêtes qui pliaient sous le fardeau. Quatre *barbarins* couraient derrière les petits ânes gris en les battant avec une branche d'arbre pour les obliger à aller plus vite. « *Chii ya h'mar. Chii ya h'mar* » (avance, âne) ils criaient.

Ils allèrent jusqu'au bout du terrain pour voir le buffle aux yeux bandés tourner tout autour de la *sakia* (roue hydraulique) qui transportait l'eau du canal jusqu'aux champs.

À la tombée de la nuit on alluma les lampes de kérosène qui jetèrent des ombres disproportionnées autour de l'assemblée. Claire frotta les bras et les jambes des enfants avec des feuilles de citronnelle pour les protéger des moustiques.

Khadiga avait aidé sa patronne à étaler des matelas dans une pièce du bas sur la terre battue. Et la marmaille, esquintée et brulée par les morsures du soleil de la journée, tomba raide comme des mouches et s'endormit immédiatement.

À l'aube ils furent réveillés par le chant du coq. La torture était de devoir aller se débarbouiller sous le robinet de la cour. Les matins de printemps étaient encore frisquets. Il faisait froid. L'eau était gelée. Ils criaient tous en gesticulant et en mettant continuellement la main sous le robinet pour faire gicler l'eau partout. Ils firent des bulles avec la mousse du savon. Ensuite ils se mirent à courir après tous les chats du domaine en essayant de les mettre eux aussi sous la fontaine. Les malheureuses bêtes miaulaient en sortant leurs griffes et en essayant de s'échapper de l'étreinte serrée des enfants.

Après les avoir bien grondés, Claire les envoya chercher des œufs frais dans le poulailler en les sommant de faire très attention de ne pas les casser.

– Gare à vous si vous cassez un œuf !

Elle alluma le Primus en lui donnant quelques bons coups de pompe et ensuite les réunis tous à la cuisine pour leur préparer dans une poêle de la *chakchouka* pour le petit déjeuner. C'étaient des œufs pochés dans une sauce de tomates, de poivrons et d'oignions, accompagnés de *fétiras*. Ces galettes cuites dans de la *samna baladi* (beure clarifié) dont ils raffolaient.

Pendant qu'ils déjeunaient, un petit villageois arriva devant la porte de la cuisine. Il tenait dans sa main une cruche remplie de lait d'ânesse pour les petits. Il les regardait avec une certaine envie, l'air étonné de voir tous ces enfants qui avaient probablement son âge. Il aurait peut-être voulu partager leur collation et jouer avec eux.

Le reste de la journée se déroula à une folle allure. Au déjeuner de midi des morceaux d'agneau bien cuits passaient entre les convives. Le gras coulait partout. On se régalait. Greta fit aux enfants des sandwichs en roulant la viande dans du pain arabe avec de la salade de tomates.

Et puis très vite vers trois heures, il fallut plier bagage. C'était le moment de reprendre la route.

Claire avait préparé pour chaque famille quelques provisions de la ferme. Des carrés de fromage de miche nageant dans de l'huile étaient entassés dans des bocaux. D'autres contenaient des légumes marinés - du chou-fleur et des navets. Elle leur offrit des œufs du poulailler mais Titine les refusa. Il y avait trop de cahotements dans le lorry - ils arriveraient en omelette à la maison. Elle remplit des cabas avec des fruits du verger et à chaque enfant elle donna un petit sac en paille tressé de différentes couleurs plein de *hommos* (pois chiche) et de petits bonbons à l'anis. Et ils eurent tous droit à un rond de *méshabek* (galettes sucrées) pour la route.

Ils s'embrassèrent à plusieurs reprises en promettant de se revoir au plus tôt et s'entassèrent à nouveau dans le camion. Après Méhala el Kobra, malgré le ballotement, les enfants s'endormirent jusqu'à l'arrivée à Alexandrie. Les vacances avaient été formidables mais malheureusement trop courtes.

FARDOUS

Mira allait avoir dix ans quand la servante Sabréya les quitta sur un coup de tête. Elle ne se souvenait plus s'il y avait eu une chamaillade entre la bonne et sa mère ou s'il s'agissait d'autre chose. Le fait était que Titine se querellait régulièrement avec les domestiques et quelquefois le moindre litige se transformait en un terrible échange de cris, d'insultes et de menaces suivis du renvoi immédiat de la bonne du moment. Et avant que tout ne dégénère en catastrophe et ne finisse au caracol du quartier, on appelait le portier comme témoin de l'incident comme si la bonne était sur le point de tout casser sur son passage avant de quitter les lieux.

Alors le brave homme grimpait les escaliers de service deux à deux, bien que lentement, à sa manière, en relevant légèrement les pans de son caftan pour ne pas trébucher, tout en marmottant quelque chose comme « on n'en finira donc jamais avec ces histoires de bonnes ? »

D'une main habile, il rajustait le long turban de lin blanc en le roulant en torsade pour ensuite l'entortiller plusieurs fois autour de sa tête et ainsi être sûr de paraître bien présentable devant la patronne.

Il émergeait sur le palier, géant immense qui venait se poster devant la porte de la cuisine les mains perdues dans les amples poches de sa gallabieh, silencieux, ne sachant que faire en attendant que la bonne ait ramassé toutes ses affaires pour ensuite l'escorter hors de l'immeuble dans l'espoir de ne plus jamais la revoir.

Mira se demandait si en remballant la bonne, sa mère s'était doutée de quelque chose.

Sabréya était fiancée à Ibrahim, le boulanger de chez Pastroudis. Tous les soirs vers sept heures après la fermeture de la pâtisserie, il venait retrouver sa dulcinée. Il arrivait à bicyclette, escaladait les marches par les escaliers de service et abandonnait le vélo sur le palier de la cuisine. Il avait toujours dans les mains un plateau rempli de gâteaux – les restes qui n'avaient pas été vendus pendant la journée.

La bonne et le boulanger se prenaient dans les bras l'un de l'autre avec des regards attendris et langoureux, se chuchotaient des mots doux et des promesses et passaient la soirée à batifoler à la cuisine pendant que Mira au salon s'envoyait une grande partie du plateau de mille-feuilles à la crème, de babas au rhum et de sablés au chocolat.

Leur jeu amoureux se prolongeait tard dans la soirée. Ibrahim repartait et les deux tourtereaux se promettaient de se revoir le lendemain.

Mira, affalée sur le canapé, à moitié endormie et transie de peur et de froid, attendait patiemment que la bonne ait fini ses ébats pour aller se coucher.
— J'ai peur du noir. Il y a un *'afritte* (démon) qui s'est caché sous le lit. Je peux venir dormir avec toi ?
— Non ! Il n'y a rien du tout sous le lit. *Ni 'afritte, ni baboula !* J'ai déjà vérifié. Il est tard maintenant. Tu as école demain. *Yalla*, dors !
— S'il te plait. Juste pour ce soir. Je te promets que demain je dormirai dans mon lit.
Mira la suppliait, n'arrêtait pas de lui faire mille promesses, jurait que le lendemain elle dormira dans son lit. Et finalement la bonne pour avoir la paix finissait par céder aux caprices de l'enfant.
— Bon ! Allez, viens. Mais pour cette fois-ci seulement.
La fillette sautait du lit mais avant de courir se peletonner sous l'édredon aux côtés de la servante, elle allait prendre à la salle de bain la bouteille d'Eau de Cologne dans l'armoire à pharmacie.
— S'il te plait fais-moi une friction avec la *colonia*.
— Non ! Laisse-nous dormir à présent. Il est tard.
— S'il te plait ! J'ai très froid ! La friction va me réchauffer.
Mira restait là quelques instants, couchée, la bouteille d'Eau de Cologne fermement serrée dans les bras, sans bouger, retenant son souffle et sans dire un mot. Sabréya se poussait un peu pour lui faire une petite place. Ensuite elle remontait sa chemise de nuit en batiste et attirait l'enfant vers elle en calant sa tête entre ses seins plantureux. Mira sentait le ventre nu de la bonne dans son dos. Elle la berçait doucement, tendrement, tout en lui racontant à voix basse l'histoire de Shéhérazade, la princesse qui tenait le Sultan en haleine nuit après nuit en lui racontant les contes féériques des Mille et une Nuits.
Sabréya lui caressait le visage, les bras, les épaules, le dos. Elle ramassait sa chevelure éparse en désordre et ses doigts agiles la

tressaient en deux longues nattes. Quelquefois les mains baladeuses de la servante s'aventuraient plus loin. Elle lui relevait la chemise de nuit, lui ôtait la petite culotte Petit Bateau et se mettait à lui masser le torse, les reins, les cuisses, l'entre-cuisse dans un léger mouvement giratoire. Ensuite elle versait de l'Eau de Cologne dans le creux de sa main et lui frictionnait tout le corps. Un parfum citronné emplissait l'atmosphère. Petit à petit une sensation de calme et de bien-être envahissait la petite. Lentement toutes ses peurs et ses angoisses s'évanouissaient, disparaissaient et elle finissait par s'endormir d'un profond sommeil.
Tard dans la nuit, quand elle entendait la clé tourner dans la serrure, la bonne se levait, soulevait l'enfant et la remettait dans son lit.

*

Sabréya mise à la porte, la maison s'était vidée du personnel journalier. Il n'y avait plus personne pour faire les courses, s'occuper du ménage ou de la cuisine. Très vite l'appartement prit l'aspect d'un champ de bataille. Du jour au lendemain tout rangement, tout ordre et toute discipline disparurent complètement
Les lits restaient défaits. Les vêtements demeuraient là où on les avait laissés, c'est-à-dire jetés à tout hasard un peu partout sur le dossier des chaises, des fauteuils et sur les meubles. Souvent le linge sale ratait le panier à lessive et allait s'accumuler aux alentours en attendant la visite hebdomadaire de la laveuse. La vaisselle quotidienne se disputait une place sur le marbre de la cuisine.
Presque tous les matins Mira était en retard pour l'école. Elle ne trouvait jamais ses chaussures qui étaient allées se fourrer quelque part sous un lit ou sous un canapé. Son tablier d'école

restait tout froissé. Personne pour le suspendre sur un cintre - il trainait par terre. Il arrivait souvent qu'elle parte sans avoir pris de petit déjeuner. Et si par miracle Titine était sortie de son lit pour faire du café au lait, elle s'arrangeait pour que celui-ci forme une horrible couche de crème grasse qui se ridait à la surface et le tout devenait imbuvable. Alors elle donnait à l'enfant un *demi-franc* pour acheter un sandwich chez Elie Pilossof à la cantine de l'école pendant la récréation.

Il y avait des jours où Mira ratait l'autobus scolaire. Elle l'attendait patiemment sur le trottoir, assise sur son cartable, quand le portier sortait de sa loge pour lui dire qu'il était déjà passé. Dans ces cas-là, il décidait tout seul de la prendre par la main et de l'amener jusqu'à la station du tram pour la confier à de grands élèves qui prenaient soin d'elle. C'était le vrai bordel mais Mira adorait tout ce branle-bas.

Lorsque sa mère avait « un après-midi de cartes » elle lui donnait un mot pour Albert, le chauffeur de l'autobus pour qu'il la dépose chez sa tante à la rue Tigrane où elle déjeunait et passait l'après-midi en compagnie de son cousin et de sa bonne. Quand finalement elle rentrait chez elle dans la soirée, elle constatait que le même désordre y régnait. Tout était exactement comme elle l'avait laissé le matin, peut-être même dans un pire état. En ce temps-là son père travaillait à l'étranger, donc il n'y avait que Mira et sa maman à la maison.

N'ayant plus personne pour faire la cuisine, mère et fille dinaient de collations froides que Titine rapportait de chez Christo, l'épicier de la gare : du fromage Cachcaval, de la mortadelle, des sardines, du thon, des olives, des pickles (légumes marinés), des anchois et un tas d'autres nourritures qu'elle choisissait dans les barils alignés le long du trottoir devant la boutique. Avec une baguette de pain achetée à la boulangerie Minerva, elles déballaient ces provisions en étalant le tout sur une table à l'entrée et en mangeant à même les papiers d'emballage. Les restes hâtivement débarrassés après diner retournaient s'entasser dans la glacière pour ne ressortir que le lendemain. Pour Mira, c'était l'enchantement, le paradis sur terre ! Mais pour Titine c'était l'enfer. Elle s'ennuyait. Ce mode de vie ne lui convenait pas du tout. De plus, elle avait une antipathie pour toutes les corvées du ménage et tout ce que cela engendrait.

Se trouvant tout à coup sans bonne, elle devait maintenant refuser toutes sorties en soirée et même en après-midi. Et bien sûr il n'était pas question de laisser la petite quelque part. Une fois en passant peut-être, mais pas plus. Elle craignait le « Qu'en dira-t-on » et ne voulait pas entrainer des propos venimeux de la part des voisins comme du genre « Regardez-la moi un peu cette salope ! La garce ! Ça vadrouille dans les rues du matin au soir pendant que son mari est absent et par dessus le marché elle abandonne sa fille un peu partout. »

*

Le repas terminé, Titine revenue au salon, prit une cigarette « Matinée » dans la tabatière en cristal qui se trouvait sur la table en miroir, l'alluma et se jeta en soupirant sur le canapé. La lampe à abat-jour en opaline rose en forme de tulipe diffusait une lueur opalescente dans la pièce. Elle se mit à feuilleter d'une main nonchalante le Paris-Match de la semaine – un nouveau magazine d'actualités paru quelques mois auparavant.

Comme elle avait souvent les nerfs à fleur de peau, elle se prenait à réprimander l'enfant à tout bout de champ et pour des riens. Elle la sommait à s'installer au piano pour pratiquer ses gammes. Mira lui obéissait. Elle ne voulait pas envenimer les choses, de peur que sa mère ne la dépose quelque part pour la soirée. Mais souvent Titine était repentante d'avoir trop grondé sa fille. Après tout, ce n'était pas la faute de Mira si la bonne était partie et si la maison restait continuellement en état de siège – elle ne pouvait que s'en prendre à elle-même.

Des gammes, des gammes et encore des gammes. Des majeures, des mineures, des chromatiques. Aller retour, montant et descendant - ses petits doigts agiles couraient sur les touches noires et blanches.

Mais parfois elle se révoltait et se prenant pour un pianiste halluciné qu'elle avait vu dans un film de Frankenstein, elle se mettait à plaquer des arpèges en frappant violemment sur le clavier et en appuyant fortement ses pieds sur les pédales. Alors une voix sévère lui arrivait du salon. « Cesse de démolir le piano ! *Enough, child, that's enough !* » C'était le signal d'arrêter immédiatement.

Mira entendit la voix de la speakerine « *Au troisième top il sera exactement ...... Radio Monte-Carlo a choisi Lip pour vous donner l'heure exacte. Une montre Lip peut s'acheter à crédit chez tous les concessionnaires de la marque.* » Titine venait d'allumer la radio pour écouter les nouvelles. Plus tard, elle rejoindra sa fille pour l'accompagner dans un morceau à quatre mains. C'était sa manière à elle de faire la paix avec l'enfant.

Quelquefois elle mettait un disque sur le pick-up et la voix langoureuse de Lucienne Delyle lui arrivait du salon.

Comment ne pas perdre la tête
Serrée par des bras audacieux
Car l'on croit toujours aux doux mots d'amour
Quand ils sont dits avec les yeux...

− Maman, viens jouer quelque chose pour moi, s'il te plait.
− Non, je n'ai pas très envie ce soir.
− Allez, sois gentille, s'il te plait. Juste un petit peu. J'aime quand tu joues la Polonaise de Chopin. Comme dans le film que nous sommes allées voir l'autre jour dans le nouveau cinéma en ville avec l'actrice aux grands yeux qui m'ont fait peur !

– Tu veux dire le film qu'on a donné pour l'inauguration du cinéma Amir ?
– Oui, le film avec celle-là. Elle me fait très peur avec ses yeux tout ronds comme des grosses billes. Elle à l'air d'une sorcière.
Titine la regarda et sourit avec complaisance.
– Le film, c'était « All about Eve » avec Bette Davis. Tu sais, c'est une très grande actrice. Mais la musique, ce n'était pas une Polonaise de Chopin, c'était « Lieberstraum » de Liszt.
– Alors joue Liszt !
– Non ! Pas de Chopin, pas de Liszt ce soir. Plus tard nous jouerons ensemble un morceau de Diabelli.
– Mais pourquoi tu ne veux jamais jouer au piano. Tu joues si bien.
Titine finit par céder pour faire plaisir à sa fille. Elle souleva le couvercle de la banquette, choisit une partition au hasard, se mit devant le clavier, fit craquer ses doigts et attaqua une musique de variété du film Trente et Quarante. Mira l'accompagnait en chantant les paroles de Georges Guétary et en tourbillonnant tout autour de la pièce.

Do ré mi fa sol, fa mi ré do, chérie
N'avez-vous jamais sur le piano compris
De chaque note le langage
Tant d'amoureux les ont chantées
Chacune a son identité
Mais approchez-vous un peu plus près
Que je vous apprenne leur secret :

Le do c'est l'amour
Le ré c'est toujours
Et c'est vous mamie
Le fa c'est mon coeur
Le sol j'en ai peur

C'est une folie
Le la dit tout bas
Si votre coeur bat
Que c'est pour la vie
Venez dans mes bras
Ce petit air-là
Mon coeur le dira bien mieux
La gamme et l'amour
S'accordent toujours
Pour les amoureux ...

Les touches d'ivoire brillaient sous ses doigts. Elle jouait avec une souplesse étonnante comme si c'était de l'eau qui coule. Ses mains couraient avec brio sur le clavier. Cette petite ritournelle n'était rien pour elle. Mais depuis longtemps déjà, elle avait mis le *holà* sur la grande musique classique comme elle disait. C'était comme si les touches lui brulaient les doigts.

Titine avait un talent exceptionnel pour le piano. Elle avait commencé à prendre des cours à l'âge de six ans lorsqu'elle vivait encore à Salonique. En arrivant à Alexandrie au début des années vingt, son père lui avait offert un piano et l'avait inscrite au Liceo Musicale Guiseppe Verdi où elle continua durant plusieurs années à prendre des leçons sous la direction du Maestro Rosati. Mais à présent c'était fini. Elle ne voulait plus en entendre parler. Et dans les rares occasions où elle se trouvait devant un clavier, elle jouait à une telle rapidité, comme si elle voulait en finir le plus vite possible. Mira se demandait souvent qu'est-ce qui avait bien pu arriver pour que sa mère brise le lien avec son passé musical.

Mira craignait de rester seule dans sa chambre. Titine lui permettait de dormir dans le grand lit avec elle et souvent lui lisait des passages du Sélection du Reader's Digest - la bible qui tenait au courant la communauté européenne de tout ce qui se passait dans le monde.

Le vendredi soir elles faisaient souvent des projets de descendre en ville le lendemain pour faire des emplettes.

Mais Titine attendait impatiemment une remplaçante pour la bonne. Heureusement pour elle, l'attente ne dura pas trop longtemps.

Quelques jours auparavant elle s'était mise en contact avec le *semsar* (courtier en domestiques) qui se trouvait dans la rue commerciale du quartier. Celui-ci lui envoyait des jeunes filles jusqu'à ce qu'elle ait choisi une personne qui lui convienne.

Un samedi de très bonne heure, on sonna à la porte et Mira, pieds nus et encore en chemise de nuit, courut répondre. Elle ouvrit le battant de la grande porte de l'entrée et trouva le portier sur le palier et qui lui souriait. « Ta mère est là ? Je lui amène quelqu'un. »

Dans la faible lumière que jetait l'unique ampoule du plafonnier, Mira ne vit pas tout de suite ce que le portier cachait derrière sa carrure de mastodonte. Quand il se tassa un peu pour laisser passer la jeune fille, elle s'aperçut que cette dernière était d'une beauté extraordinaire. Ses longs cheveux couleur de cuivre qui lui tombaient en cacades sur les épaules étaient retenus en arrière par des pinces. Elle portait une robe en cotonnade fleurie avec une large ceinture rouge en élastique qui lui serrait la taille et qui se fermait sur le devant par une boucle en métal argenté. Mira se demandait pourquoi une telle fille voulait être engagée comme bonne. Elle ferait mieux de faire du cinéma.

Quand sa maman arriva pour voir qui était à la porte, elle n'avait pas l'air contente. Quelque chose lui disait qu'il n'était pas question que cette fille vienne travailler chez elle. Elle ne ferait rien. Elle passerait tout son temps à se regarder dans la glâce et à flirter avec tous les domestiques de l'immeuble. Elle n'aurait que des ennuis avec elle. Mais Mira insistait et tapait des pieds. Elle voulait cette fille.

Après maintes réflexions et après l'avoir interrogée sur ses compétences, Titine capitula et accepta de la prendre à l'essai pour une période déterminée. Son salaire serait de trois livres égyptiennes par mois et elle aurait un jour de congé par semaine. Le marché était conclu pour l'instant. Elle reviendrait le lendemain avec ses affaires.

En l'espace de quelques jours, l'appartement fut métamorphosé. Chaque objet retrouva sa place, et tout rentra dans l'ordre. À présent, Mira voyait très peu sa maman ou plutôt ne la voyait pas du tout. Elle passait la plupart de son temps avec la nouvelle bonne. Fardous avait la bougeotte. Elle ne pouvait pas rester une minute sur place. Chaque après-midi, une fois le déjeuner terminé et la vaisselle rangée, elle prenait Mira par la main et les deux sortaient pour ne revenir qu'au coucher du soleil. Elles allaient partout, au Country Club, chez des amis, au cinéma, au parc du Nouzha où elles visitaient l'étang des pélicans, aux jardins Antoniadis, en ville mais jamais elles ne restaient à la maison.

Au jardin d'enfants du Country Club où elles se rendaient très souvent, Mira rencontrait son cousin ainsi qu'un tas de petits camarades. Les bonnes, elles, s'asseyaient en cercle sur le gazon à l'ombre d'un flamboyant et passaient l'après-midi à potiner sur leurs patrons. Elles tricotaient, d'autres cousaient pendant que les enfants s'amusaient sur les balançoires, les see-saws ou dans les bacs à sable.

Parfois Mira courait se blottir dans le giron de la bonne. Là, elle écoutait d'une oreille distraite tous les ragots qui se racontaient et dont sa mère ignorait sans doute les détails, peut-être même l'existence. Deux époux divorçaient; un mari battait sa femme avec une cravache – elle avait des bleus partout, même sur les seins; un autre couchait avec la bonne des voisins; un couple le faisait par derrière pour éviter d'avoir des enfants; une épouse recevait son amant tous les après-midis pendant que son mari était à son bureau. Mira ne comprenait pas toujours tout ce que cela voulait dire mais elle ramassait toutes ces informations qui venaient s'accumuler dans sa petite tête.

Aziza était la bonne de son cousin. Elle semblait avoir été chez eux depuis la naissance du petit. Ils ne renvoyaient jamais personne là-bas ! On racontait dans la famille qu'un jour où sa tante et son oncle se trouvaient au balcon, ils virent une fillette qui marchait sur le trottoir : « Regarde cette fille en bas, je vais aller tout de suite lui parler pour qu'elle vienne s'occuper de notre enfant qui naitra bientôt. » C'était Aziza. Elle avait douze ans à l'époque. Elle se mit à adorer le petit comme s'il était son propre fils, faisant toujours attention à ce qu'il soit bien nourri, propre et en bonne santé. Comme l'oncle et la tante avaient continuellement des problèmes conjugaux et que leur mariage battait de l'aile, elle décida qu'elle s'occuperait elle seule de l'enfant comme à la prunelle de ses yeux.
De temps en temps elle l'emmenait jouer chez Mira et ses voisins. Et des années plus tard, Mira se souvient toujours d'un petit garçon affublé d'un manteau trop étroit, mal boutonné, une casquette posée sur un passe-montagne, une écharpe de lainage écossais nouée par-dessus tout comme s'il s'apprêtait à traverser un désert sibérien. Elle les revoit encore marcher rapidement dans la petite ruelle venteuse, Aziza tirant l'enfant par la main, lui la suivant à contrecœur, regardant derrière lui vers le lieu d'où il venait de quitter ses petits amis, et souhaitant sans doute être toujours là-bas pour continuer à jouer avec eux.

On ne savait pas grand-chose sur Aziza à part qu'elle était fiancée depuis belle lurette avec Sobhi.
Sobhi, électricien de profession, passait la voir une fois par semaine. Ensemble ils faisaient des projets d'avenir. Chaque

mois Aziza donnait tout son salaire à Sobhi qui achetait le linge et le mobilier nécessaires à leur future vie commune. On entendait parler d'un matelas, de tables de chevet, de lit et d'un nombre incalculable d'articles ménagers. Souvent des amis et des membres de la famille donnaient à Aziza un meuble dont ils voulaient se débarrasser. Mais jamais une date n'avait été fixée pour le mariage. Sobhi entreposait tout cet attirail dans un atelier qu'il utilisait aussi pour ses fournitures électriques - d'après ce qu'il racontait.

La tante de Mira était bien soucieuse à l'idée que la bonne les quitterait un jour mais elle était quand même très heureuse pour elle. Mais pourquoi tout ce retard ? Chaque fois qu'ils en parlaient, Sobhi retardait encore la date de plus en plus loin. Récemment Aziza avait perdu beaucoup de poids. Elle était malheureuse et souvent on la retrouvait en larmes. Elle pensait que son honneur avait été transgressé. Tout ceci jusqu'à ce que Fardous vienne travailler dans la famille.

*

Fardous avait décidé d'emmener la jeune Mira au cinéma. Elles allaient chaque semaine au cinéma Sporting, le cinéma du quartier. Souvent quand Monsieur Melamed, le propriétaire, l'oncle de Terry, était à la porte, il les faisait entrer dans la salle sans payer. Elles se mettaient toujours au dernier rang pour éviter qu'on ne leur crache des pépins sur le dos. Au programme on donnait d'habitude un film à épisodes, comme Zorro ou Tarzan, en première partie et bien sûr on mourait d'impatience en attendant la semaine suivante pour voir si le héros s'était tiré d'affaire. Après l'entracte on projetait un film en langue arabe.
Mais ce jour-là Fardous avait préféré aller en ville : une séance de *trois à six* au Férial à la gare de Ramleh où l'on donnait le film tant attendu « *Lahn el Khouloud* » La Chanson Éternelle avec Farid

el Atrache et Faten Hamama, les chéris du grand écran à cette époque.

La salle était bondée. Mira était effrayée - elle n'avait jamais vu une telle foule. Avant d'entrer au cinéma, pour une piastre, Fardous acheta à un marchand ambulant un cornet de pépins et un autre de cacahuètes rôties.

Pendant le film, tout d'un coup, un cri transperça le silence du public. Une femme avait hurlé en arabe « Enlève ta main sale type, fils de pute ou je fais un scandale. » Ensuite à quelques rangées devant eux, de là d'où venaient les cris, il y avait eu une violente empoignade entre deux hommes. Des voyous sifflaient. D'autres chahutaient. Sur l'écran, un lent panoramique s'arrêta sur Farid El Atrache, qui, un luth dans les mains, entamait une chanson au rythme langoureux et mélancolique. Dans la salle les deux hommes continuaient à se jeter l'un contre l'autre en s'échangeant de violents coups de poing. On essayait de les séparer. « *Laisse-moi* sur lui que je lui fracasse la gueule » ils vociféraient à tour de rôle. Deux gendarmes arrivèrent pour jeter le trio à l'extérieur.

Durant la bagarre quelqu'un lança du balcon une épluchure de banane qui atterri juste devant Mira et qui la fit sursauter. Elle avait eu une peur bleue et s'était fortement accrochée au bras de Fardous.

À la sortie, vers six heures, les mille cinq cent personnes que contenait le cinéma s'étaient maintenant déversées en masse sur les trottoirs. La plupart d'entre elles avaient les yeux rouges et bouffis et certaines reniflaient encore dans leur mouchoir.

Les rues commençaient à se remplir à une cadence effrayante. C'était aussi la sortie de tous les cinémas avoisinants. Fardous et Mira se frayèrent à grand-peine un passage à travers la foule pour aller prendre le tram et rentrer rue Zananiri.

Elles l'attendaient tranquillement quand Mira se mit à supplier Fardous pour qu'elle lui achète « des cheveux d'ange »,

autrement dit de la barbe à papa. C'était un produit tout nouveau en ville. Mira était sure qu'il y avait un kiosque qui en vendait dans l'enceinte de la station. C'était fascinant : du coton de couleur rose au gout de sucre et qui se mangeait.
— Je t'en prie Fardous, achète-moi des cheveux d'ange.
— Pas maintenant, laisse-moi tranquille. Je réfléchis.
Mira insistait
— Tu réfléchis à quoi ? Fais vite, je t'en supplie, le tramway sera là dans un moment.
— Bon, d'accord. Je vais t'en acheter. Mais tu sais quoi ? Nous ne rentrerons pas tout de suite. Nous irons rendre visite à une personne qui s'appelle Zeinab.
La fillette la regarda avec des yeux étonnés.
— D'où par où tu connais cette Zeinab ?
—Je ne la connais pas. Mais c'est une personne qui pourrait peut-être nous renseigner sur Sobhi.
Fardous avait entendu dire par l'une de ses connaissances que Sobhi habitait dans le quartier d'Anfouchi près du Port Ouest. On lui avait communiqué l'adresse d'une femme qui parait-il le connaissait bien et qui lui donnerait de plus amples informations à son sujet.
— Mais comment allons-nous rencontrer cette personne ?
— *Bassita !* (C'est très simple). J'ai une adresse. On prendra le tramway circulaire et on demandera au receveur de nous faire descendre au bon endroit. Tu sais on prendra une des lignes avec les symboles en couleur comme numéro. Peut-être celle avec le losange vert qui va à Karmouz ou le triangle vert – qui je crois passe par Bab Sidra ? Ou peut-être même la ligne avec l'étoile blanche qui va au Mex ? Mais d'après moi je pense que ce serait trop long tout ça. Il nous ferait faire le tour de la ville avant d'y arriver. Il vaudrait mieux essayer de monter dans une *arabéya hantour* (voiture à cheval). Ça ira plus vite. Mais tu dois me jurer que tu ne diras rien à personne, surtout pas à ta mère.

– Je le jure sur ma vie.

Mira était tellement surexcitée de ne pas rentrer chez elle, de monter plutôt dans un fiacre et d'aller se promener dans un quartier qu'elle n'avait jamais vu, qu'elle aurait promis n'importe quoi et juré sur n'importe qui.

Fardous lui acheta sa sucrerie et elles se dirigèrent vers la place Saad Zaghloul, là où les calèches attendaient les riches clients qui sortaient de l'Hôtel Cécil ou de chez Athinéos, la pâtisserie de la place.

Comme elle donnait l'adresse au cocher, celui-ci se mit à la regarder d'un air soupçonneux. Ensuite il tourna la tête vers l'enfant dont le visage était à moitié caché par les cheveux d'ange. Il se demandait probablement ce qu'allait faire à cette heure-ci une petite fille étrangère dans un quartier insalubre.

– *El binte afranguéya.* (L'enfant est européenne).

– Je le sais, lui dit Fardous d'un ton brusque et arrogant. Tu as un problème avec ça ? Tu me prends pour une demeurée ? Et alors ? *Wenta ma'lak ?* (De quoi tu te mêles ?) Tu nous prends ou tu ne nous prends pas. Décide-toi une fois pour toutes. Le reste c'est mon affaire. Toi tu n'entres en rien dans cette histoire ! Tu nous amènes à cette adresse et tu nous attends juste cinq minutes. Ensuite tu nous ramèneras. Et pas un mot de plus si tu veux que je te paye !

– Bon, bon ! D'accord ! Ça va ! Finissons-en. Ne me bouscule pas ! Pas besoin d'en faire un *mahdar* (procès-verbal).

Elle se mit à marchander le prix de la course avec acharnement jusqu'au dernier millième et finalement ils arrivèrent à un compromis – c'était réglé. Ce sera cinq piastres aller-retour, une fortune pour Fardous bien qu'une somme dérisoire pour le cocher qui s'attendait à beaucoup plus.

Il aurait peut-être préféré prendre un pacha au Cercle Mohammed Ali et recevoir ainsi un gros pourboire. Mais ces deux étaient ce qu'il avait de mieux pour l'instant. Elles grimpèrent dans la calèche. C'était un bel après-midi de printemps. Une brise légère soufflait du bord de mer. Le capot de la voiture était baissé en arrière et assises sur la banquette de cuir rouge, elles se sentaient comme deux princesses allant au bal.

Impatient, le cheval hennit et émit un soubresaut. Le cocher claqua son fouet et ils se mirent en route. La voiture s'engagea cahin-caha sur la Corniche. On entendait le tintement régulier des grelots de l'attelage scandé par le bruit des sabots qui martelaient la chaussée. Les piétons levaient la tête en les voyant passer. Ils regardaient Fardous surtout.

Ce qui était beau chez elle, c'étaient ses grands yeux couleur d'émeraude, un peu tirés, en forme d'amandes. Elle s'était enduite plusieurs couches de Kohl sur les cils. Son visage fin au teint olivâtre avait des pommettes saillantes. Fardous portait des boucles d'oreilles en or en forme de croissant de lune. Ses cheveux cuivrés, lustrés à la brillantine et retenus de chaque côté par un petit peigne en écaille retombaient en cascades sur ses épaules. Parfois elle les rejetait en arrière d'un coup de tête dans un geste de coquetterie. Sa robe en popeline rayée ton sur ton couleur primerose avait un corsage moulant, des petites manches bouffantes et une ample jupe. Titine la lui avait offerte pour la fête du Grand Baïram et Madame Castro, la couturière, était venue la confectionner à la maison. Elle portait une large ceinture blanche en vernis, très à la mode, qui lui donnait une taille de guêpe. Aux pieds elle avait mis des sandales en tissu à semelles compensées.

Fardous venait d'El Rashid, ce petit patelin au nord-ouest du delta du Nil, celui-là même où l'on avait découvert la fameuse pierre trilingue de Rosette. Titine, qui possédait une vive imagination, disait que Fardous avait peut-être eu un ancêtre français car beaucoup de femmes de cette région avaient les traits européens. On disait que les soldats de Bonaparte s'étaient mêlés à la population et avaient laissé plusieurs progénitures lors de

leur long séjour en Égypte.
Mira aimait être en sa compagnie. Elles étaient souvent suivies de sifflets et de paroles provocantes de la part des passants. Alors Fardous secouait la crinière de ses cheveux brillants, tournait les hanches d'une manière insolente et dévidait un torrent d'invectives et de jurons.

Ils longeaient la Corniche. Le ciel était d'un bleu limpide. Un immense soleil pourpre avait déjà commencé sa rapide descente vers l'occident. Après quelques temps, la calèche quitta le bord de mer pour s'enfoncer dans le centre de la cité. Maintenant les habitations devenaient mesquines et décrépites. Les immeubles semblaient à peine se tenir debout. Partout des balcons remplis de vieux matelas éventrés, de meubles estropiés et de bric-à-brac de tout genre formaient une image désolante. Des murs lézardés laissaient voir de grands trous béants. La peinture s'écaillait partout sur les façades. Des cordes à linge apparaissaient à tous les étages et succombaient sous des hordes de vêtements. Des lames manquaient aux persiennes. Certaines étaient bancales et les balustrades en fer des balcons étaient cassées par endroits.
Le cocher se retourna vers les deux filles comme s'il voulait s'assurer qu'elles étaient toujours avec lui.
– Sommes-nous encore loin ? Lui demanda Fardous.
– Encore un petit bout de chemin après la mosquée Terbana et au-delà de la mosquée du Mursi, cria le cocher.
Au même instant, les quatre coupoles et les hauts minarets apparurent dans leur champ de vision. Mira avait déjà entendu parler de la mosquée Terbana. Ce nom lui disait quelque chose. Elle essayait de se rappeler. Et à présent voilà qu'elle se souvenait.

C'était sa grand-mère, Léah, qui lui avait raconté une histoire du temps où le père de Mira était petit garçon. La famille avait grandi dans le quartier de la rue de France pas très loin de la Place Sainte Catherine. Derrière la mosquée, il y avait un hammam, un bain communal. Pour chauffer l'eau de l'établissement, on jetait les déchets qui s'accumulaient en monticules sur le terrain vague où passait la tuyauterie. Ensuite on mettait le feu à tout cet amas d'ordures. Et tous les soirs le marchand de foul medammesse du quartier venait cacher ses *édras* (jattes) en terre cuite dans les cendres qui brulaient lentement toute la nuit. À l'aube il récupérait ses récipients remplis de fèves bien cuites. Le père de Mira sortait de la maison en pyjama et venait avec sa casserole et son millième pour en acheter au marchand. Toute la famille se régalait au petit déjeuner de ce mets succulent.

On était presque arrivé à destination. Un peu plus loin, le cocher tira sur les rennes et s'arrêta à l'entrée d'une petite ruelle : « C'est quelque part par là, au bout de cette allée. Je ne peux pas prendre l'attelage plus loin. Descendez. Je vous attendrai. »
Au moment de quitter la voiture, Fardous retira la *mastique* qu'elle avait dans la bouche et la mit soigneusement dans un mouchoir pour la reprendre plus tard.
Un garçon d'une dizaine d'années, avec deux moignons pour jambes, assis sur un petit traineau à roulettes qui lui servait de transport, leur demanda ce qu'elles cherchaient.
Fardous lui donna l'adresse et le garçon leur fit signe de le suivre. Il se servit de ses mains pour démarrer et ensuite le charriot prit de la vitesse et se mit à avancer tout au long de la ruelle à une allure fracassante. Elles avaient du mal à le suivre. Il freina brusquement devant une ouverture dans un mur. « C'est là, tout au fond. » Et il les laissa et continua son chemin.
Mira commençait à avoir la frousse. Elle avait froid. Elle avait mangé trop de cacahuètes au cinéma qui lui donnaient une soif insatiable. Le ciel avait pris la couleur violette. Un vent léger

s'était levé. Une nuit noire allait tomber d'une minute à l'autre sur la ville. Elle ne s'était jamais aventurée dans un endroit pareil, même pas avec sa maman. Mira tenait très fort la main de la servante comme si sa vie en dépendait.

Elles passèrent à travers l'ouverture et se retrouvèrent dans une grande cour. Il y avait une construction sur la gauche qui n'avait pas l'air d'être habitée. Elles continuèrent tout droit et aboutirent dans une cour intérieure. À la lueur d'un réverbère, deux fillettes jouaient « marelle avion » en poussant un gros caillou avec leurs pieds nus. Fardous leur demanda si elles connaissaient une femme nommée Zeinab. Elles montrèrent du doigt une masure carrée au fond de la cour. Fardous et Mira se dirigèrent vers l'endroit indiqué et frappèrent à une porte avec appréhension. La bonne se demandait si en fait elle n'aurait jamais dû s'aventurer avec la petite dans un endroit pareil. Si sa mère venait à le savoir, elle serait renvoyée.

La porte grinça en tournant lentement sur ses gonds. Une femme dans une grossesse fort avancée et tenant un petit enfant sur la hanche se tenait dans l'entrebâillement. Après quelques mots de politesse et de bienvenue, elle les invita à entrer.

Elles se retrouvèrent dans un espace mal éclairé, d'où émanaient des relents d'ail et une odeur infecte de *helba* (fénugrec). Un grand lit en fer dominait le centre. Il n'y avait pas d'électricité. Seules deux lampes à huile brulaient à chaque extrémité et jetaient des lueurs blafardes sur les murs et sur le plafond. Mira était surprise de voir combien le lit était haut. Il devait y avoir au moins quatre à cinq matelas entassés les uns sur les autres. Probablement la nuit ils étaient répartis sur le sol. Deux tables de chevet qui n'avaient rien à faire dans cette pièce étaient posées de chaque côté du lit. Elle se rappelait les avoir déjà vues quelque part. La terre était faite de boue durcie recouverte çà et là de morceaux de *hassira* (tapis en paille). Les murs étaient peints à la chaux.

Un enfant accroupi dans un coin et qui ne portait rien qu'une chemise de calicot était en train de renifler dans un morceau de chiffon. Devant lui, à ses pieds, gisait une assiette contenant des restes de *méhalabieh* (crème de riz). L'enfant devait avoir trois ou quatre ans. Ses grands yeux apeurés ne les quittaient pas.

Fardous demanda à la femme si elle connaissait une personne du nom de Sobhi qui était électricien de profession. La femme lui demanda ce qu'elle lui voulait à cet homme. Elle lui expliqua qu'elle était venue de la part d'une jeune parente qui était la fiancée de Sobhi et dont le mariage devait avoir lieu très bientôt.

Zeinab les regarda comme si elle venait d'être frappée d'un coup de matraque. Sa bouche s'ouvrit mais aucun son ne sortit. Ses yeux s'écarquillèrent comme si elle venait de voir un fantôme. Lentement elle posa l'enfant à terre et commença à se frapper le visage avec la paume des mains en se donnant des gifles continuelles. Et tout d'un coup elle émit un cri effrayant et caverneux qui semblait venir du fin fond de son être. Fardous et Mira eurent peur. C'était un son lugubre, comme un chien qui hurle à la mort. Le bébé se mit à brailler. L'enfant dans le coin se mit à pleurnicher pendant qu'une tache humide s'élargissait autour de lui.

La femme se mit à crier que Sobhi était son mari, qu'ils avaient quatre enfants et mettant les deux mains sur son ventre, elle indiquait que le cinquième n'allait pas tarder à naitre. Quel malheur venait de s'écraser sur sa tête ! Que sa maison soit détruite celui qui venait pour détruire la sienne ! Que Dieu bannisse la religion à celle qui l'a enfantée !

Fardous s'effondra à moitié assommée sur le divan turc qui se trouvait dans un coin de la pièce. Elle cacha son visage dans ses mains et se mit la tête entre les jambes dans un geste désespéré. Mira vint se coller à elle et l'enlaça de ses deux bras.

Zeinab alla ouvrir la porte et aboya à quelqu'un d'aller chercher leur maudit père du maudit café où il se trouvait. Ce devait être

les deux fillettes qui jouaient à la marelle.
Sobhi ne tarda pas à apparaitre sur le seuil de la porte.
– Qu'est-ce qu'il y a *ya coucou* pour m'appeler avec une telle urgence ?
– Coucou ! Je vais t'éduquer fils de soixante chiens ! Approche ici et tu verras ce qu'il y a avant que je te crève les yeux !
Il ne lui fallut pas plus de quelques secondes pour réaliser la situation et le terrible dilemme face auquel il se retrouvait.
Il n'eut pas le temps d'articuler le moindre mot d'explication, que Zeinab se rua sur lui. Une effroyable bagarre s'en suivit. Les yeux de Sobhi étaient comme ceux d'un fou. Il lui criait pour qu'elle cesse. Mais elle continuait à le frapper de toutes ses forces avec un *shebsheb* (une pantoufle). Il essayait de se défendre en lui tenant les poignets. Elle lui envoyait des coups de pied dans les tibias et lui griffait le visage avec ses ongles comme si elle voulait lui arracher la peau.
Fardous vint se jeter dans la querelle. Elles l'insultèrent, le traitant de fils de chien, hurlant des obscénités, attaquant ses parents et vouant sa famille aux gémonies pour soixante mille générations à venir. Les fillettes avaient dû aller chercher du renfort car bientôt des voisins accoururent en nombre pour essayer de les séparer et de les calmer.
La scène était bizarre, dantesque. Zeinab par terre, les jambes écartées et les deux mains sur son ventre comme si elle voulait protéger son bébé de la catastrophe imminente. Elle s'étranglait dans des cris perçants et jetait des jurons à tort et à travers. Les voisins chahutaient, se querellaient entre eux. Certains pensaient qu'elle allait accoucher là, devant tout le monde. On ne voyait plus Sobhi. Il s'était volatilisé. Il semblait s'être retiré de la scène du combat pour l'instant.
Fardons était toute échevelée et le corsage de sa belle robe déchiré. Dans la chamaillade, elle avait perdu les peignes qui retenaient ses cheveux. Le rimmel lui dessinait des lignes noires

sur les joues. Elle extirpa le mouchoir qu'elle gardait dans son soutien-gorge, remit la *mastique* dans sa bouche et ensuite l'imbiba avec l'eau d'une gargoulette qui se trouvait sur le rebord de la fenêtre. Mira l'aida à effacer les traces sur son visage. Mais pour le moment Aziza venait d'être vengée.

Alerté par le bruit que faisait la foule qui convergeait vers la demeure, le cocher ne tarda pas à apparaitre. D'un coup d'œil rapide, il évalua la situation.

— J'ai cru que je vous amenais ici pour une visite pas pour une tuerie. Allez, *yalla,* finissons-en, quittons les lieux avant que n'arrive la police.

Il entraina les deux filles à l'extérieur et se dirigea rapidement vers la calèche en continuant à marmotter

— J'avais le pressentiment que ce ne serait pas un bon jour pour moi aujourd'hui. Je me disais que je me levais du pied gauche ce matin quand la première personne que j'ai rencontrée sur mon passage avant même de me laver la figure, était Om Khalil, ma belle-mère, cet oiseau noir de mauvaise augure ! Elle *attache* tout sur sa route celle-là. Elle sème des embuches là où elle passe. Cette *wéléya* (bonne femme) me porte toujours la guigne quand je la trouve sur mon chemin.

Dans la cour Mira reconnut le gosse avec les deux moignons assis sur son traineau à roulettes. Il allait et venait en faisant des ronds autour d'eux. Il les observait du coin de l'œil en se demandant peut-être qui étaient ces personnes venues semer la discorde dans le voisinage.

Les larmes coulaient à flots sur le visage de Fardous. Elles grimpèrent dans la voiture et elle demanda au cocher de fermer le capot. Elle ne voulait pas que les passants la voient dans cet état. Mira l'enlaça de ses bras en la priant de ne pas pleurer.

Arrivé à la place du Midan Saad Zaghloul, le cocher refusa d'être payé. Il avait dû avoir de la peine en voyant l'état dans lequel se

trouvait Fardous. Elle le remercia et elles descendirent de la calèche. Elles marchèrent vers le terminus pour prendre le tramway qui les ramènerait rue Zananiri. Fardous était plus calme à présent. Elle s'arrêta un moment à la fontaine publique et se lava le visage à grande eau tout en mouillant un peu sa chevelure pour lui donner un aspect plus présentable. Mira lui donna son chandail. Comme il était trop petit, elle le mit en écharpe rien que pour cacher la déchirure de la robe. Elle remarqua que Fardous avait une large éraflure sur le bras gauche.
– Quand nous rentrerons à la maison, tu pourras mettre du mercurochrome sur l'égratignure. Il y a un flacon dans l'armoire à pharmacie.
– Ce fils de pute ! Ce fils de soixante chiens ! Il payera cher pour ce qu'il a fait de nous ce sale type, ce maquereau, cette tapette, cet impuissant, pestait Fardous entre ses dents.
– Mais est-ce qu'il va divorcer cette femme pour épouser Aziza, demanda la fillette.
– Il n'a pas besoin de la divorcer. Il peut prendre quatre s'il le veut.
– Quatre ?
– Oui. Un musulman a le droit d'épouser quatre femmes, mais il faut qu'il les traite toutes de la même manière. Aziza n'acceptera jamais une humiliation pareille. Elle serait écrasée par cette Zeinab et ses cinq enfants. Elle est capable de la tuer.
– La tuer, pour de vrai ?
– Et oui, qu'est ce que tu imagines ? Ces femmes ont des pouvoirs maléfiques, surtout celle-ci qui me semble être possédée par le démon. Elle pourrait lui jeter un mauvais sort en utilisant la magie noire. Pauvre Aziza, il n'y aura pas de *zeffa* (procession nuptiale) pour elle et Sobhi. Elle ne se mariera jamais. Elle est marquée pour la vie à présent. Elle restera à se faner dans un coin comme une vieille fille.

Elles montèrent dans le wagon et restèrent silencieuses en attendant le départ du tram. Fardous se demandait comment annoncer la nouvelle à Aziza.

Quelle journée ! Tout avait commencé si bien et tout avait fini si affreusement mal. Mira était encore trop jeune pour réaliser la tragédie qui venait de se produire.

ALÉYA

Mira et sa voisine Terry fréquentaient la même école mais elles n'étaient pas dans la même classe. Elles se rencontraient rarement durant la recréation et au retour du Lycée, chacune rentrait chez elle pour faire ses devoirs. Mais le mardi après midi et le samedi matin, elles étaient toujours ensemble.

Le mardi après-midi vers trois heures moins quart, accompagnées de la bonne, elles se rendaient à l'école de danse où elles apprenaient le ballet dans un cours collectif.
Dans des collants noirs et des chaussons en satin rose demi-

pointe, elles s'acharnaient à la barre pendant que Mlle Giorgiou, martelait sur un piano désaccordé la « pizzicato polka » de Delibes. À l'autre bout de la salle, Madame Nicholls, la directrice, intransigeante, les sourcils froncés, une baguette à la main, claquait des doigts en criant des ordres : première position, relevé, retiré, dégagé, plié, demi plié, attitude, arabesque. Et ça recommençait !

Une heure et demie plus tard, elles reprenaient le chemin de la maison. Mais avant de retourner rue Zananiri, elles allaient s'installer sur les tabourets au bar de chez Frescador sur le boulevard de Ramleh pour déguster un immense chocolat glacé surmonté de crème Chantilly et accompagné de petits biscuits plats « langues de chat ». C'était la récompense pour tous les supplices qu'elles venaient d'endurer au cours de danse.

Le samedi matin à dix heures précises, elles courraient chez Aléya pour la leçon d'arabe. Elle leur enseignait la lecture et l'écriture. En fait, c'étaient plutôt des cours de rattrapage pour leur permettre de réussir aux examens trimestriels. Depuis quelques temps déjà, les épreuves en langue arabe étaient devenues obligatoires dans toutes les écoles européennes du pays et chaque année celles-ci s'avéraient de plus en plus difficiles.

Aléya vivait avec sa mère dans un petit appartement de trois pièces au rez-de-chaussée de l'immeuble qui se trouvait de l'autre côté de la ruelle – ce même immeuble où Adel, le plus beau garçon du quartier, occupait avec sa famille le premier étage.

Elle était petite de taille, fluette, le nez retroussé, le teint olivâtre avec de grands yeux noirs qui lui mangeaient une grande partie du visage. Aléya arborait une superbe chevelure, longue, d'un noir de jais qu'elle ramassait tout en haut de sa tête avec l'aide d'une barrette en écaille. Il arrivait que durant la leçon, assise en tailleur au milieu du lit, elle les défaisait et les laissait retomber en cascades bouclées sur sa poitrine. Ensuite avec l'aide d'une brosse en crin, elle se mettait à les démêler vigoureusement. Alors on ne voyait plus qu'une masse noire sur l'édredon en satin rose bonbon.

Dans le quartier, on la surnommait la *felféla* (le piment). Tous les hommes rêvaient de l'avoir dans leur lit. Mira avait entendu une fois le limonadier du café de la gare discuter avec un client qui fumait une *chicha* (narguilé). Ils parlaient d'Aléya. Elle passait dans la rue à cet instant. « Rince-toi bien l'œil *habib*i ! Celle-là, il ne lui reste plus que le tramway pour lui passer dessus. » Mira n'avait pas très bien compris ce qu'il voulait dire.

Quand elle ne donnait pas de cours aux enfants du voisinage, on la voyait se déhancher courant d'une boutique à l'autre pour faire ses emplettes, perchée sur de hauts talons, la taille cambrée et vêtue de jupes extrêmement étroites qui laissaient voir ses formes. Avec des seins ronds et durs comme des pommes qui se balançaient librement sous son chemisier quand elle marchait, elle aurait pu damner tous les saints du calendrier.
Les marchands lui criaient :
— Eh Aléya ! On se voit toi et moi ce soir ?
— Même pas dans tes rêves, *ya 'arsse* ! (maquereau)
Dans sa chambre à coucher, une petite table carrée et deux chaises de cuisine étaient installées près de la fenêtre. Un lit double au rebord capitonné de la même étoffe que celle de l'édredon, dominait le centre de la pièce. Le reste des meubles consistait en deux tables de chevet, d'une grande armoire à glace en bois blond avec une moulure dorée tout autour et d'un *commodino* surmonté d'un miroir triptyque biseauté.
Les petites attendaient impatiemment le samedi matin mais pas nécessairement pour la leçon d'arabe. Si ce n'était pas les

meubles de cuisine qui leur servaient d'écritoire, elles auraient cru se trouver dans le boudoir d'une vedette de cinéma hollywoodien.

Il y avait bientôt trois semaines que Mira et Terry venaient chez Aléya. Ce jour-là, la jeune fille s'était lavé les cheveux et les avait enroulés dans une serviette blanche dans le style Carmen Miranda. Elle avait revêtu un ensemble trois pièces en satin bleu ciel qui consistait en une longue veste qu'elle portait sur une sorte de pyjama, le tout confectionné dans le même tissu. Un motif blanc qui ressemblait à des initiales entrelacées était brodé avec du fil de soie sur une poche au niveau de la poitrine. Un parfum léger et délicieux à base de fleurs d'oranger flottait dans l'air.

Aléya avait ôté la veste de son ensemble pour ne pas la chiffonner et s'était jetée en diagonale sur le couvre-lit. Balançant ses pieds en arrière, elle regardait le livre en même temps qu'elle se frottait les ongles avec un polissoir pour les faire briller.

Elle leur enseignait une sourate du Coran. Les petites ânonnaient après elle, en suivant avec l'index les mots dans leur manuel scolaire.

« *Alam tara anna Allaha anzala mina al samai maan, fa tusbahi al arda mukhdara ....*» (Sais-tu que c'est Allah qui a fait tomber l'eau du ciel pour que la terre devienne verte...)

On entendit une portière de voiture claquer. Aléya sursauta et abandonna le livre en l'envoyant à l'autre bout de la pièce comme s'il venait de lui donner une violente décharge électrique. Elle bondit du lit telle une panthère et se précipita vers la fenêtre en écartant le rideau de marquisette pour voir ce qui se passait à l'extérieur.

— *Yalla yalla, ya banatte,* allez, allez vous-en les filles, rentrez vite chez vous, leur dit-elle en refermant les livres rapidement et en leur indiquant la porte.

— Mais quoi ? La fin du monde est arrivée ! Nous ne sommes ici

que depuis dix minutes.
– Ça ne fait rien. Filez maintenant. Vous reviendrez la semaine prochaine. Vous n'aurez rien à me payer pour aujourd'hui.
– Il ne manquerait plus que ça, qu'on la paye, rouspéta Mira entre ses dents.
Éberluées par cette nouvelle situation dont elles ne comprenaient rien du tout et se sentant prises au dépourvu, les deux fillettes quittèrent l'appartement du rez-de-chaussée avec réticence. Elles ramassèrent leurs livres et leurs cahiers sans trop se presser quand même, tout en se disant qu'elles avaient été sommairement renvoyées par le professeur d'arabe.
Avant de quitter l'appartement, Mira s'était assurée qu'elle avait toujours le billet de cinq piastres qu'elle aurait dû lui donner, soigneusement plié en quatre et fourré au fond de son plumier.
Dans le hall d'entrée de l'immeuble, plongées dans la pénombre, elles évitèrent de justesse de se heurter à un *zabette* (officier de police) qui venait précipitamment vers elles.
– *Ayyou !* Dit Terry en se mettant la main sur la bouche. Tu as vu le zabette ?
– C'est ça l'histoire. Il est probablement venu pour l'arrêter. Elle a du commettre un crime crapuleux.
Les deux fillettes grimpèrent les escaliers de leur immeuble quatre à quatre pour courir au balcon voir si le professeur d'arabe allait être emmené avec les menottes aux poignets. Une grosse limousine noire rutilante avec des pneus à flancs blancs comme dans les films américains de gangsters, occupait presque toute la largeur de la ruelle. Un chauffeur en uniforme, adossé nonchalamment à la carrosserie, attendait en fumant une cigarette.
– Où est-elle donc passée ?
– Elle doit être en train de se rhabiller.
– Et bien sûr ! Qu'est-ce que tu crois, on ne va pas en prison en pyjama de satin !

— Tu sais, on l'a peut-être arrêtée parce qu'elle était toute nue sous son pyjama.
— Comment tu sais ça toi ? Lui demanda Mira
— Quand elle était couchée sur le lit, j'ai vu qu'elle ne portait pas de soutien-gorge – on voyait ses seins et puis quand elle s'est levée pour courir à la fenêtre, ses fesses se dandinaient librement et aucune marque de culotte ne paraissait sous le pantalon du pyjama.
— Non ce n'est pas la raison. Si c'était le cas, on aurait déjà mis ma mère en prison depuis longtemps. Elle dort toute nue sous sa chemise de nuit et quand il fait très chaud, elle se met à poil sous le drap.
— À poil ? Quoi, c'est à dire nue ? Ta mère fait ça ? Quelle horreur ! Elle peut attraper froid et puis ça peut donner des maladies *vénitiennes* !
Mira haussa les épaules d'un air étonné en se demandant ce que Venise venait faire dans tout ça.
— Moi je te parie que les meubles de sa chambre sont tous des meubles volés.
— Et les flacons de parfum alors ! Tu as vu la quantité qu'elle en a ? Elle a surement dû dévaliser une parfumerie.
— Ou une boutique de vêtements. Te rappelles-tu le jour où il faisait très chaud – elle était partie nous chercher de la limonade à la cuisine. Et quand j'ai ouvert l'armoire pour regarder à l'intérieur, qu'est-ce qu'elle n'avait pas comme vêtements ! Bien plus que tout le département de robes de chez Hannaux !
— Écoute, ce n'est pas possible, elle va bientôt devoir finir par sortir.
Les petites risquaient de tomber du balcon tellement elles se penchaient pour voir ce qui se passait de l'autre côté de la ruelle. Elles patientèrent encore mais personne ne sortait du bâtiment d'en face.
Finalement, après un bon bout de temps, l'officier galonné

émergea sur le seuil du portail mais sans la victime. Il regarda furtivement de gauche à droite et de droite à gauche, ajusta les lunettes de soleil qu'il avait sur le nez, s'épousseta, s'assura que la veste de son uniforme était bien boutonnée et vissant fermement avec ses deux mains sa casquette sur la tête, il quitta l'immeuble.
Immédiatement le chauffeur jeta la cigarette à demi consumée qu'il tenait entre ses doigts, l'écrasa avec le bout de sa chaussure et se hâta d'aller ouvrir la portière arrière à son supérieur. Le zabette, ni vu ni connu, prit ses cliques et ses claques et s'engouffra dans la voiture qui repartit sur-le-champ comme une flèche en crissant les pneus et en laissant derrière elle une trainée de poussière blanchâtre.

Le samedi suivant, comme à l'accoutumée, à dix heures précises, les fillettes retournèrent chez Aléya pour la leçon d'arabe. Tout semblait être en ordre. Les meubles étaient à leur place. Rien n'avait bougé dans la chambre. Les flacons de parfum s'alignaient sur la commode et se reflétaient dans le miroir biseauté. Aléya était sereine. Elle portait une robe blanche en percale à petites manches bouffantes avec une fine ceinture rouge en vernis à la taille. Elle avait tressé ses cheveux en une longue natte qu'elle avait attachée au bout avec un morceau de ruban écossais. La leçon se passa sans aucune interruption.
Mais deux semaines plus tard le même scénario se reproduisit. L'officier arriva et les deux fillettes furent expédiées dehors en vitesse.
Mira ne comprenait rien à tout ce manège. Elle demanda à Fardous, si elle était au courant de cette affaire.
– De qui tu parles ? Tu veux dire le zabette ? Celui qui vient chez elle ?
– Oui, le zabette. Je l'ai vu. Il est venu pour l'arrêter mais il n'a pas pu l'emmener. Probablement elle a dû lui résister et ne s'est

pas laissé faire.

— N'aie pas peur pour elle. Celle-là, elle ne résiste à personne. Elle se laisse faire par n'importe qui et n'importe quand. Rien ne l'arrête, même pas la police ! Quant au zabette, c'est son amoureux *ya abita* (idiote). Tu veux me dire que tu n'as rien compris ?

Mira était abasourdie. Elle sentait qu'elle s'aventurait sur un chemin défendu mais elle mourait d'envie d'en savoir davantage.

— Tu veux dire qu'il l'aime ?

— Ils ne s'aiment pas d'amour vrai, seulement comme ça à leur façon. *Ya'ni*, tu sais ce que je veux dire. Ils font un peu de *tahssisse* (tripotages) ensemble et c'est tout.

— Quel genre de tahssisse ?

— Est-ce que je sais moi ? Ils se couchent dans le même lit et il la tripote un peu.

— Est-ce qu'elle se déshabille toute nue ?

— Tu me poses trop de questions. Je ne sais pas.

— Tu veux dire qu'il se couche sur elle toute la nuit ? Mira imaginait le lit au rebord capitonné en satin rose bonbon.

— Non ! Pas la nuit. Il n'oserait pas ! Ça pourrait faire un scandale. Le zabette est marié et c'est un gros bonnet dans la police. Tu as vu la quantité de galons qu'il a sur la poitrine ? Celui-ci, il a le pouvoir de mettre tout le quartier en prison si ça lui chante. Quant à la Aléya, il doit faire très attention pour que personne ne le sache. Il n'est pas là pour l'arrêter, loin de là. La bonne éclata de rire.

— Alors tu veux dire qu'il vient pour la battre de temps en temps. Il la déshabille toute nue et ensuite il la bat. C'est ça ce qu'il fait, n'est-ce pas ?

— La battre ? Mais pourquoi veux-tu qu'il la batte ?

Fardous se demandait qui est-ce qui avait bien pu mettre toutes ces idées absurdes dans la tête de la petite.

— C'est que, voilà. Te rappelles-tu il y a deux semaines tu

m'avais demandé de monter à la terrasse pour donner les chemises sales de papa à Om el Sayed la laveuse ?
– Oui je me le rappelle et alors ?
– Alors quand je suis arrivée là-haut, Om el Sayed n'était pas là. Je l'ai cherchée partout. J'ai appelé mais on ne répondait pas. Et puis j'ai cru entendre des cris venir d'une autre chambre de lessive. J'ai poussé la porte. Elle avait l'air d'avoir été bloquée par un objet lourd. J'ai dû pousser très fort et j'ai vu le *ménaguède* (cardeur). Tu sais celui qui vient chaque année pour refaire les matelas. Il était couché sur le dos de Hamida, la bonne des voisins d'en bas, les Italiens.
– Tu es sure que c'était Hamida ?
– Je l'ai reconnue à sa robe à fleurs jaunes, celle qu'elle portait le jour du Eid. Il l'écrasait de tout son poids. Il avait les mains sur ses épaules et il poussait très fort. J'ai cru qu'il essayait de l'étrangler. La pauvre fille gémissait de douleur et essayait de se défendre. Elle jetait des cris « *akh yani ! akh yani !* »
– Mais comment sais-tu que c'était le cardeur ?
– Je sais. D'abord sur la terrasse il y avait une montagne de fibres de coton qui semblait avoir été abandonnée car tous les morceaux s'envolaient dans l'air et il n'y avait personne pour les rattraper. Et dans la chambre de lessive, Hamida était couchée sur un matelas tout neuf. Exactement comme je te le dis : tout neuf dans un tissu satiné à rayures. Je me souviens m'être demandée pourquoi voulait-il la tuer sur un matelas neuf ? Il allait devoir le refaire tout entier.
– Et qu'est-ce que tu as fait ?
– J'ai eu très peur et je me suis enfuie. Quand j'ai raconté tout ça à Terry, elle m'a dit que ça c'est l'amour – il n'allait pas la tuer. Alors quand on aime quelqu'un, on se bat avec lui ? Dis-le moi toi ? Tu sais tout. Est-ce ainsi ?
Fardous resta époustouflée devant cette histoire. Elle ne savait plus quoi répondre à la petite.

– Écoute ! Je ne sais rien du tout moi. Je ne suis qu'une pauvre fille. Ce que je peux te dire c'est qu'il faut souvent se battre pour l'amour mais pas nécessairement avec les mains. Qu'est-ce que tu crois ? *El hob bahdala* (l'amour, c'est un scandale). L'amour n'est pas une chose facile. Comment veux-tu qu'il y ait de l'amour quand un homme a le droit d'avoir quatre femmes ? Te rappelles-tu l'histoire de Zeinab et Sobhi ? C'est une guerre continue, sans aucun répit et sans aucun gagnant. Tout le monde perd dans cette affaire. Un jour quand tu seras plus grande tu comprendras, mais pas maintenant. Ça, ce sont des histoires de grandes personnes.

ROSALBA

Henri et son frère Maurice possédaient en plein centre du Caire un coquet pied-à-terre en duplex, installé au onzième et douzième étage de l'immeuble Nakhla situé à la rue Soliman Pacha, là où se trouvait au deuxième étage, la succursale de leur compagnie, La Société Générale Commerciale et Cotonnière, S.A.E.

Ensemble ils géraient cette entreprise qui s'occupait de l'exportation du coton vers l'Angleterre avec l'aide d'un directeur financier, égyptien, Osman. Il leur avait été assigné par les autorités, suite aux lois relatives aux compagnies étrangères qui sévissaient sur le pays depuis l'arrivée au pouvoir des officiers de la révolution.

Chaque fois que l'un d'entre eux devait se rendre dans la capitale pour des affaires, on expédiait Moustafa, le domestique, un ou deux jours à l'avance pour préparer les lieux. Avant de partir, celui-ci passait au bureau chez le comptable pour encaisser le montant de ses frais de voyage.

– Maurice, tu ne me croirais pas si je te disais qui j'ai vu hier dans le Pullman qui me ramenait de la capitale.

– Qui donc ?

– Ton domestique, mon cher, assis en première classe comme un pacha en pantalon et *jaquette*. Pour un instant je ne l'avais pas reconnu.

– Je te crois, mais qu'est-ce que tu veux ? Ce brave garçon a fait la guerre avec nous, c'est le moins que l'on puisse faire pour lui.

– Mais pour l'amour du ciel, Maurice ! Dis-moi, depuis quand on laisse les domestiques monter en première classe ?

– Et dis-moi toi, pourquoi ne les laisserait-on pas puisqu'ils ont payé leur place ? Ah ! Cette lutte entre les classes ne finira jamais, mon cher ! Les Anglais ne continueront pas pour longtemps à faire la dictature par ici.

– Oui mais quand même ! Tu ne penses pas que c'est un peu exagéré. On aura tout vu !

– Attention, un de ses quatre matins, ils seront tous en Pullman de luxe. Et nous, nous voyagerons accrochés au marchepied. N'oublie pas que l'Égypte appartient aux Égyptiens. L'ennui, c'est que quand finalement ils jetteront les Anglais dehors, ils nous jetteront avec !

Maurice ne reprochait jamais à Moustafa ses incartades. Il appréciait combien le garçon avait été dévoué à Rosalba pendant sa maladie et c'était sa manière à lui de le récompenser. Si ça lui faisait plaisir de voyager en première, et bien qu'à cela ne tienne, ce n'était pas la mer à boire.

*

Moustafa avait à peine dix ans quand un matin il avait échoué chez Rosalba. Il arrivait sans aucune recommandation, à part celle d'avoir travaillé momentanément pour les forces de Sa Majesté britannique en Méditerranée !
Effrayée de voir combien le gamin était jeune, elle se disait qu'elle n'avait vraiment pas besoin d'un enfant à la maison. Qu'allait-elle faire de lui ? De plus il n'avait personne au monde, aucune famille. Elle finit par prendre pitié pour le gosse et lui trouva une chambre sur la terrasse. Elle était en ce temps-là professeur dans une école de la Communauté et se mit à lui enseigner tout comme si c'était un de ses élèves.
Elle lui apprit à faire la cuisine, le ménage, le cirage des parquets, servir à table et répondre au téléphone. Elle lui avait même enseigné quelques phrases en français et en anglais. C'était un garçon docile et avenant. Il assimilait vite. Il s'avéra un excellent apprenti. En très peu de temps elle fit de lui un *soffragui* (serveur) accompli.

Rosalba souffrait d'un sarcome au genou. Maurice emmena sa femme en Europe à la recherche de médecins spécialistes dans ce type de cancer et susceptibles de lui venir en aide. Ils visitèrent de nombreuses capitales. Mais en vain ! Partout c'étaient les mêmes réponses. On ne pouvait rien faire pour elle.
Les derniers mois, la douleur était devenue insupportable. La malheureuse traversait des moments terribles. Maurice, n'arrivant plus à endurer de voir sa femme dans cet état de détresse, partait tous les matins de très bonne heure à son bureau en laissant le domestique s'occuper de tout. Durant la journée, il téléphonait à la maison pour s'enquérir de ses nouvelles. Le soir il s'arrangeait pour diner dehors et ne revenait que tard dans la

nuit. Pour ne pas déranger la malade, souvent Moustafa lui préparait un lit sur le canapé du salon.

La famille préférait appeler Maurice à son bureau pour prendre des nouvelles de Rosalba, mais jamais personne ne faisait l'effort de lui rendre visite à la maison. Elles avaient toutes peur de la voir. Maurice leur avait dit que la maladie l'avait rendue méconnaissable. Elle faisait peur à voir. Elle n'était plus que l'ombre d'elle-même.

Aussi elles craignaient toutes cette maladie inconnue, incurable, qu'on n'appelait jamais par son nom. Certaines d'entre elles imaginaient que c'était peut-être une maladie contagieuse ? Il valait mieux rester dans l'ignorance et bien à l'écart de ces affections dont on n'en savait que très peu.

Mais Moustafa était là, auprès de l'infortunée, s'occupant de tout à longueur de journée et même pendant la nuit quand Maurice était à l'étranger. Intrépide, il courait partout. Il faisait les courses, le ménage, la cuisine, tout comme elle le lui avait enseigné. Tous les matins, il lui donnait à boire du jus de citrons doux qu'il avait pressé au préalable, pour essayer de lui donner des forces. Souvent il lui apportait des pots de lait caillé bulgares qu'il achetait chez l'Arménien à la crèmerie du rond point sachant qu'elle les aimait. Elle y goutait à peine rien que pour lui faire plaisir.

Il lui préparait du thé au lait qu'il lui faisait boire à la petite cuillère – elle aimait ça ! Il trempait des petits biscuits moelleux dans le liquide chaud pour les ramollir. Mais la malheureuse n'avait vraiment envie de rien. Elle était gravement malade et se laissait lentement mourir.

À intervalles réguliers il chauffait dans le four des petits coussinets en toile remplis de son qu'il posait sur son genou pour atténuer un peu la douleur. Ensuite il venait se mettre par terre, les jambes croisées comme un fakir, devant la porte de la chambre écoutant la respiration lente et pénible de la moribonde.

Il avait accroché des talismans à tous les chambranles espérant qu'ils apporteraient une guérison.

Quand la fin arriva, Moustafa était détruit. Il ne savait plus quoi faire. Le jour des funérailles il noua des rubans noirs autour du cou de tous les chats errants qui rodaient dans le voisinage. Qu'allait-il lui arriver à présent ? Où allait-il finir ? Il avait perdu la seule personne au monde qui l'aimait vraiment et qui s'occupait de lui.

À part les quelques gros travaux supplémentaires qu'il entreprenait chez d'autres membres de la famille, du jour au lendemain, Moustapha se retrouva relativement sans travail. Il était resté au service de Maurice et de sa femme pendant près de douze ans. Mira qui le connaissait depuis qu'elle était toute petite, se souvenait d'un jeune garçon à la peau lisse et matte, d'un noir d'ébène, affichant constamment sur son visage un large sourire qui laissait voir des dents d'une blancheur éclatante.

Elle le retrouvait chez sa grand-mère, chez ses tantes et chez elle à la maison. Elle ne se rappelait pas d'une époque sans Moustafa. Il lui semblait qu'il avait toujours été parmi eux – c'était comme s'il était le domestique attitré de toute la famille. Moustafa d'ici, Moustafa de là. Il courait de l'un à l'autre comme un furet. Il aidait avec toutes sortes de travaux ménagers. Comme au printemps quand il fallait faire monter les tapis à la *sandara* (grenier), pour ensuite les redescendre au commencement de l'automne. Au début de la saison d'été, il allait faire le grand nettoyage de la cabine du bord de mer. Lorsque les fournisseurs dévoués d'Henri lui envoyaient du Fayoum un dindon ou un mouton pour célébrer les fêtes de Cham el Nessim ou du *Mouled el-Nabi* (la naissance du Prophète), Moustafa était dépêché au marché pour faire égorger les bêtes.

Mais cette situation ne plaisait pas à Rosalba. Elle ne voulait pas que Moustafa - après tout c'était son domestique à elle - aille travailler ailleurs. Et surtout pas chez sa belle-famille qu'elle exécrait. Celle-ci lui poserait continuellement des tas de questions cherchant à obtenir des indiscrétions sur leur couple, lui donnerait de mauvaises habitudes et peut-être un jour finirait par le lui enlever.

Maurice réprouvait cette attitude de la part de sa femme. Il trouvait tout ça dérisoire et irresponsable. Ce n'était que des enfantillages. Ils étaient très souvent en voyage à l'étranger et ne pouvaient quand même pas laisser le domestique tout seul dans l'appartement à se tourner les pouces. Et quoi de mieux pour lui que d'occuper ses journées à accomplir quelques travaux dans la famille. De plus on garderait un œil sur lui. D'ailleurs déjà pendant l'absence de ses patrons, on le retrouvait chaque après-midi fourré à la cuisine chez Titine en train de siroter à petits coups des verres de thé brulant et très sucré en compagnie d'autres domestiques de l'immeuble. Pour lui c'était une vie de cocagne. Il était payé royalement. Il touchait un salaire mensuel chez Maurice qu'il arrondissait avec des tas de gros pourboires qu'il recevait de chez les autres.

Peut-être aussi Maurice voulait-il se faire pardonner par les siens d'avoir pris comme épouse cette femme d'âge mûr (elle avait dix ans de plus que lui) et qui ne rayonnait pas d'amabilité ni de complaisance envers sa belle-famille. Quand il épousa Rosalba au grand désespoir de sa mère, Léah, elle sut tout de suite qu'il ne lui donnerait jamais de petits enfants et qu'elle aurait à faire à dur parti.

*

Depuis le commencement de sa relation avec Maurice, la famille n'avait pas sympathisé avec Rosalba. Elle jugeait le mariage avec cette femme une vraie mésalliance. Elle était froide, sèche,

guindée, distante. C'était une étrangère à leurs yeux. Les belles-sœurs la trouvaient très antipathique. Souvent elles cassaient du sucre sur son compte.
— Elle n'est pas comme nous. Regarde là un peu. Elle se croit descendue de la cuisse de Jupiter.
— D'où sort-elle celle-là ? Elle n'est pas de notre milieu.
— Qu'est-ce qu'il avait besoin Maurice de prendre cette idiote ?
— Ce que je sais, c'est qu'elle a su lui mettre le grappin dessus. Tout ce qu'elle voulait en fin de compte, c'est qu'il lui passe la bague au doigt.
— Et tu as vu la bague de fiançailles qu'il lui a offerte ?
— Un solitaire de vingt carats.
— Mais Suzy, surtout ne dis pas de bêtises. Vingt carats ? Ce n'est pas possible ! Baisse les carats ! Baisse un peu ! Il ne lui a quand même pas offert le Koh-i-noor que je sache !
— Allez ne vous disputez pas, on n'est pas à quelques carats près !
— Je crois qu'elle était son professeur à l'école.
— A-t-on idée d'épouser sa maitresse ?
Elles éclatèrent toutes de rire.
— Pourquoi s'est-il entiché d'une gourde pareille ? Tu sais, elle est si vieille, elle pourrait être ta mère.
— À Dieu ne plaise !

De Rosalba, on ne savait presque rien. Avant d'épouser Maurice, elle vivait dans un appartement dans le quartier de Mazarita avec une jeune sœur et un père, veuf, professeur de musique et qui parait-il était d'une avarice sordide. Un véritable Harpagon ! Un de ses élèves avait raconté qu'il gardait dans une boite en carton des petits bouts de ficelle ne pouvant servir à rien.
Rosalba, de son côté, ne supportait pas cette famille matriarcale, immense, qui avait constamment le nez fourré dans les affaires des autres. Aussi elle ne comprenait rien à toutes leurs étranges coutumes orientales.

Elle ne pouvait pas mettre un pied dehors sans rencontrer sur son chemin quelque parente ou cousine ou tante, de la famille de Maurice. Elles étaient partout ces femmes. Elle les retrouvait au cinéma, dans les magasins, chez le coiffeur, dans la rue. On l'arrêtait, on lui demandait mille questions indiscrètes. On voulait tout savoir à son sujet. Combien étaient-elles dans cette famille ? Et elle, était-elle en train de s'attacher à un homme ou bien à une tribu ?

Quand Rosalba allait au cinéma avec Maurice pour la séance de *six à neuf* en fin de semaine, ils ne manquaient jamais de rencontrer des cousins qui insistaient pour qu'ils se joignent à eux. Ils leur faisaient de grands signes avec les mains en les appelant de l'autre bout de la salle. C'était comme si le cinéma leur appartenait. « Venez, venez vite vous mettre ici près de nous. On va se pousser pour vous faire un peu de place. »

Immédiatement Maurice acceptait l'invitation, bon enfant qu'il était, sans même la consulter. Les cousins suppliaient leurs voisins de rangée de se lever en les priant d'aller se mettre un peu plus loin. On leur réservait deux sièges. Rosalba devenait écarlate - elle était embarrassée. Elle détestait tout ce remue-ménage.

Une fois la séance terminée, les cousins les entrainaient de force dans une brasserie sur la Corniche. Rosalba hésitait, ils insistaient, elle refusait, ils insistaient de plus belle, n'acceptaient pas son refus - il n'y avait pas moyen, ils devaient se joindre à eux.

Elle était malheureuse. Elle aurait préféré passer le restant de la soirée dans les jardins du Petit Trianon sur le boulevard en tête-à-tête avec Maurice. Aussi elle était jalouse. Et puis il n'y avait pas que les cousines, il y avait aussi les amies des cousines. Elles étaient toutes mignonnes, beaucoup plus jeunes qu'elle, espiègles, coquettes, élégantes. Elles entouraient Maurice, lui mettaient la main sur l'épaule, le taquinaient, flirtaient avec lui impunément. C'était un jeu. Mais un jeu dangereux qui ne lui plaisait pas. Ils se chuchotaient à l'oreille et des fous-rires incontrôlables éclataient.

Le marchand de fleurs arrivait en se faufilant entre les tables. Galant, Maurice immédiatement offrait des colliers et des bracelets de jasmin à toutes les filles. Il faisait signe à Rosalba. Elle était assise en retrait. Non, elle n'en voulait pas !

On commentait le film de la soirée, du prochain spectacle d'attractions au Casino Chatby. Les jeunes gens se racontaient entre eux des blagues croustillantes. Maurice offrait à ses cousins des cigares cubains Montechristo qu'il avait rapportés d'Europe. On discutait de tout et de rien. Une rumeur courait en ville que très bientôt Maurice Chevalier allait passer au night-club du Monseigneur. Il fera salle comble. Ils n'oublieraient pas de réserver une table devant la piste. Ils étaient tous avides de plaisir. On jouissait du bonheur de vivre. Bien que parfois ils devenaient très sérieux et parlaient de politique - des menaces de guerre qui commençaient à se concrétiser en Europe.

Un petit homme vouté, les oreilles décollées avec un genre de gibecière qu'il portait en bandoulière passait sur le trottoir – c'était le vendeur de parfums. Ils le connaissaient tous. On l'appelait. Il arrivait, déposait son lourd fardeau à terre et tirait une chaise.

La partie commençait. Le marchand prenait des pistaches dans son poing qu'il puisait dans un sac en toile. « *Goz ou fard.* » Pair ou impair. Coup après coup il fallait deviner ce qu'il avait dans la main. Chaque tour coutait une piastre. Après vingt coups gagnés, un parfum atterrissait sur la table. Chanel No 5 ; Shocking de Schiaparelli ; Arpège de Lanvin ; L'Aimant de Coty ; Quelques Fleurs de Houbigant. Il y avait même le nouveau parfum « Celui » de Jean Dessès. Chacune recevait sa fragrance préférée avec des monticules de pistaches.

On claquait des doigts pour appeler le garçon.
– *Nicola, tessera birras* ! (Quatre bières)
– *Amessos* ! (J'arrive)
Les mezzés et les bières Stella glacées venaient s'accumuler sur les petites tables rondes. Une ou deux piastres glissées dans sa main et le serveur ramenait encore une assiette de crevettes. Un vent frais soufflait de la mer et leur mettait un gout de sel sur les lèvres. Passé minuit et les terrasses continuaient à regorger de monde. Des copains arrivaient et se joignaient à eux. On rapprochait des sièges. Le cercle d'amis s'agrandissait. Et Rosalba, morose, la larme à l'œil, dans sa robe couleur d'anthracite et son teint verdâtre, disparaissait dans la pénombre de l'établissement et restait là dans son coin à l'écart des autres. On l'avait oubliée.

La réunion de famille, la corvée du samedi était ce que Rosalba détestait le plus. Cette satanée réunion familiale où il fallait obligatoirement, à n'importe quel moment de la journée, passer chez *Zio* Albert et *Zia* Fortunée dans leur villa de la rue Canope à Camp de César. Une tradition bizarre, ancestrale que les arrière-grands-parents célébraient quand ils vivaient encore à Tétouan au Maroc.
Une fois par semaine, il fallait se voir en famille. Tous les cousins, cousines, tantes, oncles, neveux, nièces étaient de la partie. Le samedi c'était *hafla* (fête) chez la tante Fortunée. Pendant toute la journée on entrait et sortait chez eux comme dans un moulin.
À la cuisine, sur un *fatayel* (réchaud à mèches) – on n'avait pas encore installé le gaz de ville à l'époque – était posé un immense chaudron en cuivre dans lequel mijotait une succulente *mélokhéyya* qui semblait se renouveler au fur et à mesure que le niveau du potage baissait. On se servait une louchée de soupe dans une des assiettes creuses empilées sur le marbre près de

l'évier et on allait rejoindre les autres sur la véranda. Sur la grande table rectangulaire recouverte d'une superbe nappe brodée en linon blanc, étaient étalées les spécialités de chacun. Albert et Fortunée, tous les deux installés dans des fauteuils bergère trônaient autour des leurs. Chacun relatait les péripéties de la semaine.
Fortunée bavardait avec sa sœur Léah.
– Hier Julia est passée me voir. Pendant toute la visite elle a gardé son sac sur son ventre.
– J'imagine qu'elle est enceinte.
– Mais combien d'enfants il va lui faire encore ? Ça fait déjà huit.
– *Maskina* ! (La malheureuse) Et ils n'ont pas de quoi vivre.
Zio Albert racontait qu'il avait des problèmes avec son cousin qui s'occupait de ses vergers en Palestine. Il venait de recevoir une lettre de celui-ci lui réclamant de l'argent. Les orangers étaient atteints d'un virus et il fallait tout bruler, retourner la terre et replanter à nouveau.
– Je crois qu'il est en train de te mener en bateau pour te carotter de l'argent encore une fois, lui disait son fils.
– C'est toujours la même rengaine. Je lui verse son salaire et ses frais rubis sur l'ongle et chaque année il me retourne avec de nouveaux problèmes et des demandes d'argent. Il faudra bien qu'un de ces jours je prenne le train jusqu'à Rehovot pour examiner la situation de plus près.
On discutait de politique, de médecine. Parfois Albert chaussait ses lunettes pour aller chercher une explication dans un dictionnaire et ainsi résoudre un argument. C'était l'homme le plus érudit de la famille. C'était un peu le patriarche. On le consultait sur tout. On écoutait tous ses propos avec beaucoup d'intérêt. Si quelqu'un avait un problème, il courrait chez Zio Albert. Il saurait le résoudre.

Fortunée était la benjamine de la famille. Elle était restée fiancée sept ans avec Albert. Il ne se décidait pas car il attendait d'obtenir une position respectable à la banque avant de prendre des responsabilités familiales. Mais il restait assidu auprès de la belle Fortunée et chaque vendredi soir, pendant sept ans, précédé du *bawab* (portier) qui tenait dans ses mains un magnifique plateau de baklawa de chez Tornazaki, le pâtissier oriental, il arrivait pour diner avec la famille.

Pendant ces visites hebdomadaires du samedi, Rosalba essayait d'entrainer Maurice à l'extérieur pour l'éloigner un peu des autres et surtout des jolies cousines. Mais il refusait, prétextant que le jardin n'était qu'une broussaille et qu'ils allaient se faire piquer par les ronces. Il préférait rester causer avec les siens. Et aussi, ça ne se faisait pas de partir comme ça en amoureux quand ils étaient en société.

N'empêche que Maurice avait lui aussi son petit caractère coincé et un peu ringard sur les bords. Ce n'était pas un homme facile. Léah l'avait trop gâté dans son enfance.

Une fois, à peine retourné de l'étranger, il avait voulu faire une surprise à sa mère en amenant Rosalba à la maison pour le repas traditionnel du vendredi soir.
Toute la famille était là. Après avoir pris le bain rituel de la semaine au hammam, les garçons avaient revêtu des pyjamas en soie à rayures et les filles des caftans dans des étoffes chatoyantes, brodés de paillettes qui scintillaient de mille et une couleurs avec des foulards bariolés attachés sur la nuque comme était la coutume marocaine de l'ancienne époque.
Léah avait passé la journée à la cuisine à préparer la traditionnelle *Défina* qui avait cuit pendant des heures contenant de la viande de bœuf, du blé, des pommes de terre, des oignons, des pois chiches, des œufs *hamine* (cuits pendant six heures à feu

doux) et sans oublier les jarrets de veau. Un vrai festin !
Édouard avait ramené du bureau une bouteille de vin rouge de Richon-le-Zion qu'il avait gagné avec un ticket de tombola acheté à l'un de ses collègues.
Ils étaient tous là autour de la table. Il y avait entre autres Claire et Edgar, Henri et Titine, la cousine Pauline de Tantah qui était de passage à Alexandrie avec sa famille. Félix Abensour et sa femme.
Ils chantaient l'arrivée du Chabbat, *le lekha dodi*, à tue tête en tapant sur des tambourins et en tournant autour de la table. Léah, heureuse d'avoir sa famille autour d'elle, allait et venait à la cuisine apportant les mets succulents.
Quand Rosalba, tirée à quatre épingles, dans un tailleur bleu marine demi-saison, qui lui seyait bien, apparut sur le seuil de la salle à manger. Elle resta estomaquée en les voyant tous dans leur accoutrement. Elle hésita un instant et faillit rebrousser chemin. Maurice était livide.
— Mais qu'est-ce qui se passe ici ? Vous êtes tous devenus fous ! C'est quoi ce guignol ? Qu'est-ce que nous sommes ? Des clowns ? Des sauvages ? Depuis quand on se déguise pour diner ?
— Mais Maurice c'est vendredi soir, c'est *l'Oneg Chabbat* (la réjouissance du chabbat)
— Et alors. La belle affaire ! Quelle différence ? Allez vous rhabiller immédiatement.
Ils obéirent tous et retournèrent terminer le repas en silence. On n'entendait plus que le bruit des couverts dans les assiettes en porcelaine. Léah ravala ses larmes toute la soirée et les pyjamas et les caftans retournèrent se tasser dans un coin de l'armoire pour ne plus jamais en ressortir.

ALEX

Rosalba mourut la semaine même où Mira projetait de donner une surprise-partie pour son anniversaire. Elle avait invité toute la clique de copains du club, ceux de la plage, ceux du Lycée et quelques-uns qu'elle connaissait à peine mais dont elle espérait qu'ils pourraient ajouter un peu plus d'entrain à la soirée.

Depuis deux ans déjà, c'était terminé avec les fêtes d'enfants en après-midi de trois à sept avec comme seule attraction un magicien qui n'en finissait pas de tirer de ses poches des petits mouchoirs de toutes les couleurs ou même quelquefois un lapin d'un chapeau haut-de-forme.

Elle avait longtemps hésité à inviter Alex. Alex qui était son nouveau petit ami. Et puis finalement elle s'était décidée. Tant pis - elle le convierait à la soirée et s'arrangerait pour que Titine n'ait vent de rien. Elle craignait pourtant que la situation ne s'envenime avec sa mère si celle-ci venait à apprendre que sa fille fréquentait quelqu'un qui avait quatre ans de plus qu'elle. Elle se mettrait dans une violente colère et l'empêcherait de sortir.

D'habitude Titine était toujours présente le soir de la fête. Quand le père de Mira sortait faire sa partie de poker, elle s'enfermait dans sa chambre à coucher pour lire jusqu'à ce que tout le monde soit arrivé. Ensuite lorsque la soirée battait son plein, elle faisait irruption avec son numéro habituel. Elle traversait l'entrée jusqu'à l'office en brandissant un grand couteau de cuisine qu'elle maniait avec la dextérité d'un fakir avec son sabre tout en criant « Allumez-moi toutes ces lumières *à giorno* - mon mari est actionnaire de la compagnie d'électricité. Et je ne veux pas voir de mains sur les hanches sinon *chop chop* ».

Titine embarrassait sa fille dans des moments pareils mais les copains prenaient tout ça à la légère en espérant que sa mère retourne dans sa chambre pour ne plus en ressortir. Puis, petit à petit, l'éclairage baissait à nouveau jusqu'à atteindre une quasi obscurité juste striée de quelques lumières qui venaient de l'extérieur. Et alors les couples se rapprochaient l'un de l'autre, se serraient plus fort et les mains des danseurs prenaient une direction sud en descendant lentement au-dessous de la taille.

Alex, le petit ami du moment, était un grand gaillard. Des épaules carrées, un physique de basketteur - il jouait pour la Palestra. Ses grands yeux noirs et rêveurs s'enfonçaient dans leurs orbites comme ceux de Montgomery Clift - ce qui faisait rêver les filles. Il affichait toujours un sourire franc et radieux qui lui allait bien. Ses cheveux châtains coupés courts avaient un air désordonné avec des irrégularités de longueur. Il fréquentait le collège Saint-Marc et il était déjà à l'année du bac. De plus il savait comment s'y prendre avec les filles.

Mira l'avait connu à la fin de l'été dernier. Un après-midi où un petit groupe d'amis s'était formé en cercle pour jouer au jeu de la bouteille, il était venu se joindre à eux. Personne ne le connaissait vraiment, mais c'était un habitué de la plage. Quand son tour arriva, il prit la bouteille dans la paume de sa main droite avec une telle vigueur comme s'il n'allait plus jamais la lâcher. Ensuite il la fit virevolter à une allure diabolique – on aurait dit un jongleur de cirque. Elle fit neuf à dix tours sur elle-même avant de venir se pointer juste en face de Mira.

Ses joues devinrent toutes rouges.

– Zut et flute ! Ah non ! Pas moi...
– Allez viens, n'aie pas peur !
– Non ! Pas moi. Choisis une autre.
– Comment une autre ? C'est la règle du jeu. C'est toi ou personne. Allez viens.

Mira se leva malgré elle. Elle avait peur. Ce grand type l'effrayait. Elle hésitait encore. Quelqu'un grogna

– Allez ! Bouge ! Cesse de tergiverser, tu nous fais perdre un temps fou. Il ne va quand même pas te violer, bordel !

Alex la prit gentiment par la main et l'attira derrière une cabine. Immédiatement Mira ferma les yeux et mit sa main sur sa bouche comme pour bloquer un éventuel baiser. Lui, décontracté, prenait tout son temps. Il n'était pas pressé. Tout d'abord il lui caressa le visage avec douceur et lui releva une mèche de cheveux qui lui tombait sur les yeux. Mira continuait à tenir la main sur la bouche. Doucement il la lui retira. Ensuite il s'approcha encore plus près, lui emprisonna la tête entre ses mains et posa délicatement ses lèvres sur les siennes. Mira s'entêtait à garder sa bouche fermement close. Il décida alors de la prendre dans ses bras, l'étreignit fortement et lui donna un second baiser. Savamment il glissa sa langue dans sa bouche pour trouver la sienne.

C'est alors qu'elle reçut le choc électrique de sa vie. Suffoquée, tous ses sens en alerte, les genoux flageolants, les mollets tremblants, elle sentait ses jambes se dérober sous elle. Elle venait de quitter la terre. Ce baiser la catapultait sur une autre planète. Elle voyait des feux d'artifice partout. Une émotion nouvelle jusqu'alors inconnue s'emparait d'elle. Si elle n'était pas adossée contre le mur, elle se serait évanouie sur-le-champ. Personne ne l'avait jamais embrassée de la sorte.

Des baisers, oui, elle en avait eu avec Samir sur les rochers de la Baie des Amoureux et avec Gérard au cinéma mais jamais à bouche ouverte. Même la fois où Joe, pour l'embrasser, l'avait jetée sur le lit en demandant à sa petite sœur de barricader la porte de la chambre à coucher avec une chaise pendant que leurs mères jouaient aux cartes au salon. La fois où Talaat, qu'on surnommait le *fétéwe* (le colosse) de la plage de Stanley Bay, l'avait coincée entre deux cabines pour lui voler un baiser. Tout ça n'était que lèvres sur lèvres.

C'était donc ça le vrai baiser de cinéma ? Le baiser des vedettes de Hollywood. Le baiser auquel elle avait tant rêvé – qu'elle avait tant imaginé. Ce baiser fou, ardent, défendu, enveloppant. Ce baiser mouillé !

– Allez ! Nom d'un chien ! Vous n'allez quand même pas passer tout l'après-midi à vous bécoter. Nous voulons jouer nous, dit quelqu'un, impatient d'avoir une fille dans ses bras lui aussi.

– Viens, Mira, retournons. Ce n'est qu'un échantillon pour le moment. Tu vas voir, nous remettrons tout ça à plus tard.

*

– Il n'est pas question de donner de surprise-partie ici.

– Mais Rosalba n'était pas une parente. Mira se reprit. Je veux dire une parente directe.
– Comment ce n'était pas une parente ? Qu'est-ce que ça change directe ou indirecte ? Tu as perdu la boussole ou quoi ? Tu réalises un peu ce que tu es en train de dire ? C'était la femme de ton oncle, le frère de ton père. Nous lui devons tout le respect.
– Mais j'ai déjà invité un tas de monde.
– Et bien tu décommanderas tout ce tas de monde comme tu dis. Point à la ligne. Cesse de me harceler. Tu commences à dépasser les bornes. *I have had enough !* Ma décision est prise. Je ne veux plus revenir sur ce sujet. Ce sera pour une autre fois.
Titine tenait bon.
– Quand une autre fois ?
– Mais vas-tu arrêter de m'empoisonner l'existence ? Je ne sais pas moi. Plus tard. Dans quelques mois. Il faut que tu comprennes une fois pour toutes qu'on ne fait pas toujours tout ce qu'on veut sur cette terre.
Titine restait inébranlable. Elle ne cédait pas. Mira n'annulait pas. Les jours passaient. Samedi soir approchait. Michel, le mari de la sœur de Titine vint à la rescousse.
– C'est très simple, tu donneras cette fête chez nous.
– Mais voyons Michel, c'est insensé ! Tu te laisses embobiner par une gamine.
Titine n'en croyait pas ses oreilles. Son beau-frère était devenu fou. L'idée était saugrenue, inconcevable. C'était comme introduire un troupeau d'éléphants au Petit Trianon.

Sa sœur et son mari possédaient un appartement de rêve, à faire perdre la tête. Pendant la guerre Michel avait accumulé une somme fabuleuse en trafiquant au marché noir avec les Anglais. L'argent lui coulait à flots. Il s'était payé des meubles de grand luxe choisis par Sabatino, l'expert en meubles de chez Chalon, le magasin d'ameublement le plus côté de la ville. Une salle à manger en palissandre, des paravents chinois, des tables en miroir, des fauteuils Louis XV, des banquettes en tapisserie d'Aubusson, des guéridons en bois de rose et un tas de bibelots en porcelaine choisis dans les plus belles boutiques d'Alexandrie. Il y avait également dans un coin du salon un meuble bar, une pièce unique en cérusé blanc vernis, d'une forme triangulaire dont la porte dotée d'un genre de gouvernail, pivotait sur elle-même pour révéler sur des étagères en miroir un service à verres en cristal de Baccarat avec des carafons assortis.

Et puis, il avait claqué tout le reste en donnant continuellement des fêtes somptueuses. À chacune de ces soirées, la crème de la crème était conviée. Souvent le samedi soir c'était Byzance chez lui ! Des sofraguis vêtus de livrées galonnées d'argent assuraient le service en passant entre les invités avec des plateaux chargés de coupes de Champagne et de canapés de toutes sortes. On servait du caviar, du foie gras et des mets succulents commandés chez les plus grands traiteurs de la ville. Le poisson « Tarator » une spécialité libanaise aux amandes et pignons de pin était son cheval de bataille – il le faisait venir de chez un cuisinier du Caire. Au dessert, des pièces montées en croquant ou en sucre tiré, des bombes cassatas à l'italienne, des tourtes au chocolat et des pâtisseries de toutes sortes ornaient la table de la salle à manger.

Mais Michel adorait sa nièce. Autant il était sévère avec son fils, autant il aimait cette petite quitte à lui faire passer tous ses caprices.

Mira était aux anges. Elle tourbillonnait. Elle jubilait. Sa joie était indescriptible. La surprise-partie aura lieu après tout. C'était réglé. Elle avisa ses amis et l'adresse de la rue Tigrane Pacha fut donnée à chacun.

Cependant, Titine était soucieuse. Elle ne voulait pas d'ennuis avec son beau-frère.

– Tu réalises que nous ne serons pas là. Aucun de nous. Nous serons tous chez l'oncle Maurice. Tu devras obéir aux domestiques et faire ce qu'ils te disent.

– J'obéirai.

– Et vous ferez très attention de ne rien casser ou salir. Vous ne toucherez pas au bar, tu m'entends ?

– D'accord. Je n'ai pas besoin qu'on me le répète cinquante mille fois.

– Avec la tête de linotte que tu as, j'en doute. Il faut tout te répéter. Surtout pas de bêtises. Et pas de cigarettes non plus.

– Il n'y aura pas de bêtises. Il n'y aura pas de cigarettes.

– Et puis je veux que tu pratiques le *rondo alla Turca* de Mozart. Il faut que tu t'y mettes. Dans deux mois c'est le récital et tu n'avances pas. Tu ne fais rien. Tu ne te concentres pas. Berditchevsky me l'a dit. Ça fait des mois que tu es supposée travailler sur ce morceau. Tu as abandonné le ballet parce que tu nous as dit qu'il te donnait le vertige et maintenant tu as l'air de vouloir abandonner le piano aussi. Mais où as-tu la tête ces temps-ci ? À trainer les rues à longueur de journée ! C'est tout ce que tu sais faire ! *Get on with it silly child !*

Non seulement Mira ne se mettait pas au piano mais elle ratait une leçon sur deux. Le jeudi elle préférait partir en randonnée avec Alex sur son scooter. Il passait la chercher à la station de Sporting et ils s'en allaient faire des escapades dans la banlieue d'Alexandrie. Parfois il l'emmenait jusqu'à la ferme Toriel, au domaine de Siouf ou aux jardins de la villa Antoniadis. Ils se baladaient, se perdaient dans les champs de maïs, s'embrassaient furtivement derrière les statues et les bosquets - il avait même gravé un cœur avec la pointe de son canif sur un arbre avec à l'intérieur leurs initiales M et A entrelacées.

Quand plus tard Alex la ramenait à la maison, on ne lui demandait rien. D'ailleurs Titine était déjà sortie pour son après-midi de cartes et la bonne n'avait aucune notion du temps - elle ne savait pas lire l'heure.

Enfin, samedi soir était là ! On avait poussé tous les meubles, roulé les tapis pour créer une piste de danse et ôté du milieu les poufs marocains en cuir de chèvre avec leurs dessins géométriques. Les fauteuils et canapés avaient été recouverts de housses en cretonne et les banquettes en Aubusson et la fabuleuse statuette en porcelaine de Sèvres de Psyché et Cupidon mises à l'abri dans une des chambres à coucher.
Sur le buffet de la salle à manger Mira découvrit un paquet enveloppé avec un joli ruban rouge. Elle pouvait lire sur une petite carte « À ma petite Mira adorée, à l'occasion de ton anniversaire, je te souhaite bonheur dans la vie. Oncle Michel » Elle déchira le papier d'emballage et se trouva devant une boite contenant une longue écharpe en brocard gris perle et un petit flacon rempli d'un liquide bleu du parfum « Je reviens » de Worth. Jamais personne ne lui avait offert un aussi joli cadeau.
Elle se regarda dans le grand miroir gravé à l'eau forte qui surmontait le buffet. Elle avait revêtu la blouse décolletée en nylon bleu ciel avec l'ample volant sur le devant brodé de petites fleurs que son oncle et sa tante lui avaient rapportée de Beyrouth. Une jupe froufroutante en taffetas bleu marine à carreaux lui serrait la taille. Elle se noua l'écharpe autour du cou et se mit quelques gouttes de parfum derrière les oreilles. Deux barrettes en écaille retenaient sur le haut de sa tête de chaque côté du visage ses longs cheveux bouclés. Elle examina ses mollets pour s'assurer que la ligne de ses bas était bien droite et décida qu'il lui manquait quand même quelque chose.
Dans la chambre à coucher de sa tante, Mira alla fouiller sur la coiffeuse à la recherche de maquillage. Elle découvrit un bâton de rouge et se mit une fine trace de couleur sur les lèvres. Ensuite elle appliqua sur ses yeux du fard à paupières et du Kohl

sur les cils pour les rendre plus longs. Elle se regarda dans la glace et prit la brosse carrée en nacre rose qu'elle se passa légèrement sur les cheveux. Le miroir lui renvoyait le portrait d'une jeune fille amoureuse et très séduisante.

– Je vais dire à maman que tu as touché à ses affaires.
– Non ! Tu ne lui diras rien, sinon la prochaine fois que nous serons seuls au Club, je te ferai boire l'eau des cabinets après lui avoir raconté l'histoire du bombyx du murier.
– L'histoire de quoi ?
– Gros bêta ! Ne fais pas cette grimace, imbécile ! *Ignorantus, Ignorantum !* On ne t'enseigne rien dans cette école ! C'est quand tu as laissé la boite de vers à soie au haut de l'armoire et les dégâts qui ont suivi quand les bombyx ont pondu leurs œufs tout autour de la chambre. Tu avais dit que c'était la faute de la bonne. Et bien non, je sais que c'était toi et Ralph, ton petit crétin de copain !
– Est-ce que je peux rester réveillé pour la fête ?
– Il est hors de question !
– Pourquoi ? Parce que tes amis *croivent* que je suis petit, c'est ça ?
– Dis-moi toi, tu enrichis la grammaire française avec un nouveau verbe à présent ? Le verbe *croiver* ? File dans ta chambre et écris-moi sur une feuille de papier la conjugaison du verbe « croire » à tous les temps. Allez file ! Et que je ne te retrouve plus sur mon chemin ce soir !

Mira courait continuellement ouvrir à chaque fois qu'un coup de sonnette retentissait. Les domestiques s'affairaient à la cuisine mettant les dernières touches au buffet qu'ils dressaient sur la table de la salle à manger.
En début d'après-midi, la pâtisserie Délices livra une montagne de leurs boites rectangulaires avec le sigle "D" embossé, écrit à la ronde sur le couvercle en carton, contenant des sandwichs et des

gâteaux de toutes sortes. La tourte d'anniversaire venait d'arriver de chez Baudrot – une superbe création entièrement garnie de roses façonnées en pâte d'amande et au centre du gâteau on pouvait lire en glaçage de couleur bleu « Joyeux anniversaire Mira ».
C'était son oncle qui avait choisi la tourte. Il était toujours là pour elle. Il savait combien elle aimait les gâteaux. Elle se souvenait que quand elle était petite, il l'emmenait chez Athinéos. Elle avait à peine quatre ans. Ils s'asseyaient dehors en terrasse et il lui apprenait à manger les mille-feuilles à la crème avec une fourchette. « Pique Mira, pique encore avec la fourchette, pique ! »

Sur le balcon de la salle à manger les domestiques avaient placé deux baquets contenant des bouteilles de boissons gazeuses avec des pains de glace posés sur le tout.
Avant de sortir, sa tante était venue l'embrasser et lui souhaiter un joyeux anniversaire. Ensuite l'oncle Michel avait vérifié l'installation du pickup pour s'assurer que tout était en ordre. Mira avait apporté sa collection de disques de 78 tours qu'elle avait étalée sur un guéridon.
– Tu n'as pas oublié les aiguilles, j'espère
– Non, j'en ai une boite pleine.

L'après-midi avançait. Elle se sentait dans un état d'euphorie. Elle envisageait la fête qui elle était sure allait s'avérer sensationnelle en espérant qu'ils allaient tous venir.
Il était maintenant presque sept heures. Elle n'avait pas eu le temps de trop s'inquiéter que déjà l'ascenseur déversait les invités sur le palier. On se bousculait devant la porte d'entrée. Le domestique ramassait les manteaux qu'il étalait sur le luxueux couvre-lit en lacet dans la chambre à coucher. Mira recevait les cadeaux des mains de ses amis en les remerciant.

Les jeunes filles étaient toutes resplendissantes. Dans des robes du style « New Look » qu'elles portaient sur d'immenses jupons empesés à l'amidon, la taille étranglée par de larges ceintures en élastique ou en cuir, elles se dandinaient sur leurs hauts talons prêtes à affronter la gente masculine.
À peine arrivées, elles couraient toutes à la salle de bain pour se refaire des beautés et augmenter leur maquillage.
– Dis-moi Viviane, ta mère accepte à ce que tu te maquilles ?
– Elle me tuerait d'emblée si elle l'apprenait. Je m'arrange toujours pour me débarbouiller la bouche et les yeux avant de rentrer chez moi. Mais si par malheur elle remarque des traces qui n'ont pas été effacées, elle décide que j'ai dû mettre du rouge à lèvres pour embrasser un garçon. Alors là, à minuit, ça barde chez nous. Les cris, les gifles, les insultes et les pantoufles volent dans toute la maison. Ma mère hurle, mon père crie. Mes frères grognent que le chahut les a réveillés. La bonne arrive en jurant croyant qu'un voleur s'est introduit chez nous. C'est une chance si les voisins n'appellent pas la police !
– Vous savez les filles, les parents de Mira ne seront pas là ce soir.
– Quoi ? Ce n'est pas possible ! On va bien pouvoir s'amuser.
– Mais comment s'est-elle arrangée pour se débarrasser de sa mère ?
– Il a fallu que sa tante meurt !
– Pour de vrai elle est morte ? Celle qui habite ici ?
– Mais non idiote. Une autre.
– Sais-tu s'il y a des balcons dans cet appartement ?
– J'imagine qu'il y en a. Pourquoi tu demandes ?
– Tu sais très bien pourquoi je demande. Je compte embrasser en cachette tous les garçons qui seront là ce soir.
Simone releva sa masse de jupons en Organdi et posa le pied sur la baignoire pour ajuster ses bas à couture.
– Il est magnifique ton porte-jarretelles, dis-moi vite où tu l'as

déniché.
— Ma tante me l'a rapporté de New York ainsi que le jupon.
— Veinarde ! J'en étais sûre. Il n'y a rien d'aussi joli ici.
— Tu peux peut-être en trouver chez « Queen Ann » à la rue Chérif. Demande à Rosette, c'est la propriétaire. Ils ont de très belles choses. Ils importent souvent des vêtements d'Amérique.
Mira soupira. Même pas dans ses rêves les plus fous sa mère ne mettrait les pieds dans ce genre de boutique avec elle.

À l'autre bout du corridor, en pyjama, debout dans l'embrasure de la porte de sa chambre, le petit cousin, penaud et effrayé maintenant par cette grande jeune fille qu'était devenue sa cousine, regardait envieux tous ces gens qui arrivaient en masse et rêvait de se joindre à eux. Il tenait dans sa main droite un *chtangel* qu'il grignotait et dans l'autre un album de Bibi Fricotin. Jamais il n'y avait eu autant de monde chez lui.

Alex n'était pas encore arrivé. Mais où était-il donc passé ? Viendra-t-il ou ne viendra-t-il pas ? S'était-il trompé d'adresse ? Elle lui avait bien précisé « 41 rue Tigrane, troisième étage, à gauche en sortant de l'ascenseur. » Il savait que ses parents ne seraient pas là pour la soirée.
Toutes ces questions se bousculaient dans sa tête pendant qu'au salon les couples enlacés faisaient du sur place au son de la musique du « Tango bleu ».
On sonna à la porte. Quelqu'un alla ouvrir. Elle se retourna et le vit du coin de l'œil. Une sensation de bonheur intense l'envahit. Son cœur battait à tout rompre. Alex était venu après tout. Vulnérable, debout sur le palier devant la porte, ses grands yeux noirs et profonds ne la quittaient pas. Une complicité amoureuse les unissait. Ils se regardaient dans les yeux. Elle jouissait à l'idée qu'ils allaient être ensemble toute la soirée. Ils n'étaient plus que seuls au monde et rien n'existait plus pour elle au-delà

de cette soirée. Au fond, c'était pour lui qu'elle avait donné cette fête. Pour être près de lui, à ses côtés, dans ses bras.
Il avait revêtu un pantalon en toile grège. Il était magnifique dans une chemise en soie noire déboutonnée sur la poitrine et les manches retroussées aux trois quarts. Le col relevé, il avait jeté un pullover bleu roi sur ses épaules. Il tenait à la main droite un bouquet de roses. Quand il leva le bras pour lui tendre les fleurs, elle remarqua la gourmette en argent un peu trop grande qui gigotait à son poignet.
– Où étais-tu passé ? Pourquoi es-tu si en retard ? Je craignais que tu décides de ne pas venir.
– Excuse-moi. Je ne trouvais pas de fleuriste ouvert.
Maintenant qu'il était là, Mira se sentait gênée et un peu appréhensive. Comment allait se dérouler le reste de la soirée devant tous ses amis ? Personne n'était au courant qu'elle sortait avec Alex.
Elle le laissa se débrouiller seul parmi les invités et partit à la cuisine donner les fleurs à Aziza tout en fredonnant la chanson de Tino Rossi

« *Merci pour tes fleurs,*
Je les ai reconnues parmi tant d'autres...
Tes roses rouges m'ont parlé d'amour »

Alex sourit à quelques connaissances et alla s'installer sur la véranda. Un vent sec soufflait de la mer. Il mit une jambe sur l'autre et tira tranquillement une cigarette d'un paquet un peu froissé. Il réussit à l'allumer non sans quelques difficultés. Mira ne tarda pas à le rejoindre. De sa main libre, il l'attira vers lui.
– Viens ici, adorable petite fille. Viens sur mes genoux.
Elle préféra se mettre à côté de lui sur le fauteuil en paille. Il se tourna vers elle, la regarda tendrement et commença à lui donner quelques petits baisers dans le cou suivis de caresses. Et puis

comme il n'y avait plus personne sur la terrasse, il prit sa bouche et l'embrassa langoureusement. Elle adorait le gout du tabac sur sa langue.
– Elle est neuve ta gourmette ? Je ne l'ai jamais vue à ton poignet.
– Non pas vraiment. Elle était simplement chez le bijoutier. Regarde ce que j'ai fait mettre au verso.
Il détacha le bracelet. Au dos de la plaque d'identité, il avait fait graver « Mira ». Elle était aux anges. Jamais elle n'avait imaginé qu'elle aurait pu être tellement amoureuse d'un garçon.
Après un moment, elle se leva et l'attira à l'intérieur. Elle craignait qu'un des domestiques ne fasse irruption au balcon pour ramasser les assiettes sales.
– Écoute il vaut mieux aller rejoindre les autres. J'ai envie de danser.

Au salon les lumières étaient éteintes. Seule la lune projetait des rayons diaphanes dans la pièce. Des ombres chinoises dansaient au plafond. Blottie contre sa poitrine, les bras accrochés à son cou, elle était totalement inconsciente de ce qui se passait autour d'elle. Alex la tenait serrée contre lui. Il respirait dans ses cheveux le parfum sucré de Worth que l'oncle Michel venait de lui offrir.
Nat King Cole, les Platters, Paul Anka, Tony Bennett, Frankie Laine, Ray Charles se succédaient sur le pickup les uns après les autres. Des slows, des tangos, des cha cha cha ... On changea le disque. À présent la voix suave de Dean Martin emplissait la pièce avec *Sway*.

When marimba rhythms start to play
Dance with me, make me sway
Like a lazy ocean hugs the shore
Hold me close, sway me more ....

Alex la prit amoureusement par la taille et l'emmena danser sur la véranda. Mira aimait particulièrement cet air langoureux et romantique. Cette chanson était la chanson préférée d'Alex. Il la fredonnait à longueur de journée. Corps contre corps, enserrée dans son étreinte, elle se sentait fondre dans ses bras. Elle était sure qu'à présent lui aussi la désirait terriblement puisqu'il avait fait graver son nom sur la gourmette.
– Viens, allons faire un tour dans la rue.
– Dans la rue à cette heure-ci ? C'est insensé ! Je ne peux pas quitter la fête.
– Oui tu peux. Personne n'en saura rien. Ils sont tous trop occupés. D'ailleurs on ne voit pas grand-chose avec toutes ces lumières éteintes. Je vais descendre en premier. Rejoins-moi en bas dans deux minutes.

À la cuisine, les domestiques s'affairaient. Ils devaient probablement être en train de diner à leur tour. Mira entendit des rires et des bruits de vaisselle qui s'entrechoquait.

Elle vit Alex se subtiliser par la porte de l'entrée. Quelques instants plus tard, après avoir vérifié que personne ne l'observait, elle le suivit dans les escaliers. Ils prirent la rue adjacente, juste en face de l'immeuble. Elle menait au bord de mer. Mira se retournait de temps en temps pour s'assurer que quelqu'un ne les épiait pas du balcon. Elle était anxieuse.
Le vent claquant de février leur fouettait le visage. Des feuilles mortes tourbillonnaient autour de leurs pieds. Alex lui prit fermement la main et Ils traversèrent la Corniche en courant. Ils descendirent sur la plage. Elle était déserte. Il faisait noir comme dans un four. Mira se blottit contre Alex et il lui donna un baiser. Ils restèrent quelques instants à observer les rouleaux d'écume blanche qui déferlaient et venaient s'écraser devant eux. Les phares des voitures jetaient de temps en temps une lueur orange

qui faisait ressembler la grève à un paysage lunaire.
Alex attira Mira contre le mur de l'enceinte. Leurs bouches se collèrent et ils se mirent à s'embrasser fougueusement. Blottie contre son torse, leurs langues se cherchaient, se mélangeaient dans des baisers passionnés, langoureux, éternels. Il la caressait. Mira grelotait. La joie et le désir d'être avec Alex se mêlaient à une anxiété qui la rongeait de l'intérieur.
– Mais tu claques des dents ?
– J'ai un peu froid, c'est tout.
– Tiens, mets mon pull.
Il lui tendit le chandail bleu roi et l'aida à l'enfiler. Ensuite, il la serra dans ses bras et lui frictionna les épaules pour la réchauffer. Ils restèrent quelques minutes encore sur la plage et puis reprirent le chemin de la maison. Mira porta la main à ses lèvres. Elle avait peur que celles-ci ne se soient gonflées par les baisers. En même temps elle se demandait si elle n'allait pas trouver la police déjà à leurs trousses. En fait, personne ne s'était rendu compte qu'ils avaient quitté la fête.

*

Lundi matin, arrivée au Lycée, sa meilleure amie Nadia qui n'était pas venue à la soirée car ses parents le lui avaient défendu, refusa de lui adresser la parole et lui tourna le dos quand elle la vit venir à sa rencontre. Mira ne comprenait pas. Les deux filles étaient inséparables. On les appelait les sœurs jumelles. Elles passaient souvent les après-midis ensemble, une fois chez l'une, une fois chez l'autre, à faire leurs devoirs ou à lire les romans de Delly ou de Max du Veuzit qu'elles empruntaient à la bibliothèque circulaire de leur quartier. Qu'est-ce qui avait bien pu se passer depuis vendredi ?
À la récréation de dix heures, pendant qu'elle faisait la queue à la cantine de l'école pour s'acheter un sandwich, Mira s'informa

auprès d'une autre camarade la raison de cette attitude.
— Pour ta gouverne, si tu veux savoir, c'est parce que tu as embrassé un garçon sur la bouche.
— Et alors, tout le monde embrasse.
— Non, tout le monde n'embrasse pas comme ça. C'est dégueulasse ce que tu as fait. Tu es une sale dévergondée.
Ensuite elle s'approcha plus près et lui dit en sourdine
— Tu es une vraie petite *putaine.* Surtout ne t'étonne pas maintenant si tu attrapes la syphilis !
Les yeux de Mira sortirent de leurs orbites. Elle était folle de rage. Elle s'approcha de la fille et lui asséna une gifle magistrale qui lui fit tourner la tête.
— Tout ça c'est parce que vous êtes jalouses ! Voilà tout ! C'est très simple. Vous n'avez personne à aimer à part peut-être un gars dans un livre. Pauvres idiotes que vous êtes !
La fillette mit la main sur sa joue comme si Mira venait de lui briser la mâchoire.
— Va te faire pendre, espèce de sale peste !
Elle lui cracha au visage et se rua sur sa camarade comme un animal en essayant de lui arracher les cheveux. Elles se retrouvèrent quelques instants plus tard l'une sur l'autre à se rouler dans la poussière de la cour. Toutes les deux finirent à la direction.
— Vous devriez avoir honte mesdemoiselles de votre comportement de tout à l'heure. Votre attitude à toutes les deux est déplorable. Je veux tout savoir sur cette histoire. Exactement qui est-ce qui a provoqué cette dispute la première ? Et pour quelles raisons ?
Les deux filles restaient muettes comme des carpes. Aucune d'elles ne voulait justifier son comportement.
— Allez, je vous écoute. Je ne compte pas consacrer toute la matinée sur cette affaire.
Mira jeta à la sous-directrice un regard en coulisse. Elle regardait

cette affreuse petite vieille femme toute ratatinée aux cheveux gris, au regard mesquin, aux dents jaunies, aux yeux globuleux qu'elle cachait derrière une grosse paire de lunettes en écaille. Cette horrible personne qui tenait à présent son destin entre ses mains et qui s'apprêtait à lui faire passer un mauvais quart d'heure.

La fenêtre de la pièce était grande ouverte. Quelque part dans une classe, des élèves ânonnaient une leçon. Dehors le soleil brillait dans un ciel bleu d'azur. Des oiseaux gazouillaient dans les arbres. Dans la cour, on entendait le ronronnement monotone d'une tondeuse qu'un jardinier passait sur la pelouse. Tout cela lui fit penser au poème de Jacques Prévert : L'oiseau Lyre. Elle aurait voulu « *que les murs de la classe s'écroulent tranquillement, et les vitres redeviennent sable, l'encre redevient eau, les pupitres redeviennent arbres ...* »

Si seulement Alex pouvait arriver à cet instant, l'emporter sur un cheval blanc et ainsi l'arracher de cette impasse d'où elle ne savait plus comment s'en sortir.

Un bruit sec et claquant la fit sursauter et la sortit de ses rêveries. Exaspérée, la vieille sorcière venait de taper fort sur le bureau avec une règle en bois.

– Et alors ! Elle va durer encore longtemps cette comédie ?

Aucune ne voulait parler la première. Toutes les deux continuaient à garder le silence. Que pouvaient-elles dire ? Mira se retourna un instant vers sa camarade et fut frappée par la marque rouge que sa main avait laissée sur la joue de la fillette.

Elles étaient toutes les deux fautives. L'une pour lui avoir donné une gifle et l'autre pour l'avoir provoquée et s'être mêlée de ce qui ne la regardait pas. Mira était libre d'embrasser qui elle voulait.

Encore une fois la sous-directrice frappa sur le bureau, mais cette fois-ci avec son poing serré.

– C'est bon ! Vous ne me laissez plus aucun choix. Ce sera donc au conseil de discipline d'en décider.

Titine fut convoquée immédiatement à l'école pour une plus ample explication. Elle détestait avoir à faire avec les problèmes scolaires de sa fille. Au préalable, elle interrogea Mira et devant son mutisme, elle lui flanqua une bonne paire de gifles en la menaçant de la changer d'école.
— Tu vas me rendre neurasthénique avec tes histoires, si je ne le suis pas déjà ! Qu'est-ce qui s'est passé exactement ?
— Rien ne s'est passé. Je lui ai donné une gifle. C'est tout.
— De quel droit tu donnes une gifle ?
— Tu me donnes bien des gifles toi, à tort et à travers et pour des riens.
— Ce n'est jamais des riens. Tu es une enfant incorrigible. Tu es exaspérante. Tu es un monstre. Tu mérites d'être rossée. J'ai bien envie de te mettre pensionnaire au couvent chez les Sœurs. Au moins là-bas elles sauront te mater à la baguette.

Mira fut renvoyée pendant trois jours et resta cloitrée dans sa chambre toute seule sans visites et sans téléphone. Les repas, elle les prenait à la cuisine avec la bonne. Durant ces trois jours, elle subit de plein fouet les nerfs de Titine qui n'arrêtait pas de menacer sa fille de toutes sortes de punitions et d'interdictions. Privée de cinéma, d'argent de poche, de sorties, de club, en fait de tout pendant un mois. Elle dut aussi faire des excuses à sa camarade - cette affreuse Sainte Nitouche de malheur ! Elle sentait que le monde s'était *fracassé sur sa tête*.
Mais pendant ces trois jours où Titine était restée à la maison pour la surveiller, Alex était venu tous les après-midis. Il savait qu'elle était punie. Il faisait le tour du pâté de maisons avec sa Vespa pour lui donner sa preuve d'amour et son soutien.
À l'insu de sa mère, Mira lui avait soufflé des baisers par la fenêtre. Elle avait supplié la bonne de descendre lui donner le

message qu'elle avait griffonné sur un morceau de papier. « On se voit dans trois jours. Je t'attendrai à la station de Cléopatra après l'école. Je t'aime éperdument. M. »
Et quand la bonne était remontée, elle tenait dans son poing fermé un gage de leur amour : la gourmette en argent qu'Alex lui avait remise pour Mira.
Et toute cette mésaventure, le renvoi, les punitions, les menaces, la sous-directrice, la visite de sa mère à l'école, sa mère à la maison, tout ce chambardement pour quelques baisers volés, langoureux, passionnés, fiévreux. Tous ces baisers qu'elle ne regrettait pas un seul instant d'avoir partagés avec Alex.

Ces gens n'avaient pas d'âme. On pouvait dire qu'ils avaient une pierre à la place du cœur. Ils ne comprenaient rien à l'amour. L'amour leur faisait peur. Ils ne cherchaient qu'à le détruire.

LE LOCATAIRE DU TROISIÈME

« *Come on !* Nous allons être en retard sacré nom d'une pipe ! *Get up ! Move!* Un de ces quatre matins la paresse t'étouffera et t'empêchera de respirer. Sors de ce fichu lit une fois pour toutes et laisse que la bonne fasse la chambre. Tu m'entends espèce de petit souillon ? »
Titine lance ses messages à tort et à travers dans un mélange franco-anglais. Les tirades, les sermons et les diatribes sont délivrés en langue française. Les brèves réprimandes et les menaces arrivent dans la langue de Shakespeare. Une habitude qu'elle a gardée depuis le temps où Henri servait dans la marine. Et puis ça fait chic de s'exprimer en anglais – la langue parlée par les élites.
C'est quand même un anglais un peu spécial – l'anglais d'après

guerre. Une langue qu'elle a apprise en côtoyant des Australiens et des Néo-Zélandais durant leur long séjour en Égypte.

Avec sa sœur, Titine bavarde souvent en Ladino « pour ne pas que les enfants comprennent ». Des fois même en italien ou en grec. Elle aime ce bazar de langues qui se mélangent pêle-mêle dans sa tête. Quant à l'arabe, elle ne sait pas dire un piètre mot, juste quelques phrases et quelques jurons de quoi pouvoir donner des ordres ou se bagarrer avec les domestiques. Mais dans n'importe quel dialecte elle s'exprime, le message est clair et net. C'est toujours la même rengaine. Avec sa fille c'est des affrontements journaliers et des engueulades rituelles. D'après sa mère, Mira est continuellement fautive et ne fait que des bêtises.

Aujourd'hui samedi – jour de congé. Mira ne veut pas sortir du lit. Pour l'instant elle veut continuer à dormir. Et surtout elle ne veut pas courir en ville faire des emplettes. C'est trop ennuyeux ! Se trimbaler pendant des heures d'une boutique à l'autre. Elle préfère passer la matinée à se prélasser dans l'appartement à ne rien faire ou plutôt à faire ce que bon lui semble. Elle a déjà fait ses devoirs à l'école vendredi pendant le cours d'anglais.

Elle envisage de passer son temps allongée sur le canapé du petit salon dans une demi obscurité. Sur le radiogramme, elle mettra le dernier disque de Frankie Laine « *I believe* » qu'elle vient de s'acheter cette semaine chez Caldéron, le disquaire. En plaçant le levier sur la position « *repeat* », pour ne pas avoir à se lever à chaque fois, elle se mettra à rêver au prochain garçon qu'elle va embrasser tout en écoutant et en réécoutant la voix langoureuse du *crooner*.

Ce matin, elle a le champ libre. Son père est à son bureau. Sous peu, la bonne ira faire les courses au marché et Titine va descendre en ville d'une minute à l'autre et disparaitre jusqu'à l'heure du déjeuner. En somme si c'est humainement possible, une fois par semaine, elle veut qu'on lui fiche la paix ! Aussi elle craint d'avoir l'affreux mal de tête qui lui revient tous les samedis.

Mais ces projets insensés qu'elle échafaude dans sa petite tête ne servent à rien. Il faut qu'elle se lève. Autrement sa mère continuera à hurler comme une furie jusqu'à ce qu'elle soit sur pieds et à la porte prête à sortir.

Mira a fini par abandonner le lit à contrecœur et déambule telle une soularde jusqu'à la salle de bain en s'étirant et en se frottant les yeux encore pleins de sommeil. Elle s'appuie de ses deux mains sur le bord du lavabo comme si elle va s'effondrer et laisse couler l'eau du robinet pendant qu'elle se regarde dans la glace. Le miroir lui renvoie un regard vide d'expression, une mine un peu pâlotte et des cheveux ébouriffés qui lui tombent sur les yeux.

Elle commence par s'asperger la figure avec de l'eau qu'elle recueille entre ses mains. Son père le lui a appris des années auparavant. « Forme tes mains en bol et remplis-les d'eau froide, glacée même si tu arrives à supporter, ensuite tu jettes le tout sur ton visage et tu répètes ce geste à plusieurs reprises. C'est le seul moyen de se réveiller. C'est ce que nous faisions tous les matins dans la marine. »

Dans l'armoire à pharmacie, elle a pris le tube de dentifrice Kolynos et étale la pâte sur la brosse à dents. La porte de l'entrée claque dans un bruit assourdissant.

Elle enfile des vêtements à la va-vite, attache ses sandales et se passe rapidement un peigne dans les cheveux en les ramassant sur la nuque avec une barrette. Un instant plus tard elle dévale les escaliers quatre à quatre derrière les talons de Titine qui l'a déjà devancée.

Elle a retrouvé sa mère devant le portail de l'immeuble. Titine est en train de lire une annonce affichée des deux côtés de l'entrée sur les colonnes de marbre.

Mira reconnait immédiatement la bordure noire du faire-part d'un avis de décès. Quelqu'un est mort ! Ça c'est un fait ! Aussitôt elle détourne son regard et surgit sur le trottoir comme si elle a le feu aux fesses. Prise d'un vertige, sa tête tourbillonne. Elle se sent vaciller sur ses jambes. Elle frissonne de peur. Titine continue à lire attentivement la notice.

Disparu prématurément à la fleur de l'âge...La dépouille mortelle sera inhumée le....Les obsèques auront lieu au cimetière No.2 de Chatby à .... Cet avis tient lieu de faire-part. Ni fleurs ni couronnes.

De toute évidence quelqu'un est mort dans l'immeuble, et quelqu'un de jeune. L'avis dit bien « à la fleur de l'âge ». Le nom du défunt est celui de la famille du troisième. Le portier n'étant pas dans sa loge pour l'instant, elle ne peut pas obtenir d'autres informations. Mais elle ne perd rien pour attendre. Elle se renseignera à son retour de la ville.

Dehors, sur le trottoir, Mira baigne dans une sueur froide. Elle tremble comme une feuille des pieds à la tête et une forte envie de vomir lui est montée à la gorge. Incapable de maitriser sa peur, elle frémit à l'idée d'avoir passé la nuit sous le même toit qu'un cadavre. Elle se demande à présent si le corps du défunt est encore dans l'immeuble ? Cette pensée la révulse d'horreur. S'il y est, pourvu qu'il ne soit plus là à son retour. Elle a la frousse de tout ce qui a rapport à la mort.

Elle n'aurait jamais dû accepter de descendre en ville. Mais peut-être il vaut mieux s'éloigner du quartier pour l'instant. L'idée qu'elle pourrait croiser le cercueil dans les escaliers à n'importe quel moment la rend encore plus malade. Elle se promet qu'à son retour elle s'enfermera dans sa chambre jusqu'à ce que la bonne lui donne des nouvelles sur cette affaire. Elle n'a aucune confiance en Titine. Mais la bonne, elle, lui dira la vérité.

Mère et fille font en silence le petit bout de chemin qui mène jusqu'à la station. Titine est pressée. Elle marche en avant. Un tramway vient de s'arrêter devant la plate-forme dans un effroyable grincement de roues. Elles courent pour le rattraper. Titine insiste pour monter en Impériale. Mira refuse. Elle préfère voyager dans le wagon inférieur. Elle a un abonnement de première - pourquoi faut-il monter là-haut ?

Elle sait pertinemment bien que dans quelques minutes, le tram passera devant la nécropole de Chatby. Mira évite toujours le niveau supérieur pour aller en ville depuis qu'Alice, la maman de Terry a averti les fillettes : « Attention quand vous passerez par Chatby, ne regardez jamais sur la gauche, tournez toujours la tête à droite. Et au retour faites l'inverse. Sinon vous risquez de vous trouver face à face avec *Ozraï* (Azraël, l'ange de la mort) »

Pendant longtemps Mira n'arrive pas à s'expliquer ce stratagème. Imaginant que ce n'est que des superstitions, elle a obéi. Une fois pourtant, elle a regardé de l'autre côté et a compris immédiatement. De là-haut on a pleine vue sur le cimetière et sur toutes les tombes. Elle a pu voir toutes ces dalles funèbres rectangulaires, alignées les unes à côté des autres comme sur un dessin de géométrie. Et ce jour là, Terry a crié : « Ne regarde pas, ça va te porter malheur ! » Depuis, elle évite l'Impériale.

Alice était une femme hantée par l'idée du mauvais œil et de la mort. Elle imaginait sans cesse que des forces surnaturelles allaient lui tomber dessus et lui jeter un sort. Sa vie était tapissée de folklore oriental à ce sujet. Elle avait peur de tout. Elle touchait du bois continuellement et s'arrangeait pour qu'elle et ses enfants aient toujours sur eux un bijou serti de turquoises. Elle ouvrait sa main en montrant avec ses doigts le chiffre cinq, symbole de la main protectrice de Dieu et plaçait souvent un « cinq » dans ses conversations.

À chaque fois qu'elle apprenait une mauvaise nouvelle, elle prononçait immédiatement une phrase en ladino « pescado con limon y agua de mar » (Poisson, citron et eau de mer). Le poisson vivant dans l'eau restait toujours à l'abri du mauvais œil. Il était considéré comme le signe de la chance.

Et tous les vendredis sans exception, elle avait la coutume d'allumer de l'encens pour purifier la maison et chasser le mauvais œil. Dans une cassolette où brulaient des charbons incandescents, elle ajoutait des copeaux de boukhour. Ces copeaux qui consistaient en un mélange de bois de santal, de musc, d'encens d'Arabie, de sucre et de quelques gouttes d'une huile essentielle.

Quand elle avait fini de parfumer tout l'appartement et le contenu de toutes les armoires et de tous les tiroirs en allant de chambre en chambre balançant l'encensoir, elle jetait un morceau de cristal d'alun sur le tout. Ensuite elle énumérait rapidement le nom de toutes les personnes susceptibles de lui mettre le mauvais œil. En tête de liste arrivait sa belle-mère, suivie de ses belles-sœurs, de son beau-frère en particulier, celui qu'elle accusait d'être d'une jalousie féroce, de ses cousines, des voisins et ainsi de suite. Après ça, elle et ses enfants sautaient sept fois au dessus de la cassolette et quand finalement elle entendait un craquement dans la coupelle (c'était le cristal qui fondait) elle était sure que l'œil qui l'enviait avait crevé. Elle annonçait avec joie « Ca y est les enfants ! L'œil a crevé – il ne nous fera plus de mal ». Le vendredi suivant, tout recommençait.

Dans le tramway qui les emporte vers la gare de Ramleh, Mira est restée silencieuse. Elle n'a pas articulé une syllabe ni levé la tête durant tout le trajet. En arrivant à la station, Titine réalise que sa fille est pâle comme un linge.

– Mais arrête en fin de compte ! Ça suffit avec cette figure d'enterrement. Essaye de sourire un peu. Fais un effort. Ce ne sont que des sottises. On devra bien tous finir par mourir un jour.

– Ne parle jamais de ça devant moi.

– Allez ! Cesse d'y penser. Qui t'a bourré le crâne avec toutes ces sornettes ? *Come on, cheer up !* On va tout d'abord passer chez Chehata. Ensuite je t'emmène à la pâtisserie grecque pour une succulente *boghatcha*.

Sur le boulevard de Ramleh, Titine est tentée par un café et s'arrête un moment au Brazilian Coffee Stores. C'est un de ses endroits préférés de la ville.
Elle se retourne vers sa fille qui lui fait immédiatement « non » de la tête. Mira n'a envie de rien. Titine paye à la caisse et commande au comptoir un café bien serré en espérant qu'il lui donnera de quoi tenir le restant de la matinée.
L'arôme puissant des grains fraîchement moulus a sur elle un effet revigorant. Titine aime le bruit de la vaisselle qui s'entrechoque sur le comptoir en zinc. L'odeur du tabac qui flotte dans l'air. Les serveurs qui crient des ordres en italien. Elle aime le ronflement de la vapeur qui s'échappe de la machine. Le brouhaha de l'établissement. Tout ce monde affairé, pressé qui se côtoie pour quelques instants en se souriant sans vraiment se connaitre. Tout ça la fait revivre.
Elle sucre le breuvage, tourne la cuillère une ou deux fois au fond de la tasse et lentement le savoure à petites lampées pour faire durer ces quelques instants de sérénité. Elle prévoie que la journée ne sera pas une partie de plaisir.

Chehata fabrique des chaussures pour dames sur mesure dans un sous-sol à la rue Sésostris au niveau de la rue de l'Église Copte. En entrant chez lui, on est frappé par la forte odeur de cuir et de solvants qui émane de la boutique.
Le cordonnier les a vu descendre les trois marches qui mènent à son atelier et aussitôt vient à leur rencontre en leur souhaitant la bienvenue. « *Ahlanne ... Ahlanne ... etfadalou ! Sivoupé Mesdames, entrez* »
Immédiatement il crache un ordre en arabe à un petit subalterne et lui fait un signe en agitant le chasse-mouche en crin de cheval qu'il tient dans la main, de libérer immédiatement les deux sièges

sur lesquels des magazines de mode sont empilés. Ensuite il les invite à prendre place et somme le gosse de filer chez le cafetier du coin chercher un *ahwa mazbout* (café turc avec un peu de sucre) pour la madame et une Coca-Cola bien glacée avec un *chalumeau* (une paille) pour la *mazmazelle*.
Chehata est un petit homme court et trapu avec une grosse bedaine qui le précède. Il boite d'une hanche et avance à petits pas comme une poupée mécanique. Il porte sur lui un tablier en cuir usé, taché par endroits et qui lui enveloppe tout le devant de son corps. Un bonnet afghan en toile écrue et brodé avec du fil de soie de toutes les couleurs recouvre sa tête chauve.
Sur les murs de la grande salle, qui sert d'atelier en même temps que de réception, éparpillés un peu partout, des morceaux de cuir de forme ovale sont suspendus à des clous. Il y en a de tous les coloris et de toutes les qualités. Parmi les grands classiques, on reconnaît de la peau de serpent, de crocodile, de lézard, de chamois - en fait tout ce qu'on peut imaginer pour la confection de chaussures. Au fond du local, sur toute la largeur du mur, à hauteur d'homme, des casiers sont fourrés pêle mêle de formes en bois fabriquées à la pointure des clientes.
Au centre de la pièce deux ouvriers perchés sur des tabourets devant un établi, travaillent sur des cuirs à la lumière de lampes électriques. Devant eux tout un arsenal d'outils est étalé – des marteaux, des alênes, des tenailles, des clous, des pots de colle, de la teinture, du vernis, du fil et des couteaux de toutes sortes : des courts, des longs et d'autres en forme de demi-lune. Sur la gauche deux machines à coudre à pédales attendent d'être utilisées.
Titine a pris place dans l'un des fauteuils vacants. Elle feuillette d'un œil nonchalant un catalogue en sirotant son deuxième café de la matinée. Elle rêve aux beaux escarpins qu'elle va s'offrir et dans lesquels elle envisage d'aller danser. Affalée sur l'autre siège, Mira pense au mort de ce matin et se demande s'il est

toujours dans l'immeuble.

Le cordonnier retourne avec des échantillons de différents cuirs qu'il étale parterre devant Titine. Il lui montre en même temps des croquis récemment arrivés d'Italie. Ensuite avec un rictus de sorcier il lui révèle dans le plus grand secret sa dernière création. Une paire d'escarpins à talons aiguilles copiée sur un modèle de Charles Jourdan de Paris (il prononce *Jarle Jourdanne dé Parisse*) qu'il vient de confectionner pour madame un tel - grande dame de la société hellénique d'Alexandrie et d'une autre paire similaire pour la femme d'un pacha. Chez Chehata le but est tout d'abord de séduire et d'impressionner la cliente avant de la chausser.

Il a tiré un tabouret et s'est assis devant Titine. Il lui présente des morceaux de cuir qu'il moule sur une forme en les lissant du plat de la main comme s'il les caresse pour donner à sa cliente une idée de ce que sera le finissage une fois le travail achevé. Sur un calepin à spirale, il note avec un crayon *copiatif* qu'il garde derrière l'oreille et qu'il humecte continuellement sur sa langue avant d'écrire, les suggestions qu'elle lui propose.

Titine s'est décidée finalement pour quatre paires. Une en vernis couleur vanille rehaussée d'une piqure décorative. Deux autres paires, un modèle sandale, bride à l'arrière, bleu marine et blanc à talons avec un nœud sur le devant. L'autre du même style en vernis blanc cassé agrémentée d'une barrette sur le côté. La quatrième, une paire en lézard très classique ornée tout autour d'un fin perforage.

Le marché conclu, Chehata lui serre la main et promet que la commande sera prête dans les quinze jours à venir. Mira ne doute pas un seul instant qu'elle ira rejoindre la montagne de chaussures encore neuves que Titine possède déjà au fond de l'armoire.

Elles sortent de la boutique du cordonnier. Titine prend sa fille par le bras. Elle est heureuse, elle sourit. Elle est ravie de ses achats. Mira boude. Elle fait la tête. Elle pense au mort et appréhende le retour à la maison.

Comme promis, elles se dirigent vers le petit café grec qui sert les meilleures et probablement les plus succulentes boghatchas d'Alexandrie. Comment Titine a-t-elle su dénicher ce petit endroit perdu dans un dédale de ruelles ?
En entrant dans l'établissement, Haralambos, le propriétaire du café, les reconnait immédiatement et vient leur serrer la main chaleureusement. C'est un petit homme moustachu, les cheveux poivre et sel, légèrement ondulés et une mèche qu'il rejette constamment en arrière avec un geste de la tête. Titine lui adresse quelques mots de courtoisie en grec et mère et fille vont s'installer à une table au fond de la salle.
Elles commandent deux portions de boghatchas, une au fromage, une à la crème, un café, le troisième de la matinée pour Titine et une bouteille de Sinalco pour Mira.
Mira ne dit rien - sa mère non plus. Elles anticipent l'arrivée des pâtisseries qui vont atterrir devant elles d'un instant à l'autre et qui déjà leur met l'eau à la bouche.
Titine a caressé la main que Mira a posée sur la table. Surprise, la fillette manque de la retirer tellement elle est étonnée par ce geste d'affection subite. Ce n'est pas dans ses habitudes. Quand la main de sa mère s'approche d'elle, c'est souvent pour lui flanquer une claque. Qu'est-ce qui a bien pu provoquer ce comportement inattendu ?
Les assiettes sont arrivées toutes chaudes contenant chacune un morceau de pâte feuilletée croustillante enrobant la crème onctueuse, à peine sortie du four et coupée en neuf petits carrés égaux, le tout saupoudré de sucre en poudre. Elles les disposent entre elles et fourchettes en main se mettent à attaquer les morceaux. Les pâtisseries s'avèrent délicieuses. Elles les ont dévorées en un clin d'œil.

– C'est tellement bon. Ça fond dans la bouche. Tu ne trouves pas ?
Mira hoche la tête en signe d'assentiment.
– On commande une autre portion ? Dit Titine
– Une chacune ?
– Mais bien sûr, une chacune, qu'est-ce que tu crois ? Le chiffre neuf n'est pas divisible par deux - on se disputerait pour le dernier morceau.

C'était dans des moments pareils que Mira ne reconnaissait pas sa maman. Elle redevenait la gamine espiègle qu'elle avait été dans sa jeunesse, riant aux éclats pour des bêtises ou racontant à sa fille d'anciennes blagues comme du genre « Avez-vous vu les Dardanelles ? Non, nous n'avons pas eu cet honneur, on ne nous les a jamais présentés » ou une autre encore entendue dans un dialogue de sourds « Tu as lu La vie de Schumann ? David Schumann ? Je ne savais pas qu'il était Juif ! »
Titine était heureuse dans ce local. Mira imaginait qu'elle avait dû venir plusieurs fois auparavant. Le patron semblait bien la connaitre.
Elle avait voulu savoir comment sa mère était tombée sur ce petit café et Titine lui avait répondu que son père avait travaillé à la Land Bank à la rue Toussoum et qu'elle était souvent venue déjeuner avec lui. Mais elle ne lui avait jamais rien dit de plus.
N'empêche que Titine dans un moment d'épanchement, avait fait part à sa fille du merveilleux voyage qu'elle avait entrepris dans sa jeunesse avec son père et sa sœur quand tous les trois étaient partis faire le grand tour d'Italie et de Grèce. Acher avait voulu revoir une dernière fois Salonique. Revoir la terre de ses aïeux, le pays où il était né et la ville où il avait passé une grande partie de sa jeunesse.
Elle lui avait aussi raconté l'incendie catastrophique de 1917 qui avait ravagé un tiers de la cité portuaire ainsi que beaucoup de quartiers juifs. Un vent violent, le Vardar, qui soufflait le long de la vallée du fleuve avait aidé l'incendie à se propager. L'imprimerie où travaillait Acher,

ne pouvant plus republier et ajouté à l'ampleur de la destruction de la ville, il n'était plus question pour eux de continuer à vivre à Salonique. Ils partirent s'installer à Smyrne. Quelques années plus tard, après la fin de la Grande Guerre, ils décidèrent de prendre la route de l'exil pour l'Égypte.

Mais Titine parlait rarement de cet épisode de son passé. Elle l'avait enfoui au plus profond de sa mémoire. Cette porte était maintenant complètement barrée.

Après la mort subite de son frère Charles, décédé au début des années trente dans des circonstances tragiques, elle avait refermé ce chapitre de sa vie à jamais.

Charles était retourné quelques jours auparavant de son voyage de noces avec sa jeune épouse. Ils étaient tous les deux tombés follement amoureux du Liban. Ils racontaient sans cesse leur fabuleux voyage. Les temples de Baalbek, Héliopolis, la cité du soleil, les ruines des Phéniciens, les visites à Zahlé, Aley, Chtaura. Les forêts luxuriantes de cèdres. Ce beau pays verdoyant avec la mer d'un côté et la montagne de l'autre.

Et puis tout s'était déroulé très vite. Ce soir-là Charles avait eu un violent mal de tête. Il était rentré se coucher plus tôt que d'habitude. Le jeune couple occupait la chambre au fond du couloir dans l'appartement familial. En plein milieu de la nuit Titine avait été réveillée par des bruits insolites venant de l'extérieur. Elle était sortie de sa chambre pour trouver sa nouvelle belle-sœur, échevelée, affolée, courant dans tous les sens, essayant de réveiller un membre de la famille. Charles avait eu un malaise. Il se plaignait de violentes douleurs à la poitrine. Immédiatement Titine réveilla ses parents. On pensa tout d'abord à une forte indigestion. Néanmoins ils lui donnèrent quelques gouttes de Coramine, un stimulant cardiovasculaire. De suite on envoya Titine jusqu'à la Corniche pour aller chercher le médecin. Mais en vain. Charles était déjà mort. Il avait succombé à un infarctus du myocarde. À l'instant où la vie s'était arrêtée pour Charles, elle s'était aussi arrêtée pour Titine. Jamais plus elle ne reverrait ses parents heureux. Sa mère devint aveugle à force de pleurer la perte de son fils unique. Acher partait tous les matins pour la banque et ne revenait que tard dans la soirée. On ne riait plus, on ne sortait plus. Titine avait seize ans. Elle ne jouait plus du piano. Elle avait rabattu le couvercle à jamais. On ne voulait plus entendre de musique à la maison. Au retour de l'école, elle passait les après-midis à aider sa mère dans l'appartement triste et silencieux pour ensuite s'enfermer dans la lecture. Elle lisait et relisait tout ce qui lui passait sous la main.

Aussi ils ne recevaient plus personne chez eux. Les gens étaient malveillants et racontaient des tas de méchancetés. Charles souffrait-il d'une maladie de cœur ? Lui avait-on administré trop de Coramine ce soir-là ? Le voyage l'avait-il fatigué ? Le fait était que Charles ne souffrait de rien. C'était un jeune homme en bonne santé, sportif et costaud. Après tout, il n'avait que vingt-six ans.

Titine et Mira quittent le café et continuent leurs emplettes. Elles se sont arrêtées chez Philipidès, le cordonnier pour enfants. Mira a besoin d'une nouvelle paire de chaussures. Elles trouvent Monsieur Philipidès en personne assis devant la caisse. Le nez chaussé de petites lunettes rondes, il est en train de vérifier des chiffres dans un grand livre de comptes. Il lève la tête en les voyant entrer.

– Bonjour ! Comment allez-vous Madame et vous Mademoiselle ? Venez vite voir ce que nous venons d'installer. La toute dernière nouveauté. Venez que je vous montre.

Intriguées, Titine et Mira le suivent au fond de la boutique. Ils s'arrêtent devant une énorme boite rectangulaire en métal, vitrée à la surface.

– Qu'est-ce que c'est ? Demande Titine étonnée.

– Une machine à rayons X. C'est très simple. Chaque fois que l'enfant essaye une chaussure, il met son pied dans la machine et on peut voir exactement la forme du pied. Ainsi on détermine si la taille est exacte. C'est révolutionnaire, nous sommes les seuls à l'avoir en ville.

Mira essaye plusieurs paires et fait autant de photographies dans la machine à rayons X. À travers la vitre elle peut voir le contour de son métatarse. C'est incroyable. Elle a fini par choisir une paire en cuir marron à lacets.

Au Salon Vert, Titine achète quelques coupons qui sont en rabais. Elle pense les donner à Madame Castro la couturière. L'employé de la draperie profite pour lui montrer les nouveaux arrivages. Elle se laisse tenter par une superbe soie imprimée de Côme. Le vendeur lui propose de la lui montrer à la lumière du jour. Il pose le rouleau de tissu contre son épaule et Titine le suit vers l'entrée du magasin. Mais elle est indécise sur la couleur et décide de remettre tout ça à une autre fois. Elle repassera la semaine prochaine. Elle lui demande quand même de lui couper un échantillon.

Sorties de la draperie, elles traversent la rue et poussent la porte de la mercerie tenue par une famille arménienne. Sur les étagères des dizaines de petites boites rectangulaires en carton d'un blanc passé intriguent toujours Mira. Elles sont empilées les unes sur les autres contenant des boutons de toutes les tailles, de tous les genres et de toutes les couleurs. Sur le devant de chaque boite est cousu un spécimen. Elle voudrait les ouvrir toutes et renverser leur contenu sur le comptoir. Ça ferait une montagne de boutons !

Artine est le vendeur qui s'occupe du rayon – c'est le fils d'Hagop, le patron qui lui est assis à la caisse. Mira l'observe depuis qu'elle est entrée dans la boutique. Il court d'un comptoir à l'autre pour servir les clientes qui attendent. Il se déplace à une telle rapidité à travers le magasin qu'il semble glisser sur le parquet ciré à l'encaustique. Il a baissé les yeux pour regarder à travers les lunettes qui sont posées sur le bout de son nez. Il déroule du ruban, coupe une longueur de lacet, mesure sur la table gradée trois mètres de gros-grain, deux mètres de broderie anglaise, cinquante centimètres d'élastique. Il compte des petits boutons en nacre deux par deux, les prend dans le creux de la main et ensuite les glisse dans un petit sac en papier.

Il est arrivé pour s'occuper de Titine. Elle lui donne un morceau de tissu en soie pour confectionner une demi-douzaine de boutons. Il marque l'étoffe à la craie de tailleur. Ensuite avec une dextérité à toute épreuve, il coupe six petits morceaux égaux à l'aide d'une énorme paire de ciseaux qu'il tient dans la main droite et place le tout sur le comptoir. Un à un il enfonce les carrés de soierie dans le trou de la presse, ajoute une capsule en métal et active le levier de façon à tasser le tout fortement. À chaque fois, un bouton tout neuf jaillit.

Titine profite pour acheter trois fermetures Éclair, deux douzaines de *tic-tac*, deux bobines de fil à coudre et des agrafes en métal noir.

Rue Fouad mère et fille entrent chez Bamco. Titine farfouille dans le rayon vêtements et choisit pour Mira une robe bleu marine à taille basse avec des plis creux tout autour et un grand col marin dans le dos qui se termine par un ruban de gros-grain sur le devant. Un modèle pour une gamine de dix ans. Mira déteste ce genre de vêtement, mais Titine insiste et veut absolument qu'elle l'essaye. Mira s'entête, s'énerve. Elle ne veut pas de cette robe. Mais pourquoi sa mère veut continuellement l'habiller à la Shirley Temple ? Elle n'est pas ce genre de petite fille modèle.

Mira en a assez. Son mal de tête lui est retourné au galop. Si seulement elle pouvait trouver un cachet d'Aspro quelque part ?

Elle a fini par accepter d'acheter la robe rien que pour sortir du magasin et retourner rue Zananiri. Dehors sur le trottoir le soleil a atteint son zénith. Il est si fort qu'il lui brule les épaules. Une lumière aveuglante lui fait mal aux yeux. Il n'y a pas un brin d'ombre nulle part pour se protéger. Le goudron de la chaussée commence à fondre sous la chaleur

Sur la rue Nebi Daniel, Titine s'est arrêtée un moment chez Jacques des Bas. L'employé est en train de baisser la tôle métallique. Elle le suplie de retourner dans la boutique pour lui vendre deux paires de bas Kayser. Adossée contre un mur, Mira attend sa mère à l'extérieur. La marche des trompettes de l'Aida diffusé par la Radio du Caire arrive par une fenêtre laissée grande ouverte. Il est une heure tapante – l'heure des nouvelles.

Elles s'empressent de rejoindre la gare de Ramleh. C'est l'heure de pointe. « *L'heure des coups de poings* » comme dit Titine. Une foule énorme attend l'arrivée du tram. Elle se presse sur la plate-forme. Elle se bouscule, se pousse, se marche sur les pieds. Chacun est impatient de rentrer chez lui pour déjeuner. Un vendeur de journaux passe à travers la cohue. « *Tachydromos ! Akhbar el yom ! Progrès !* » Il fait chaud. L'atmosphère est lourde et oppressante.
Finalement le tram est là. Une pagaille monstre essaye d'accéder au marchepied. Titine et Mira finissent par monter en première classe où par miracle elles trouvent deux places assises.
Le receveur tire le cordon de la sonnette et le wagon bondé de monde s'ébranle lourdement. La foule s'est écrasée à l'intérieur. Toutes les fenêtres sont baissées mais il n'y a pas un brin d'air - on suffoque. Certains s'éventent avec le journal plié en quatre qu'ils viennent d'acheter au marchand. Mira est silencieuse. Elle somnole. Elle a collé son front douloureux à la vitre pour le rafraichir. Elle s'imagine tenant en main l'énorme paire de ciseaux d'Artine, l'Arménien de la mercerie. Elle se voit en train de couper la robe de chez Bamco en mille petits morceaux. Elle

ne la mettra jamais. L'envie de vomir lui est revenue. Et si elle vomissait sur la robe ? Le sac de chez Bamco est là juste à ses pieds ...

Comme elles se rapprochent de leur destination elle se met à repenser au mort de ce matin.
Sous une chaleur accablante, elles se sont engagées dans la rue Zananiri. À présent le soleil darde ses rayons brulants sur la ville. Pas un souffle. On étouffe. L'air tremblote devant elles au-dessus du sol. La chaussée est bleue avec un aspect miroitant.

Non, ce n'est pas un mirage qu'elles aperçoivent de loin. Un jeune homme hagard, échevelé, zigzagant sur le bord du trottoir se dirige vers elles à une vive allure. Dans un instant s'il ne s'arrête pas, elles vont entrer en collision avec lui. Titine le reconnait immédiatement - c'est le locataire du troisième.
– Madame, ma chère madame Lévy ! Avez-vous appris la nouvelle, l'affreuse nouvelle ? Imaginez le drame qui nous frappe. Une catastrophe vient de s'abattre sur notre famille. Mon frère est mort ! C'est une calamité ! Il a été assassiné ! Des crapules l'ont tué ! Ils l'ont coupé en morceaux et jeté son corps dans le canal Mahmoudieh.
Titine et Mira, paralysées sur le trottoir brulant, reçoivent en pleine figure l'effroyable nouvelle. Elles fixent le visage du pauvre diable ruisselant de transpiration, hébété par la douleur. Mira sent que sa tête va éclater. Elle s'agrippe au bras de sa mère pour ne pas chanceler.
– Calme-toi. Explique-moi exactement ce qui s'est passé ?
– Ma mère va mourir de chagrin madame. Au début on ne trouvait pas mon frère. Il n'allait plus à son bureau. Nous l'avons cherché partout pendant plus de trois jours. Plus tard nous avons compris que tout espoir de le retrouver était perdu. Nous savions qu'il sortait avec une jeune Égyptienne. On lui

avait dit que ce n'était pas très recommandé. Et voilà ! Ses frères l'ont assassiné. Ils ont mis son corps en morceaux dans un sac de jute avec des carrés de savon Sunlight et ensuite ils l'ont jeté dans le canal Mahmoudieh. Quand tout a fondu, le corps est remonté à la surface et c'est comme ça que la police l'a retrouvé.
Le pauvre homme est désespéré, anéanti. Il ressemble à une épave sous le soleil intense. Ils continuent le restant du chemin ensemble et le laissent sur le pas de la porte pendant qu'il parle au portier.

Mira est malade. C'est bien pire que ce qu'elle aurait pu imaginer - un meurtre pareil si près de chez elle. Pendant des jours et des nuits elle va revivre le cauchemar en imaginant la flaque de mousse blanche que le savon a dû laisser à la surface de l'eau.

ALAIN

Le téléphone a sonné dans l'appartement. Mira est assise devant sa table de travail. Penchée sur son cahier de géométrie, elle est en train de tracer avec un stylo portemine un triangle isocèle. Tout à l'heure elle repassera sur le pourtour avec l'encre de Chine.
Elle entend la bonne crier de l'entrée
– *Mira talafonne.*
Abandonnant pour un instant ses devoirs, elle est sortie de la chambre pour aller prendre l'appel.
– Mira, c'est Alain. Tu n'es pas toujours fâchée, j'espère ?
– Mais non. Bien sûr que non !

– Alors écoute. J'ai deux grandes faveurs à te demander.
– Vas-y je t'écoute.
– Quand le vendeur de *krafens* (beignets) passera cet aprèm, je t'en prie ne lui achète pas tout le plateau, laisse quelques uns pour nous.
– Mais je te jure que ça n'a rien à voir avec moi, je te l'ai déjà dit. J'ai essayé de t'expliquer mais tu ne m'écoutes pas. Tu es bouché ou quoi ? Ce n'est pas moi qui les lui achète tous. Pour qui me prends-tu ? Pour un ogre ! Le type a d'autres clients sur sa route. C'est très simple. Jusqu'à ce qu'il arrive chez toi, il ne lui en reste plus.
– Tu lui as dit pour moi, j'espère.
– Mais saperlipopette, tu es toqué ! Je t'explique une fois pour toutes. JE LE LUI AI DIT ! Je lui ai donné ton adresse et je lui ai demandé de garder quelques uns pour toi. C'est tout ce que je peux faire. Mais une fois qu'il a tout vendu, il rentre chez lui. Ça va de soi, tu ne penses pas !
– Bon ! J'ai compris. Message reçu ! Au fond tu as peut-être raison. Je vais essayer de m'arranger autrement. Merci quand même.
– Et l'autre ?
– Quelle autre ?
– L'autre faveur.
– Ah ! Où ai-je la tête ? Des fois je me demande à quoi je pense ?
– À ton estomac probablement, espèce de goinfre ! Tu commences à m'agacer avec tes krafens. Déménage ou cours à la pâtisserie t'en acheter.
– Écoute, l'autre faveur est que j'ai un copain que je voudrais te présenter.
– Ah non merci ! Pas de copain ! Ça m'a suffit le petit gros du Caire tout gonflé de son importance que tu nous as amené au cinéma l'autre jour. Rien que cinq minutes après que le film ait commencé, cet abruti a essayé de mettre sa main sous ma jupe.

Merci non ! Cette fois-ci, je passe.

– Je regrette vraiment pour ce qui t'est arrivé. Mais qu'est-ce que tu veux, tu lui plaisais.

– Sans blagues ! Qu'est-ce qu'il a cru cet imbécile que c'est la débauche ici, que les Alexandrines sont des filles faciles ! C'est ça je lui plais et il commence sous ma jupe ! Mais quel crétin !

– Non, arrête. Allez, oublions cette histoire. Celui-là c'est un type très bien. Tu verras. Ce n'est pas un petit gros, c'est un grand maigre. D'ailleurs il parle l'anglais à la perfection.

– Et alors ? Il peut parler le russe pendant qu'il y est, je m'en contrebalance !

– Attends un instant, laisse-moi finir. Demain je vais l'amener chez Ahmad en bas de chez toi. Nous allons louer des bicyclettes et j'ai pensé que tu aimerais te joindre à nous et comme ça tu pourras faire sa connaissance. Je te sonne quand nous serons là.

– Sonne toujours ! Je ne sais pas si j'y serai.

Mira connaissait Alain depuis des éternités. C'était le cousin de sa voisine Terry. Petits, ils se voyaient régulièrement presque tous les après-midis. Avec la ribambelle de frères et sœurs, cousins et cousines, ils jouaient tous ensemble. Alain, étant le plus âgé se prenait pour le caïd de la bande. Il décidait de tout. « Nous allons jouer hôpital aujourd'hui (et tous les autres jours d'ailleurs). Moi je serai le grand médecin et vous, vous ferez exactement ce que je vous dis. » Il demandait à Mira d'apporter avec elle sa trousse de compas, ensuite il les obligeait tous à baisser la culotte et paf ! Avec un tire-ligne en acier, il leur faisait une soi-disant piqure que les petits acceptaient de bon gré sans broncher. Ils avaient l'air d'aimer ça.

Souvent les parents de Terry sortaient en enfermant leurs enfants à clé dans l'appartement. Ils habitaient le rez-de-chaussée et n'avaient pas de bonne. Quand Alain et Mira arrivaient, ils montaient sur un tabouret qu'ils empruntaient au vendeur de Coca-Cola pour escalader la fenêtre de la cuisine et jouer avec ceux qui étaient enfermés à l'intérieur.

Alain était un vrai garnement. Mais Mira l'aimait bien, il la faisait rire. Ils s'entendaient à merveille. Ensemble ils formaient un duo redoutable. Alain avait souvent recours à des combines un peu louches. Il arrivait parfois avec des billets de cinéma considérablement réduits mais valables uniquement pour la première rangée – on avait l'écran sur la tête. À la sortie, ils avaient tous un torticolis.

Il s'arrangeait pour obtenir de superbes agates en verre introuvables sur le marché. Souvent il obtenait des livres de Tintin neufs au quart du prix qu'on les trouvait en librairie.

Dernièrement il avait voulu vendre une machine à coudre « Singer » à Madame Castro la couturière mais elle n'en voulait pas.

– Je n'en ai pas besoin habibi, je pique toute la journée avec la Pfaff. Elle est formidable, c'est du tonnerre comme machine, marque allemande, toute neuve, comme du hadid *(fer).*

– Mais Madame Castro celle-ci est en très bon état. C'est une machine anglaise. Vous serez très contente. Garantie à vie !

– Anglaise, française, arabe, à vie ou à mort, je ne veux pas de machine que je te dis. Fiche-moi la paix. Laisse-moi à présent !

– Je vais vous faire un bon prix rien que pour vous mais ne le dites à personne.

– Mais je te dis non, non et non. Oultellak la'a; falaëteni ! (J'en ai assez).

Elle s'était énervée ce jour-là et le menaçait d'en parler à ses parents.

Mira s'est penchée sur le balcon. Elle observe Alain et le grand maigre en train de discuter avec Ahmad. Il la voit et lui fait signe de descendre.

– Mira, je te présente Robert, un ami. Robert, Mira, une amie.

Robert est grand de taille en effet, l'air un peu dégingandé. Il a des yeux gris-vert, des cheveux châtains, un peu longs, coiffés en arrière, un semblant de duvet sous le nez. Il porte un pantalon havane et une chemise blanche dont il a retroussé les manches.

Elle le regarde et décide qu'il a probablement la physionomie flegmatique d'un Anglais !
– Vous allez prendre des vélos ? Elle demande
– Non, nous comptons louer des Vespas et faire une randonnée du côté de Nouzha. Ça te dirait de te joindre à nous ? Ce sera sympa rien que pour une heure.
– D'accord, mais je dois d'abord demander la permission à mes parents. Attendez-moi. Je reviens dans un instant.

Mira court en haut. En quelques instants elle a déballé le contenu de l'armoire sur le lit. Trois fois elle a changé de vêtements avant de se décider finalement pour une jupe plissée à carreaux écossais, un chemisier vert pistache, un tricot couleur crème qu'elle noue autour du cou et des espadrilles Bata. Avant de claquer la porte, elle informe la bonne qu'elle ne va pas tarder. Elle sort voir une amie au bout de la rue.
Aux garçons, elle leur a dit qu'elle demandera la permission à ses parents - elle ne veut pas passer pour une délurée qui n'en fait qu'à sa tête. Mais en réalité il n'y a personne à qui demander quoique ce soit. Son père est à son bureau et sa mère est déjà descendue en ville de bonne heure.
Du reste, même si elle aurait pu leur demander la permission d'aller en Vespa, ils auraient refusé d'office. Henri aurait dit « Titine chérie, tu t'en occupes » et sa mère aurait crié qu'il était hors de question qu'elle monte sur un scooter. C'est trop dangereux – un accident est vite arrivé ! Et puis seule avec un garçon au fin fond du diable. Et quoi encore, il ne manquerait plus que ça.

Mira était déjà montée sur une Vespa des dizaines de fois auparavant quand elle sortait avec Alex. Combien elle raffolait de cette sensation de liberté, le vent grisant de la mer de plein fouet sur son visage, les cheveux en pagaille, insouciante, agrippée à lui, les bras autour de son corps. Elle ne le lâchait pas. Ils éclataient de rire. Alex roulait à vive allure. Il lui criait « Accroche-toi bien fort ma poupette ! Je t'emmène à l'aventure. On va s'évader tous les deux jusqu'au bout du monde. »

Redescendue sur terre quelques instants plus tard, elle observe les deux garçons, l'air penaud, qui l'attendent. Sans hésiter, elle choisit de monter derrière Alain. Elle ne connait rien de l'autre – il n'est pas question de partir avec lui. Et puis, qu'est-ce qu'elle peut bien avoir à lui dire – en anglais surtout !
Vroom! vroom ! Les scooters pétaradent et démarrent. Ils sont en route. Pour commencer, Alain roule lentement. Le grand maigre n'a pas l'air d'avoir beaucoup d'expérience. Il semble patauger avec les manœuvres.
– Dis-moi Alain ? Ton gringalet de copain, le grand maigre, c'est la première fois qu'il sort en Vespa ou c'est un *khaouaffe* ? (Trouillard)
– Tu es insupportable. Donne-lui une chance à ce malheureux. Tu t'es liguée contre lui depuis le début. Tu comptes me punir jusqu'à quand pour le petit gros du Caire ?
Mira se retourne de temps en temps pour s'assurer que le grand maigre les suit. Il ne les suit plus. Immédiatement Alain fait demi-tour. Au passage à niveau de Cléopatra, juste devant la rue Akaba, ils aperçoivent le grand maigre en train d'essayer de redémarrer mais le moteur cale à chaque fois. Il est là coincé en plein milieu de la voie ferrée. Alain lui crie « Sors des rails, espèce de … tu démarreras plus loin. Tu as inondé le moteur de *benzine*. Pour le moment tire la Vespa hors du passage, on verra après. » Deux badauds s'approchent pour voir de quoi il s'agit et lui donnent un coup de main. Mira se demande « Mais quel abruti ce type ! Le dernier des derniers. D'où sort-il cet énergumène ? Encore un instant et le tramway risque de lui passer dessus comme un rouleau compresseur ! »
Ils ont finalement dégagé la Vespa et se dirigent à l'endroit où se

trouve Mira. Elle remarque que le grand maigre a le visage empourpré. Il regarde un peu embarrassé cette jeune fille qui doit le prendre probablement pour un débile.
On repart. Ils traversent la rue d'Aboukir et passent sous le pont pour entrer dans la cité Smouha. Ils filent bon train à présent. Mira ne jette plus de regard en arrière. Le grand maigre semble bien tenir la route. Ils longent le Smouha Club jusqu'au Canal Mahmoudieh pour ensuite tourner à droite vers les jardins Antoniadés et le parc du Nouzha.
– Il sait nager au moins l'Anglais ? Parce qu'ici nous longeons le canal. *I will not jump after him.*
– Mais en fin de compte Mira, tu la fermes oui ou non ?

Au fond elle n'aurait pas dû être si cruelle à propos du grand maigre. Elle-même était une fois tombée à la renverse dans le canal. Avec ses parents et des amis ils visitaient une ezba. Un chien galeux qui semblait n'appartenir à personne était venu vers elle. Elle prit peur et fit quelques pas en arrière. L'instant d'après, on la retirait du fond. Titine était furieuse. Devant la robe ruinée, une gifle mirobolante avait claqué – comme si Mira l'avait fait exprès. Ce jour-là elle aurait souhaité s'être noyée que de subir l'humiliation devant tout le monde. Elle se disait que Titine craignait plus pour les vêtements que pour la vie de sa fille.

Devant l'entrée des jardins, ils ont arrêté les scooters sur le bord du trottoir et courent se jeter à plat ventre sur le gazon.
– Ça vous dirait la plage demain ? J'ai une cabine à Sidi Bichre numéro 2. Je pourrais passer vous prendre en voiture. Propose Robert
– Tu sais conduire ? Lui demande Alain surpris.
– Non, pas encore, mais j'ai un chauffeur.
Mira hésite et puis avec un pur accent « british »
– *I have to speak to my parents. We go out on Sunday.*

Robert sourit et la regarde avec étonnement en se demandant pourquoi elle s'adresse à lui en anglais. Alain de son côté la foudroie du regard.
Vite, elle se reprend
— Je veux dire que d'habitude le dimanche après l'école mes parents m'emmènent au restaurant avec leurs amis.
— Tu vas en classe le dimanche ?
— Oui je suis au Lycée Juif. Nous avons classe tous les jours sauf le samedi et le premier dimanche du mois qui justement tombe demain.
— Et toi Alain tu penses être libre demain ?
— Oui pour moi ça va, pas de problème.
— Mira donne-moi ton numéro de téléphone et je t'appelle ce soir.

Robert l'a appelée dans la soirée et Mira lui a fait savoir que c'est impossible, elle ne viendra pas. Avec ses parents et des amis, ils iront déjeuner le lendemain au Desert Home à Ikingi Mariout et l'après midi, ils comptent aller visiter une citerne romaine à Abousir dans la villa de Monsieur Benguigui, un ami à son père.
— À propos est-ce que par hasard tu connais Véra Pinto ?
— Véra Pinto ? Oui je la connais, elle est dans ma classe. Pourquoi ?
— Non rien, simplement elle a la cabine à côté de chez nous et je me rappelle qu'elle m'a dit fréquenter le Lycée de l'Union Juive.
Donc il connait Véra Pinto – cette prétentieuse imbécile ! Cette grande bringue maigrichonne avec des robes tellement moches qu'elles semblent avoir été achetées au *Souk el Kanto* (marché populaire) et des longs cheveux roussâtres continuellement en désordre, qu'elle ramasse derrière la tête avec un lacet de chaussure. Tiens, tiens, tiens, elle en apprend des choses !

Dans tous les cas, elle décide qu'elle s'en fout de Robert, il ne l'intéresse pas vraiment. Elle ne veut plus le revoir. Bien qu'une petite voix à l'intérieur lui dit que ce n'est pas vrai - elle veut le revoir. En fait, elle ne sait plus ce qu'elle veut. Elle regrette quand même de lui avoir donné son numéro de téléphone. Car maintenant elle va se mettre à attendre son appel – ce qu'elle ne veut pas ! Elle ne compte pas passer son temps à regarder cet objet noir en bakélite et à se demander pourquoi il ne sonne pas.

Le lundi, en rentrant de classe, immédiatement après déjeuner, elle appelle Alain.
– Salut ma belle, quoi de neuf ?
– Alors, Sidi Bichre, comment c'était ?
– Sensass ! Quelle belle plage ! Le paradis sur mer ! Il n'y avait pas beaucoup de monde – bien sûr la saison n'a pas encore commencé. Mais nous nous sommes baignés quand même - les vagues étaient splendides. Elles déferlaient sur la plage comme des bolides. À propos du grand maigre, peut-être qu'il n'est pas expert en Vespa, mais c'est un sacré nageur. Il a un de ces *crawls* ! Il nage comme un poisson.
– Bravo ! Tu t'es donc baigné avec le poisson et la sirène des mers ?
– Qui ?
– La Pinto !
– Comment tu sais ?
– Je sais. Et ?
– Et rien. Simplement des voisins de cabine.
– Simplement ?
– Écoute ! Elle et Robert ont nagé jusqu'au radeau et moi j'ai préféré rester près du rivage à prendre les vagues. Nous nous sommes séchés au soleil sur le sable et ensuite on est allé faire une balade jusqu'au « Trou du Diable ». . La mer était tellement agitée à cet endroit qu'on arrivait à peine à s'entendre. Les vagues se brisaient contre les rochers dans un fracas assourdissant. Mira, est-ce que je détecte un brin de jalousie ?

– Et ta sœur !
– Elle n'était pas invitée, mais toi tu étais – tu n'avais qu'à venir.
À l'école, les filles se chuchotent entre elles que cette grande fadasse rousse de Véra Pinto avec un million de taches de rousseur sur le visage a un nouveau petit ami. Un certain Albert ou Robert qui semble fréquenter une école anglaise. Mais on n'est pas très sûr car aucune ne connait ce type. Mira ne dit rien. Motus et bouche cousue.
Elle se console en se disant que même si elle avait accepté l'invitation de dimanche passé, rien n'aurait changé. Tant pis ! Elle va oublier tout ça et décide de se concentrer plutôt sur les examens de fin d'année. Elle a encore une pile de révisions à faire. Elle ne veut pas avoir à suivre des cours de rattrapage pendant tout l'été et sa mère sur le dos !
N'empêche que Robert n'est pas prêt de sortir de sa vie aussi rapidement qu'il en est entré.

*

Mira est descendue chez Aziz pour lui passer un savon. Aucune de ses robes n'a été livrée cette semaine. Elle prévoit un été orageux entre elle et le repasseur - ça va barder !
En passant devant la boutique de location de bicyclettes, elle est étonnée de trouver Robert en train de bavarder avec Ahmad.
– Mais quelle surprise Mira ? Ce n'est pas moi que tu cherches j'espère ?
– Non, je ne savais même pas que tu étais là. Je suis simplement descendue massacrer le repasseur. Tu as oublié que j'habite l'immeuble à côté ? Toi, qu'est-ce que tu fais là ?
– J'attends Alain depuis plus d'une demi-heure, et je crois qu'il m'a posé un lapin.
– Ça ne m'étonne pas de lui. Viens, on monte chez moi, tu pourras lui téléphoner.

– OK. Mais je ne voudrais pas déranger tes parents.
– Tu ne les déranges pas. Ils ne sont jamais là. En général ils ne rentrent que très tard rien que pour dormir. Et encore ! Des fois ils ne rentrent pas du tout ! Je vis seule avec la bonne dans l'appartement !
Robert la regarde avec étonnement.
– Je dis ça simplement pour te faire rire !
Elle l'installe à l'entrée dans un des fauteuils en cuir, lui flanque le téléphone sur les genoux et court à la cuisine chercher deux bouteilles de Coca-Cola dans le *Frigidaire*. La bonne est sortie. Elle réalise qu'ils sont seuls.
Chez Alain on ne répond pas. Mira imagine le téléphone en train de sonner dans l'appartement désert. Mais où est-il passé ce détraqué ?
Robert boit au goulot une gorgée du liquide glacé qui lui picote un instant les narines. Il a reposé lentement la bouteille sur la table en miroir.
– Alors, la citerne romaine, comment c'était ?
– La citerne ? Incroyable ! Vingt siècles d'histoire ! Elle est toute construite en argile rose et c'est comme une énorme piscine voutée avec des colonnes tout autour. Nous sommes descendus à l'intérieur par des escaliers en pierre. L'atmosphère était surréelle, il y avait comme un écho dans l'air. Il parait qu'elle aurait pu contenir plus de 150,000 litres d'eau.
– Inimaginable ce que les Romains nous ont laissé comme vestiges.
Robert a repris une gorgée du liquide glacé.
– Ça te dirait d'aller au ciné cet après. Si on se dépêche, on pourra être à temps pour la séance de six heures. On donne un très bon film français au Rio, Le Rouge et le Noir avec Gérard Philippe. Tu dois connaitre, le roman de Stendhal !
Robert a prononcé cette phrase d'un trait à la vitesse d'un météore comme s'il l'a mémorisée pendant longtemps. Mira le

regarde d'un œil perplexe. Elle sait très bien qui est Stendhal, mais lui qu'est-ce qu'il en sait ? Il arrive à peine à se débrouiller dans la langue française. Et d'ailleurs on n'enseigne pas ce genre de littérature dans les écoles anglaises. Racine, Corneille, à la rigueur mais pas Stendhal. Elle ne pense pas qu'il soit capable de saisir les trois premières lignes des mésaventures de Julien Sorel.

Elle flaire un coup monté entre les deux garçons. Alain est surement de mèche avec Robert. Ils semblent avoir comploté toute cette histoire avec une main de maitre. Alain comptait l'appeler pour lui dire que Robert l'attendait en bas et qu'il ne pouvait pas le rejoindre. Ensuite Mira serait descendue lui donner le message. Et comme ça, Robert aurait profité pour l'inviter au cinéma.

Or elle est descendue trop tôt, pour aller chez le repasseur, bien avant de recevoir l'appel d'Alain. Ne la trouvant pas chez elle, il a dû comprendre qu'elle était déjà sortie. Il n'avait aucune intention de rejoindre son ami. L'autre allait l'attendre en vain.

Quant à l'invitation, Robert a tout arrangé à l'avance. Il a choisi un film français et ajouté Stendhal par-dessus pour éblouir Mira. Alain a dû l'aider. C'est un combinard, ce type, un véritable adepte à ce genre de truc.

– Je ne pense pas vraiment que je puisse aller au ciné. J'ai beaucoup à faire en ce moment. Je ne voudrais pas bâcler mes révisions et j'ai une dissertation sur Voltaire à terminer pour demain. Et puis les examens approchent.

– Je peux t'aider si tu veux. Je connais très bien Voltaire. Tu sais qu'il a écrit les « Lettres Philosophiques » en anglais avant de les rédiger en français. Nous les avons discutées en classe.

– Effectivement ! « Les Lettres Anglaises », il les a écrites à Londres. Il les avait en premier lieu adressées aux Anglais.

Mira est épatée devant ses connaissances de la littérature française. Elle a été méchante. Elle l'a jugé trop vite. Elle le

regrette.
– Et bien dis donc, tu en sais des choses !
– Alors dis-moi, la dissertation, de quoi s'agit-il ?
Mira se met à rire
– Quoi ? Tu veux m'aider avec la disserte ? Bon d'accord. Je ne demande pas mieux. Viens, je vais te montrer.
Robert l'a suivie dans sa chambre à coucher. Il s'est assis sur le lit pendant que Mira lui tourne le dos pour farfouiller dans son cartable. Un cahier dans les mains, elle se retourne et le regarde en souriant.
Mais Robert s'en fout de Voltaire et de toute sa descendance. Il voudrait attirer Mira sur le lit, la prendre dans ses bras, l'embrasser sur la bouche, la couvrir de baisers. Allonger son corps contre le sien. Il sent l'excitation monter en lui. Un frisson de plaisir lui parcourt le dos. Ses mains sont moites. C'est une chance qu'ils soient seuls dans l'appartement. Une chance à ne pas rater.
Il est sur le point de lui tendre la main pour l'amener vers lui. Mais au dernier moment il se ravise. Ce n'est pas une façon de se comporter. Elle pourrait lui en vouloir de profiter d'une situation délicate.
– Le sujet est le suivant.
Mira a ouvert son cahier de textes et se met à lire à haute voix
« *Les voyages sont une source infinie de richesse intellectuelle et morale. Commentez cette phrase de Voltaire : il est bon de voyager quelquefois ; cela étend les idées et rabat l'amour-propre.* »
– Zut ! C'est assez compliqué comme sujet.
– Exactement !
– Dommage !
– Oui, c'est bien dommage. Mais dis-moi, à propos de cinéma, tu sors bien avec une autre que je sache ?
– Mira, surtout ne va pas t'imaginer des trucs entre moi et Véra Pinto.

– Mais qui te parle de Véra Pinto ?
– Mais ...

Pour un moment elle a cru qu'il allait l'attirer sur le lit pour l'embrasser. Se jeter sur elle, l'étreindre dans ses bras. Il savait très bien qu'ils étaient seuls dans l'appartement.

Mais il doit être encore entiché de la rouquine et elle s'attend à ce qu'il lui débite les phrases habituelles. « Tu sais, elle est comme ma sœur; en fait, c'est une cousine éloignée; nous ne sommes que des copains; c'est ma voisine de cabine; ma mère m'a forcé... et patati et patata. »

– Mais je ne m'imagine rien, tu fais ce que tu veux.
– Écoute, c'est juste une copine de la plage.
– O.K. Si c'est ce que tu dis. Dans tous les cas on va laisser tomber le cinéma pour aujourd'hui. Ce sera pour une autre fois. Je vais maintenant te demander de me laisser continuer mes révisions. J'ai un travail fou. Je serai probablement encore là à bosser jusqu'à deux heures du matin.

Mais alors, s'il n'y a rien entre eux, qu'est-ce qu'il complote avec elle tous les jours sous le préau de la station. Elle n'est pas folle - elle les a vus. En sortant de l'école à une heure au moment de prendre le tram, elle a bien vu Véra Pinto poireauter sur le quai comme si elle attendait quelqu'un. Et à une ou deux reprises elle a aperçu Robert descendre du tram qui venait de Victoria et se diriger vers le préau. Se sont-ils donc donné rendez-vous ou est-ce simplement un stratagème de la part de Robert pour la rendre jalouse ?

ROBERT

Appuyée à la balustrade en pierre du balcon, Mira attend Robert. Il va passer la prendre tout à l'heure pour l'emmener au cinéma.
Elle a mis sa plus belle robe pour l'occasion. Un modèle en deux tons. Le corsage et la jupe confectionnés dans une cotonnade unie, couleur rose buvard et autour du vêtement, les deux volants superposés ainsi que les petites manches bouffantes toujours dans le même tissu rose mais avec des pois blancs.
Pendant plus d'une heure, elle est restée devant la glace, armée d'une brosse, sans pouvoir se décider de ce qu'elle compte faire avec ses cheveux. Les laisser tomber flou sur ses épaules, les relever sur la tête avec des petits peignes ou les ramasser en arrière sur la nuque avec une barrette ? Impossible de se décider.

Elle a fini par les attacher en queue de cheval avec un ruban de velours et elle a fait deux accroche-cœurs sur les tempes de chaque côté de son visage. Récemment dans un film, Doris Day arborait la même coiffure. Aux pieds elle porte des ballerines en vernis blanc et un sac assorti qu'elle a mis en bandoulière. Au fond d'un tiroir, elle a trouvé un petit foulard en soie rose qu'elle s'est attachée autour du cou.

Robert a téléphoné à l'improviste la veille pour lui demander si elle aimerait sortir avec lui. Cela fait bientôt plus de deux semaines qu'elle n'a pas eu de ses nouvelles. En fait depuis le fameux jour où elle lui a presque claqué la porte au nez.

Elle regrette à présent de s'être comportée comme une vraie petite pimbêche. Il faut qu'elle se décide une fois pour toutes. Après tout elle ne va pas passer l'été à effeuiller des marguerites ! Toujours est-il qu'elle se sent attirée par lui comme par un aimant. Elle meurt d'envie de le revoir, mais elle ne va l'admettre à personne. Elle se demande s'il ne l'a pas déjà oubliée. Et quand elle entend sa voix à l'autre bout du fil, son cœur fait un bond dans sa poitrine.

– Comment était Voltaire ?
– Ironique, sarcastique, brillant comme d'habitude.
– Et les examens ?
– Alors là, passables. J'attends impatiemment les résultats. Mais j'ai la trouille. Si j'échoue, pour de bon cette fois-ci ma mère va me zigouiller. J'ai déjà redoublé la quatrième l'année dernière.
– Ne t'en fais pas. Tout ira très bien, tu verras.
– Dans tous les cas, pour le moment, vive les vacances !
– Je t'ai appelé samedi dernier mais la bonne m'a dit que tu étais partie avec tes parents.
– En effet, nous sommes allés pour trois jours à Garbaniat pour la chasse.
– Quelle chasse ?
– La chasse à la gazelle. Mon père adore ça. Chaque année nous

passons quelques jours avec son ami Ibrahim Lama, le cinéaste chez des amis communs qui possèdent un pavillon en plein désert.
— Mais quoi, ils chassent des gazelles pour de vrai ?
— Oui bien sûr ! Tu sais, c'est une expérience terriblement excitante. Avant l'aube, ils partent en convoi de quatre à cinq Jeep avec des bédouins à bord car ceux-ci connaissent bien les pistes et savent éviter les obstacles. Et puis ils aident avec le transport du gibier. Parfois si nous sommes réveillés, ils nous emmènent avec eux.
— Et vous trouvez facilement des gazelles ?
— Plein. Elles sont souvent en groupe de six ou huit. Quand elles se sentent prises au piège, elles se mettent à courir à une vitesse infernale et tu sais, quand épuisées elles se retournent, on voit leurs yeux larmoyer dans le faisceau des phares.
— Malheureuses bêtes ! Mais c'est cruel tout ça !
Mira marque une pose. Elle n'aurait pas dû lui en parler. Il va les prendre pour des sanguinaires.
— À propos est-ce que je te dérange ?
— Pas du tout.
— Alors dis-moi un peu ce que tu fais ?
Je suis couchée sur mon lit en train d'imaginer les baisers fougueux que nous allons échanger tous les deux. Tes mains dans mes cheveux. Tes lèvres sur mes lèvres et ton corps contre le mien.
— Rien de spécial. Je lisais un roman.
— Lequel ?
— Non pas lequel « Laquelle ? »
— Je ne comprends pas. Tu te moques de moi ?
— Mais non ! Tu sais très bien que non ! Le roman s'appelle Laquelle ? C'est un roman de Delly. En deux parties. Laquelle ? et ensuite Orietta.
— Drôle de titre pour un roman. Au fait, as-tu jamais vu un film en trois dimensions ?

– Non. Pas que je me souvienne.
– Bon, écoute. On donne « *Kiss me Kate* » au Métro cette semaine. Ça te dirait qu'on aille le voir ensemble ? J'ai deux places pour la séance de demain à six heures.
– Demain ? Elle hésite une fraction de seconde et puis se ravise. Oui c'est possible, je veux bien.
– D'accord. Alors je passe te prendre en voiture vers quatre heures, comme ça on aura le temps d'aller faire un tour quelque part avant d'aller au ciné.

Une grosse voiture américaine rouge grenat vient de s'arrêter devant l'immeuble. C'est Robert. Il l'a vue et lui fait un grand signe avec la main. Mira est tout d'un coup prise de panique. Elle a le trac. Son cœur palpite dans l'appréhension de le revoir. Ils vont sortir ensemble seuls tous les deux pour la première fois. Elle s'est regardée dans le miroir du vestibule une dernière fois et se demande si elle n'aurait pas du mettre une autre robe. En réalité, elle hait ces robes de fillettes que Titine insiste à lui faire porter. Elle a l'air un peu bébête dans tout ce rose. Mais à présent c'est trop tard. Un jour elle s'habillera à son choix, en noir avec des talons hauts et un collier en perles.
Elle retire quand même le foulard qu'elle a autour du cou et l'abandonne sur le portemanteau. Elle prend tout son temps à descendre le rejoindre. Contrairement à son habitude, elle évite de dégringoler les escaliers en catastrophe.

Robert est assis au volant. Galant, il sort immédiatement de la voiture pour lui ouvrir la portière. Mahmoud, le chauffeur prend la place de Robert qui lui, vient se mettre à côté de Mira sur la banquette arrière.
– Je vois que tu conduis à présent ?
– En effet, je me débrouille bien mieux qu'avec le scooter, tu ne trouves pas ? Mahmoud est en train de m'apprendre. Je pratique

sur les terrains d'atterrissage de l'aéroport de Nouzha. Dans une ou deux semaines, il ira me chercher la *rokhsa* (permis). Ensuite j'aurai une voiture toute neuve à moi tout seul. *Freedom at last !* Ne plus rendre de comptes à personne. Tu réalises un peu !

Le chauffeur les a déposés devant le cinéma Amir. Ils descendent à l'Amirette, la cafétéria qui se trouve au sous-sol et vont s'installer dans un des compartiments banquette. Robert s'est mis du même côté que Mira. Il commande deux cafés glacés au garçon.
– Dis-moi un peu, tu as l'air de bien t'entendre avec Alain.
– Tu sais Alain, c'est comme un frère pour moi – depuis le temps que nous nous connaissons...
Elle est subitement prise d'un fou rire. Elle a à peine formulé sa phrase qu'elle réalise que c'est niais ce qu'elle vient de dire. N'est-ce pas exactement ce qu'elle reproche à Robert ? Tout le baratin qu'il lui débite sur ses rapports soi-disant fraternels avec Véra Pinto.
– Qu'est-ce qui t'amuse tellement ?
L'air un peu embarrassé, elle penche la tête de côté et se met à triturer le bout de sa frange qu'elle enroule autour de son index.
– Non. Rien. C'est à propos d'Alain. Tu sais il m'énerve. Mais qu'est-ce qu'il m'agace ce type ! Il a de ces demandes absurdes. Il commence vraiment à me taper sur le système !
Robert la regarde d'un air coquin. Les sourcils levés, inquisiteurs, il affiche son sourire énigmatique qu'elle va apprendre à bien connaitre.
– Et ça te fait rire ? Tu es sure qu'il n'est qu'un frère pour toi ? Lui, par contre, m'a raconté des tas de trucs qui se passaient entre vous quand petits vous jouiez ensemble.
– Prépare-toi *bachibouzouk*, ton tour arrive, demain tu es mort !
– Non, allez je rigole. Soyons sérieux. Laissons tomber Alain. Je voudrais te demander quelque chose ?

– Comme quoi ?
– Je sais déjà, tu n'accepteras pas.
– Mais demande toujours, on ne sait jamais. Nous verrons. Aujourd'hui je suis de bonne humeur, je dis oui à tout.
– J'aimerais beaucoup te revoir. Voudrais-tu sortir avec moi ? *Be my girlfriend* ?

Il l'a désarmée avec sa demande. Elle est restée muette de stupéfaction. Sa petite amie ? Mais qu'est-ce qu'elle va bien pouvoir lui répondre ? Ils se connaissent à peine et elle sait qu'il a déjà une petite amie. Toutefois, elle se sent flattée.
– Quoi ? Tu veux dire sortir en clique, toi, moi et les autres ?
– Non. Pas en clique. Quelles autres ? Juste nous deux.
– Et ta copine Véra, nous lui faisons tenir la chandelle !

Robert éclate de rire. D'un rire nerveux et sonore. La fille à la table avoisinante s'est retournée et lui a fait un grand sourire. Elle est debout en train de régler l'addition. Mira a l'impression que cette fille a l'air de le connaitre – mais peut-être qu'elle se trompe.

Il a ignoré la fille et s'est tourné vers Mira. Il lui a pris la main qu'elle a toujours dans ses cheveux dans les siennes. Elle a frémi au contact de ses mains chaudes. Il s'est penché vers elle. Leurs épaules adossées à la banquette semblent s'être rapprochées légèrement l'une de l'autre. Ses yeux gris-vert, pleins de malice, rivés sur les siens brillent dans la lumière tamisée de la salle. Il ne la quitte plus du regard. Mira réalise que les données ont changé. Tout semble avoir été calculé jusqu'au moindre détail. Ce type est un tombeur invétéré. Elle en est sure à présent. La situation commence à devenir sérieuse. Elle sent qu'il est en train de la séduire. Coûte que coûte, il va s'arranger pour la convaincre. Et maintenant voilà qu'il est sur le point de lui déballer son monologue habituel.
– Mais non ! Je te l'ai déjà dit la dernière fois. Il n'y a rien entre moi et Véra Pinto. Nous sommes sortis ensemble deux ou trois

fois et puis c'est tout. Je ne sais pas ce qu'elle est allée raconter à d'autres. Je te répète, il n'y a rien entre nous. Je ne devrais peut-être pas te dire ça, mais *I have never kissed her. Never, I swear it !*
Quel menteur ! Le sale menteur ! Il a dû l'embrasser des dizaines de fois derrière le radeau et ailleurs. Et puis, il l'a dit en anglais comme pour brouiller les cartes. C'est ça ! Jure-le en anglais, ça marche toujours, comme sur des roulettes ! Personne ne comprendra que tu mens, mens et *archi-mens* comme tu respires !
– Alors, qu'est-ce que tu en dis de ma proposition ? Il semble s'attendre à une réponse immédiate.
Elle décide de le faire râler.
– J'en dis que… commençons par aller au cinéma, ensuite si *tu es sage comme une image,* je te communiquerai ma réponse en fin de soirée.

À six heures moins quart, ils sont sortis de la cafétéria. Mira marche à côté de Robert sur le trottoir bourré de monde. Au moment de traverser la rue Fouad pour se rendre au cinéma Métro, il lui a pris la main avec vigueur comme si elle lui appartient déjà. Dans un bruit retentissant de klaxons, il l'entraine à travers la chaussée en zigzagant entre les voitures immobilisées dans un embouteillage.
Dehors sur le trottoir du Métro, une queue immense s'est formée et semble s'être enroulée comme un serpent autour du bloc. Robert lui tient toujours la main. Il ne compte pas la lâcher.
En présentant les billets à l'ouvreuse, elle leur donne deux paires de lunettes en carton dotées de lentilles rouge et verte pour les aider à voir le film en relief. Mira est surprise de voir combien la salle est pleine à craquer. Elle ne s'attend pas à tant de monde, mais vu la queue à l'extérieur, ce n'est pas surprenant.
Robert a pris les places les plus chères, celles de plus de vingt piastres. Deux fauteuils balcon en avant – on a une vue

extraordinaire de l'écran panoramique.

Les sièges sont vastes et *super* confortables. On s'enfonce dans du velours. Mira savoure ce moment avec ravissement. L'air conditionné dans la salle lui donne une sensation de bien-être et la détend. Robert est là à côté d'elle. Il vient de lui demander d'être sa petite amie. Incontestablement elle lui plait. Ah ! Si seulement ses copines du Lycée pouvaient la voir à présent – elles seraient mortes de jalousie.

Les lumières se tamisent jusqu'à s'éteindre totalement. Sur l'écran passe en première lieu un *Travelogue,* un documentaire sur la *Cordillère des Andes.*

À l'entracte, Robert s'est levé. Il est allé acheter des esquimaux au chocolat à l'ouvreuse. Mira se retourne pour voir si elle reconnait quelqu'un dans la salle.

Elle aperçoit les Zétouni, des amis intimes à ses parents. Ils sont assis à l'arrière dans les places à treize piastres. Le mari, lui, est directeur à la Socony-Vacuum pendant que sa femme passe sa vie au téléphone à parler de commérages. Leur fils étudie en Angleterre pour devenir ingénieur des ponts et chaussées. Ils n'ont qu'un fils, mais ils se réfèrent toujours à lui comme « mon fils l'ingénieur ». Mais qu'est-ce qu'ils fichent ici ces deux - ils auraient dû être au club à cette heure-ci en train de jouer aux cartes. Marcelle Zétouni la reconnait et lui fait un grand signe avec la main.

Zut et flute ! Demain à la première heure elle prendra le téléphone pour tout raconter à sa mère « J'ai vu ta fille hier. Elle était avec un jeune homme, assise dans les fauteuils balcon. Quelle classe ma chère ! Tu le connais ? C'est sérieux ? » C'est une vraie pipelette celle-là !

La projection du film en Technicolor a commencé. Mira s'est calée confortablement sur son siège. Elle est impatiente de voir le film. Le lion de la MGM rugit sur l'écran. Robert a posé son bras sur l'accoudoir. Il côtoie celui de Mira. Leurs épaules se touchent. Le générique défile. Mira n'a pas bougé.

Le trio Grayson/Keel/Miller est sensationnel. La musique de Cole Porter sublime - elle semble arriver de partout. Robert lui a expliqué à l'entracte que le film est doté du « son stéréophonique ». Des haut-parleurs sont placés des deux cotés de l'amphithéâtre pour donner plus d'ampleur à la sonorité. Quand ils mettent les lunettes en carton, car ils ne les mettent pas continuellement, ils ont l'impression que les acteurs sont avec eux dans la salle.

La séance va bientôt se terminer. Les lumières ne sont pas encore retournées dans la salle que déjà Robert fait signe à Mira de se lever. Ils sortent du cinéma juste avant que le rideau ne tombe et que s'enchaine l'hymne national suivie de la mélodie américaine du « *Stars and Stripes Forever* ». Mira est captivée. Elle a été carrément hypnotisée par le film. Elle est emballée par cette comédie musicale qu'elle a vue en relief.

– Filons vite avant que les milliers de gens à l'intérieur ne commencent à se déverser sur les trottoirs et nous écrasent.

Elle sourit à l'idée que les Zétouni doivent être en train de la chercher partout dans la salle. Mais où est donc passée cette petite peste avec son ami ?

Robert tient Mira fortement par la main. Il accélère le pas en l'entrainant à travers la cohue grouillante de la rue Safia Zaghloul. Il ne veut pas la perdre. Traversée par un courant de bonheur, elle se laisse emmener et le suit à l'aveuglette. Un vent sec et chaud souffle de la Corniche.

– Où allons-nous ?

– Viens. Je t'emmène chez mon copain boire un jus de canne à sucre.

Une foule compacte se presse devant un bar de jus de fruits. Derrière le comptoir, un jeune Égyptien en bras de chemise, beau garçon, grand de taille, le teint basané, les cheveux coupés en

brosse, s'amuse avec les clients en leur racontant des *nokats* (anecdotes) qui les font se tordre de rire. Avec une cruche en laiton qu'il tient dans la main droite, il remplit au fur et à mesure de grands verres d'un liquide parfumé, couleur d'émeraude qui mousse à la surface. Robert attire son attention, lève le bras et lui indique le chiffre deux avec le pouce et l'index.
– Tu vois ce type, il est dans ma classe.
– Quelle blague ! Il étudie dans un collège comme le tien et le soir il travaille dans cet endroit minable.
– Cet endroit minable comme tu le dis et des dizaines d'autres appartiennent à son père. C'est un *richissime* ! Sa famille fait de l'or en barre. Il m'a tout raconté. Son oncle est un agriculteur au Fayoum. Il leur envoie continuellement des chargements de cannes à sucre qui sont distribués dans les différents centres qui leur appartiennent autour du pays. Ensuite, ça ne s'arrête pas là. Après avoir été pressés, les débris sont recueillis et acheminés dans des usines pour extraire la mélasse qui est exportée vers l'Italie.
– Incroyable !
– Et oui ! Ce sont les nouveaux entrepreneurs de demain. Nous leur avons tout enseigné et quand finalement ils n'auront plus besoin de nous, ils nous jetteront dehors. « Ravis de vous avoir connus ! Au revoir et merci ! »

Robert et Mira ont pris le tramway. Il va la raccompagner jusque chez elle. Ils marchent côte à côte du même pas. Il lui tient la main. Dans un ciel d'un noir d'encre, constellé d'étoiles, un nouveau croissant de lune s'est levé. Mira touche le *chaddai* en or, l'amulette qu'elle a autour du coup pour la protéger et fait un vœu. Elle est heureuse et goute au bonheur qu'elle partage désormais avec Robert. Dans quelques instants elle va être devant sa porte. Sans lui donner le temps de se ressaisir, il l'a attirée dans une ruelle adjacente et l'a prise dans ses bras. Leurs

lèvres se sont rapprochées et il lui donne un long baiser, voluptueux, sensuel, interminable - le baiser qui va sceller leur relation.
Il l'a coincée contre un mur recouvert de chèvrefeuille. Les fleurs dégagent un parfum agréable derrière sa tête. Elle semble avoir perdu son ruban de velours car la main de Robert est maintenant dans ses cheveux épars, sa bouche sur la sienne et leur corps l'un contre l'autre - exactement comme elle l'a imaginé la veille. Elle sent un frisson de plaisir monter le long de ses jambes, parcourir son dos jusqu'à atteindre sa nuque. Il lui chuchote des mots tendres à l'oreille. Il a posé une main sur son sein gauche. Comment va-t-elle pouvoir lui résister à présent ? Elle sait sans l'ombre d'un doute qu'elle lui a déjà donné sa réponse.

Mira entend des pas dans la ruelle obscure. Du coin de l'œil elle reconnait Aliki sur le trottoir d'en face - la muette handicapée. Dix heures passées et cette malheureuse d'Aliki est encore là à trainailler dans les rues. Robert n'y prête pas attention. Il n'entend rien. Il se concentre sur le corps et la bouche de Mira.
Pauvre Aliki. Connaitra-t-elle jamais une relation amoureuse ? Embrassera-t-elle une fois un garçon sur la bouche ? Aliki est retournée sur ses pas. Elle est passée tout près de Mira mais sans la reconnaitre. Mira la regarde s'éloigner en clopinant.

Petits avec Alain et Terry, ils ont été tellement odieux et cruels envers Aliki. Ils l'insultaient en grec en criant par la fenêtre du rez-de-chaussée des jurons ignobles dont ils ne connaissaient même pas le sens. La pauvre fille ne pouvant pas leur répondre leur crachait dessus. Parfois Aliki essayait de courir après eux dans la rue, en laissant échapper un cri bestial, mais elle n'arrivait jamais à les rattraper. Elle trainait la jambe. Comment a-t-elle pu être si abominable avec cette malheureuse ? Méritait-elle ce bonheur à présent ?

DEUXIÈME PARTIE

MIRA

C'est un matin comme tous les matins d'un été alexandrin. Pas besoin de consulter le bulletin météo pour savoir le temps qu'il fera – le même qu'il a fait hier et le même qu'il va faire demain. Dehors, le soleil brille dans un ciel d'un bleu clair et lumineux. Plus tard, quand il atteindra son zénith, le tyran sans merci brulera sur la ville. À l'intérieur de l'appartement, le thermomètre continue de grimper inexorablement.

Les volets restent fermés. Une clameur sourde et lointaine arrive dans la pièce par la fenêtre laissée grande ouverte. Dans la rue, le jeune Hamouda, le vendeur de légumes, crie la fraicheur de ses produits. Il a entassé courgettes, aubergines, oignions, tomates, pommes de terre, le tout sur une carriole bancale qu'il pousse pieds nus et avec précaution le long de la chaussée. Le gamin qu'on surnomme Hamouda, un diminutif de Mohammed, ne peut avoir pas plus de dix ans. Tous les matins il déambule le long des rues du quartier invitant les habitants à venir lui acheter ses primeurs. Il hurle à tue-tête pour se faire entendre : « *Khodari, ya akhdar ya khodari !* » (Légumes, mes légumes verts).

Parfois éreinté, à bout de force, il s'arrête pour reprendre son souffle et dépose la charrette lourde de marchandises sur les deux supports avant. Ensuite, avec la manche raglan de sa gallabieh, il s'éponge le visage qui ruisselle de sueur.

Pauvre petit Hamouda ! Il n'y a pas si longtemps, un ballon de football échouait au beau milieu de ses produits, faisant dégringoler une grande partie par terre et qui roulèrent jusqu'au caniveau. La balle semblait être venue d'un des balcons de l'immeuble. La bonne, Ehtemad, qui ne rate jamais rien de ce qui se passe dans le quartier, avait dit avoir vu l'incident et jurait sur ses grands dieux qu'elle était arrivée du deuxième étage.

« Je le jure. *Wallahi el a'zim, ana shouft el koura* (Sur le Dieu tout puissant, j'ai vu la balle). Je le jure sur ma tête et sur celle de mon père. Je sais qui c'est. C'est ce sale petit Grec, Yorghaki, ce fils de pute, ce bandit, ce maquereau, ce porc, c'est lui et pas un autre ! »

Ce jour-là, des passants bienveillants qui avaient été témoins du drame, prirent pitié pour le gamin et l'aidèrent à ramasser ses légumes, du moins ceux qui pouvaient encore servir. Le jeune garçon était atterré. Il tirait avec les deux mains sur l'échancrure de sa gallabieh dans un geste de déchirement. Il sanglotait

« Vous allez voir ! Demain seront mes funérailles. Venez tous à mon enterrement, je vous invite ! À mon retour chez nous, mon père *m'achèvera*. *Khalass*, c'est fini, il me tordra le cou. Je ne m'attendais pas à ce que cette *nossiba* (catastrophe) me tombe sur la tête ! Que vais-je devenir à présent ? »

Le malheureux tournait comme une âme en peine autour de la

charrette en se frappant le visage. Attirés par le tapage de tous les diables que faisait le gamin, des voisins descendirent dans la rue pour voir de quoi il s'agissait et profitèrent pour lui acheter quelques légumes. En fin de compte, il semblait ce jour-là que Yorghaki, le petit Grec du deuxième, ne lui avait pas vraiment joué de mauvais tour.

Dehors les rumeurs de la rue ne s'arrêtent pas. Elles montent, se multiplient et vont en s'accroissant. Un aiguiseur de couteaux vient à l'instant même d'immobiliser sa voiturette sur le trottoir à l'angle de l'immeuble. La roue, qui tourne à une allure diabolique, émet un grincement strident et insupportable chaque fois qu'une lame entre en contact avec la scie tournante. Des couteaux de cuisine, des râpes, des canifs, des ciseaux ! Ça n'en finit pas !
Et toutes les quelques minutes, le vacarme fracassant d'un tramway qui passe vient s'ajouter à tous ces autres bruits insolites.
Un *robabekkia* (chiffonnier) crie. Il annonce son passage en faisant tinter sa clochette. Au fur et à mesure qu'il avance dans la rue, il ramasse les vieilles nippes qu'on lui jette par les fenêtres et tous les ustensiles de cuisine qui ont fini par rendre l'âme et qu'on lui abandonne sur le trottoir.
Sous la fenêtre, des barabras gesticulent avec les mains en baragouinant dans un charabia incompréhensible – ils semblent être en train de se chamailler tant leur voix monte en puissance jusque dans la chambre en un crescendo retentissant.
Un joueur d'orgue de barbarie vient d'arriver. Pourquoi diable s'est-il décidé à s'arrêter juste en face de la chambre où Mira dort encore ? D'une main nonchalante, il tourne la manivelle. La caisse bigarrée de grands dessins géométriques aux mille couleurs est posée sur un trépied et crache une rengaine mécanique et répétitive qu'on a déjà entendue des centaines de

fois. L'homme a posé sa casquette en plein milieu de la chaussée, espérant recevoir quelques piastres des balcons de l'immeuble. Mira souhaite qu'il déguerpisse, lui, sa musique et sa caisse le plus rapidement possible.

La lumière du jour filtre à travers ses paupières. Elle a ouvert les yeux et regarde autour d'elle. Elle reconnait sa chambre. Couchée dans une quasi somnolence, elle est consciente du tintamarre qui arrive de l'extérieur. Elle tire le drap, s'enfonce les doigts dans les oreilles et enfouit sa tête sous le traversin. Elle voudrait se rendormir, retomber dans les bras de Morphée, repartir dans un rêve qu'elle n'a pas encore terminé, mais cela est pratiquement impossible. Cette « porte du sommeil » est maintenant complètement close et il ne lui reste plus aucune autre alternative que de sortir du lit.
Aussi les allées et venues à l'intérieur de l'appartement ne cessent pas non plus. On frappe continuellement à la porte de la cuisine. Mira entend des cruches en laiton s'entrechoquer : c'est la tournée du laitier. Puis vient le tour du boulanger, du portier, du repasseur. On dirait que tous les fournisseurs se sont donné rendez-vous sur le palier de la cuisine pour faire un boucan inimaginable.
La vieille Om el Sayed, la laveuse à l'énorme mâchoire édentée et au nez en obélisque vient d'arriver. Elle s'est assise sur les deux premières marches des escaliers de service devant la porte de la cuisine. Elle attend de recevoir le linge sale de la semaine. La pauvre femme, qu'on dit avoir plus de cent ans, est presque chauve. Elle camoufle le peu de cheveux qui lui reste sous un foulard triangulaire en Georgette d'une couleur incertaine. Garni de quelques rares paillettes argentées sur les bords, il aurait pu être rouge dans un passé lointain. Elle enroule le fichu délavé deux fois autour de la tête en l'attachant sur le front. On appelle ça une *médawara*.

Comme elle n'a plus de dents, elle bafouille. On ne comprend jamais rien de ce dont elle a besoin mais on devine. D'ailleurs, c'est toujours la même chose : un bloc de savon Sunlight, une boite d'allumettes pour allumer le primus et deux sachets de *zahra* (bleu de lessive) qu'elle emporte à la terrasse avec la montagne de linge. La pauvre femme est toute ratatinée.

Au fil des ans, la malheureuse, brulée par le soleil, a la figure et le cou tellement fripés qu'ils ressemblent à un vieux morceau de parchemin À force de laver et d'essorer des kilos de draps et de vêtements tous les jours, ses vieilles mains sont complètement abimées. Elles sont devenues rugueuses et sèches. Moustafa, le jeune domestique, n'arrête jamais de la taquiner.

– Om el Sayed, approche un peu par ici, j'ai à te parler très sérieusement d'une affaire importante qui me tient à cœur. Il faut que tu passes chez Aziz le repasseur pour qu'il te donne un bon coup de fer. Quand tu ne seras plus chiffonnée et que ta peau sera toute lisse comme le marbre de la cuisine, je t'épouserai.

– *Bel zémah* ? (Vraiment ?) *Tab hatt cigara* (donne-moi une cigarette) Et jure-moi que tu m'épouseras !

Il lui tend la cigarette

– Je te le jure sur ma tête !

– *Tab hatt bossa* ! (Alors viens ici et donne-moi un baiser)

Un immense sourire lui fend la bouche en deux et l'on peut encore apercevoir une dernière dent perdue. Moustafa se tord de rire et prenant les jambes à son cou, il file comme un zèbre.

Tous les matins pendant l'été, Mira se réveille en nage. Une sensation de paresse et de léthargie l'envahit. Elle est trempée des pieds à la tête. Sa chemise de nuit en percale de coton, humide et toute de travers, s'est enroulée autour de son corps pendant la nuit et lui tire de partout en formant des plis. Elle se sent affaiblie, comme si elle a couru. Même après s'être mise debout, elle continue à rechercher une position horizontale.

Le seul endroit dans l'appartement qui retient encore un peu de fraicheur pendant la journée est le hall d'entrée – le lieu de toutes les rencontres journalières. C'est un grand espace dallé. On a ôté tous les tapis. Roulés avec des boules de naphtaline, ils ont été transportés à la sandara en attendant le retour de l'hiver.

Un canapé à trois places et deux fauteuils en cuir noir du même style occupent un coin de la pièce. Cloutés tout autour, ils rappellent les sièges que l'on trouve dans une salle d'attente de médecin. L'aspect du cuir craquelé un peu partout montre des années d'usage. Les coussins recouverts d'une étoffe de velours marron sont rembourrés de plumes d'oie et donnent une sensation de confort quand on s'assied dessus. Contre le mur au fond de la pièce, se tient un piano peint en laque noire avec deux chandeliers en cuivre de chaque côté et une banquette assortie. Le téléphone est posé sur un guéridon en acajou à portée de la main. Une petite table ronde en miroir de style « art déco » se trouve devant le canapé.

Des éclats de rire en cascades et la voix grinçante de Camille, que Mira surnomme « Madame Butterfly », la locataire du quatrième, lui parviennent de l'entrée. Depuis qu'elle a emménagé avec son mari dans l'immeuble, deux ou trois fois par semaine, elle vient chez Titine pour téléphoner.

Mira l'entend souvent descendre les escaliers. Soixante-trois marches en tout de chez elle jusqu'au palier du premier étage. Elle les a comptées. Clic, clac, clic clac. Elle arrive sur le seuil de la grande porte. Elle sonne. Et sans demander si la maîtresse de maison est disponible, elle entre comme un ouragan, son kimono se soulevant derrière elle et en déployant dans sa main droite un éventail japonais. Elle claque sur le sol dallé des escarpins en satin blanc, garnis sur le devant d'une barrette en strass, dignes d'être mis à une soirée de gala.

Camille a toujours sur elle le même kimono en soie couleur bleu nattier avec un immense motif multicolore brodé dans le dos du vêtement représentant un paon. Le tout est rehaussé d'un foulard du même ton qu'elle attache sur le haut de la tête pour retenir les quelques bigoudis qui maintiennent la mise en plis de la semaine qu'elle se fait faire chez Moursi, le coiffeur de la rue Ambroise Ralli. Et sans qu'on ne le lui ait jamais demandé, elle aime raconter que le kimono est un cadeau offert par son cher frère, Togo, le producteur de films. Il le lui a rapporté de Paris.
Elle annonce en levant en l'air l'éventail fermé qu'elle tient dans sa main comme un chef d'orchestre sa baguette et en roulant les R : « *Bonjourrre* mes petites *chérrries*, je peux ? »   En d'autres termes, ça veut dire « Je suis ici pour le téléphone ».   Après quelques minutes à l'appareil avec sa sœur et ensuite son mari, à l'invitation de Titine, elle s'enfonce confortablement dans un fauteuil.
– Mais qu'est-ce qu'il fait chaud chez vous ! On étouffe ! J'ai besoin d'un peu de *tarawa* (brise). Elle crie à la bonne d'ouvrir la porte de l'entrée pour créer du courant d'air ! Comment pouvez-vous supporter ? Chez nous, eu haut, au moins nous avons de la fraicheur.
Le buste rejeté en arrière, une jambe sur l'autre, l'escarpin en satin se balançant au bout de son pied, elle laisse les pans de son kimono délibérément ouverts. Elle sait qu'elle a une belle paire de jambes. Mais elle a chaud. Elle s'évente partout – le visage, les bras, les cuisses, les pieds.
– Camille, tu m'as donné le vertige. Arrête un peu avec cet éventail. On n'est quand même pas sur la ligne de l'Équateur ici ! Avec une cigarette « Craven A » qu'elle tient entre l'index et le majeur, Camille sirote un café turc *sokkar ziada*, (très sucré) en s'enlisant dans des palabres interminables de chiffons, de locataires de l'immeuble et de scandales dont elle raffole.
À la suite de ces visites inopportunes, Titine a confié à sa fille :

« Il faut faire très attention avec les voisins. C'est un danger que de trop les fréquenter, ils se collent comme la Sécotine. On ne peut jamais s'en débarrasser. »

Mira erre de lit en lit, de sofa en canapé. Elle traverse l'appartement par les balcons qui communiquent avec toutes les pièces. Elle cherche l'endroit le plus frais. Dans la chambre à coucher de ses parents, elle se laisse choir sur le bord du lit et saisit au passage sur la table de chevet quelques récentes copies de Paris-Match. Elle feuillette les pages machinalement sans toutefois y prêter beaucoup d'attention. Elle connait ces images par cœur. Elle les a déjà vues des dizaines de fois auparavant. Le yacht de Grace Kelly arrivant dans la rade de Monaco pour le mariage princier. Une autre image montre la princesse dans une fabuleuse robe de mariée faite de dentelle rose et faille de soie entrant dans la cathédrale. Ici, la ravissante princesse sérénissime de Monaco, au bras de son prince charmant, le prince Rainier. Encore une revue qui parle d'un autre mariage celui de Marilyn Monroe et d'Arthur Miller, célébré en juin de cette année.

Mira continue à se déplacer de chambre en chambre, essayant à tout prix d'éviter les deux femmes qui caquètent dans l'entrée. Elle en a marre de les entendre.

Finalement elle choisit le vieil ottoman dans le petit hall sous la grande fenêtre qui s'ouvre sur les escaliers de service. Tous les étés on fait descendre le divan de la terrasse qui sert de lit de jour pour la sieste de son père. Elle s'y allonge discrètement espérant que sa mère et Camille ne lui prêteront pas attention.

Par la fenêtre grande ouverte, elle entend Anna au deuxième marteler sur son nouveau piano une partita de Bach. Ses parents viennent de le lui offrir. Il a fallu six personnes pour le monter jusqu'à l'appartement et Anna a immédiatement invité Mira à venir l'admirer. Une pièce unique - un Steinway à queue dans un bois noir brillant et lustré comme un miroir. Anna a soulevé le couvercle pour lui expliquer comment chaque touche du clavier est reliée à un marteau qui frappe la corde quand le pianiste appuie sur les touches. L'instrument occupe presque toute la superficie du salon. Ce jour-là, Anna lui a interprété une valse de Chopin. Elle joue magnifiquement bien – elle le mérite.

Appuyée à la balustrade en fer, sa mère, Kiria Antigoni, appelle le domestique pour qu'il descende immédiatement de la terrasse. « *Moukhamad, Moukhamad, Enta finne?* Où es-tu ? Descends *alatoul* (tout de suite), j'ai besoin de toi. Il faut que tu ailles au bazar ».
Mais où est-il, ce sacré Mohammed ? Continuellement dans les vapes, perdu quelque part en train de flirter avec la jeune Samira aux grands yeux noirs qui travaille chez les Grech, la famille maltaise.
De la cage de l'escalier de service un arôme d'ail, d'épices et de viande frite monte et se répand dans la pièce. Probablement c'est Alice au rez-de-chaussée qui s'affaire déjà dans sa cuisine. Sa journée commence à l'aube.
Une fois, Mira a dû passer la nuit chez Alice. Ses parents avaient été appelés d'urgence au Caire auprès d'une parente malade, Madame Taranto, une vieille amie de la famille qu'ils connaissaient depuis des lustres du temps où son grand-père vivait encore à Salonique.
C'était le jour de congé de la bonne et ne sachant que faire, ils l'expédièrent chez Alice pour passer la nuit avec sa famille. Elle avait dormi sur le canapé de l'entrée rapidement converti en lit pour l'occasion. Réveillée aux premières lueurs de l'aube par un bruit clinquant d'ustensiles de cuisine, elle vit Alice revivre dans son univers, son royaume où elle régnait en maitresse parmi ses marmites.
La bonne arrive de la cuisine. Elle semble vexée. Elle a les

poings sur les hanches et la tête penchée vers son épaule gauche avec le regard de travers comme d'habitude. Elle ne voit que d'un œil ayant perdu l'autre après une infection oculaire de trachome quand elle était enfant. Elle rouspète quelque chose comme quoi elle ne peut pas perdre toute la matinée à faire des cafés. Il faut aussi qu'elle passe chez l'étameur pour retirer une casserole avant de se rendre au bazar. Elle voudrait que Titine lui communique la liste des achats pour le déjeuner – c'est jeudi et le marché sera très encombré. Les meilleurs produits auront déjà disparus.

– Petite gamine, je t'ai aperçue samedi passé au cinéma Amir avec un très beau jeune homme. C'est qui celui-là ? Ton nouveau petit ami ? Lui demande Camille qui continue à s'éventer pendant que sa mère discute avec la servante.
Mira va souvent au cinéma, surtout pendant les vacances scolaires. Elle se souvient qu'avec Robert, ils sont allés voir « Carousel », le film tiré de la comédie musicale de Rodgers et Hammerstein. Justement il passait à l'Amir. Comment diable les a-t-elle vus ? Cette femme possède des yeux de lynx. Mira se rappelle qu'ils sont arrivés en retard. À peine avaient-ils *coupé* les billets que la salle était déjà plongée dans l'obscurité. L'ouvreuse leur avait indiqué leurs places et ils s'étaient faufilés rapidement tout à fait à l'arrière, en dernière rangée. Cette chipie avait dû les apercevoir à la sortie.
Titine a surpris leur conversation. Elle se retourne un instant vers sa fille et la regarde obliquement à la dérobée tout en continuant à gérer le problème des courses avec la bonne. Elle est en train de lui rappeler de ne pas oublier de passer chez la remailleuse pour retirer ses bas.
– Je ne vois vraiment pas à qui vous faites allusion, Camille. Un copain du groupe, c'est tout. Nous étions nombreux ce jour-là. Je n'ai aucune idée qui cela pouvait bien être ?

Mira bluffe en lui répondant sur un ton cassant et définitif pour essayer de clore le sujet une fois pour toutes.
Camille insiste
– Enfin, peut-être ! Mais plus tard, je t'ai aperçue à l'Amirette avec ce même jeune homme, vous aviez l'air d'être seuls et très amoureux l'un de l'autre. Vous étiez assis dans un des compartiments banquette, si je ne me trompe ? Il semblait te chuchoter quelque chose à l'oreille. Mais laisse tomber. Je comprends si tu ne veux rien me dire. En tout cas sache que tout cela restera entre nous.
Camille lui glisse un regard de connivence comme pour lui dire « Ne t'en fais pas, je suis de ton côté. »
La jeune fille sent monter en elle la colère. Elle n'en croit pas plus ses yeux qu'elle n'en croit ses oreilles. Qu'est-ce que c'est ça, une inquisition ? Camille le Grand Inquisiteur, le Torquemada de l'immeuble ! Peut-être est-elle aussi la police des mœurs à présent ! Et puis qu'est-ce qu'elle est allée fourrer son nez à l'Amirette – c'est un endroit de jeunes. Et qu'est-ce que c'est que ce clin d'œil ? La garce ne démord pas. Elle n'abandonnera pas tant qu'elle ne lui aura pas soutiré les vers du nez. Mira ne va pas lui donner ce plaisir, ni lui raconter sa vie en détail et ni lui donner la plus petite chance de la questionner davantage.
Le téléphone s'est mis à sonner. Elles écoutent un moment pendant que sa mère fixe un rendez-vous avec la couturière. Les essayages sont prêts et Solange a reçu des toiles de Paris ainsi que l'Officiel de la Mode pour la prochaine saison d'automne, le magazine le plus important de la couture parisienne.
Finalement « La Butterfly », réalisant qu'elle est de trop, se lève, envoie un baiser furtif du bout des doigts et s'échappe par la grande porte. Mira siffle entre ses dents un « bon débarras ».
À présent Titine bavarde continuellement au téléphone. Une sortie s'organise au night-Club du palais de Montazah pour le samedi prochain. Mira sourit sachant très bien que la table sera

réservée au nom du « Baron Cake » un nom d'emprunt que ses parents utilisent pour s'assurer une place au bord de la piste de danse. Avec un gros pourboire poussé dans la main du maître d'hôtel, ça ne rate jamais.

Dans la rue un vendeur ambulant clame la douceur des figues arrivées à l'instant de Agami. Agami, cette station balnéaire à l'ouest de la ville où ce fruit savoureux pousse en abondance sur des arbustes plantés dans les dunes de sable.

Chaque année pendant la saison d'été, Mira y passe une semaine de villégiature avec ses parents et des amis cairotes. Ils louent un chalet dans le complexe Bianchi. Tous les matins, assis à la terrasse de la villa devant une mer bleue turquoise miroitante, ils sont bercés par le clapotement des petites vagues qui viennent se briser sur la plage de sable blanc poudreux. Des monticules de figues succulentes, fraîchement cueillies et apportées par des bédouins atterrissent sur la table du petit-déjeuner. Ils les dévorent les unes après les autres jusqu'au point d'en éclater.

« *Agaméya ya tinne ! Ya 'assale ya tinne !* » Crie le marchand. (Figues de Agami, figues au gout de miel)

Mira se lève d'un bond et saisissant le porte-monnaie de Titine qui se trouve sur le piano, elle court au balcon. Son énergie retourne lentement. Une bonne quantité de sucre la remettra d'aplomb.

– Eh ! Toi en-bas, *bekam ?* (Combien ça coute ?)

– Pour tes beaux yeux je te les laisse pour une bouchée de pain. *Noss franque el we'a* (un demi-franc l'oke) et sur ma vie pas un millième de plus.

– Donne-moi une oke, s'il te plait, mais évite de me donner les mouches.

Elle ouvre le porte-monnaie et compte quatre petites piastres. Elle met l'argent dans le panier en osier et laisse choir la corde jusqu'au marchand.

Il a pris le plateau qui se trouve sur sa tête avec précaution et l'a déposé par terre. Les figues, mures et invitantes, sont rangées en cercles concentriques, protégées ici et là par des feuilles de murier. Mira peut voir qu'elles sont toutes ouvertes et que du jus dégouline de partout.

Le vendeur lève la tête pour recevoir le panier, prend l'argent et comme un escamoteur l'empoche immédiatement d'une main habile dans le pan de son saroual. Ensuite il se mouille l'index avec la langue et choisit un des sacs en papier qu'il garde soigneusement pliés dans sa ceinture. Il le prend, enfonce son poing à l'intérieur pour l'ouvrir, le pose sur le plateau d'une balance portative et commence à le remplir de figues. Mira entend Titine l'appeler de l'intérieur :

– Rajoute une oke de plus pour le déjeuner.

Elle a entendu le message et à son tour crie au marchand d'en rajouter.

– Fais-en deux okes et voici le reste de l'argent.

L'homme a posé la balance par terre et rassemble ses deux mains pour recevoir le reste de la monnaie. Elle lui envoie les pièces, mais une va rouler vers la gouttière. Vite il l'arrête dans sa course folle avec le plat de son pied : « *Emsék ya afritte* » (Attrape ici, petit diable)

Les deux sacs sont pleins et prêts à remonter. Mira sent une légère brise qui amène dans son sillage un parfum de chèvrefeuille et de bergamote mais tout disparait en un instant et on sent la chaleur grimper à nouveau.

Elle s'est assise à la petite table ronde où ils dinent en famille dans ces rares occasions où ses parents restent à la maison. Elle commence à manger les figues qu'elle puise dans un des sacs en papier. Leur parfum est grisant. La pulpe granuleuse fond dans sa bouche. Le fruit est mûr et a un gout de fermentation en même temps qu'une saveur mielleuse.

– Tu finiras par mourir un jour de la typhoïde, dit Titine qui se

tient dans l'encadrement de la porte-fenêtre. Va vite me laver tout ça sous le robinet.
– Écoute-moi maman. Je suis encore de ce monde, donc il y a de fortes chances pour que j'y reste. Et puis tu as peut-être oublié ? Je suis immunisée puisque j'ai déjà fait l'affreux vaccin. D'ailleurs si je mange des microbes, c'est que j'ai décidé de léguer mon corps à un laboratoire de recherches scientifiques, dit Mira avec une pincée de malice dans la voix.
– C'est une excellente idée que tu as là. Avec toutes les saletés que vous mangez toi et tes amies tous les jours, ça en vaut bien la peine. Va me laver ces figues, j'ai dit. *Now go* !

Il fait trop chaud pour continuer à discuter. Mira se lève et quitte le balcon nonchalamment avec les deux sacs de fruit pour éviter ainsi toute autre discussion.
Comme elle traverse le vestibule de l'entrée pour se rendre à la cuisine, elle entend Daisy qui l'appelle en fredonnant un air de l'opéra de Carmen.
« *L'amour est enfant de bohème qui n'a jamais jamais connu de loi ...* »
C'est le refrain qu'elles utilisent pour s'appeler l'une l'autre.
Mira sort la tête par la fenêtre de l'entrée.
– Hi ! On va à la plage ?
– As-tu une meilleure idée ?
– À vrai dire, pas vraiment.
– Alors rejoins-moi en bas dans dix minutes.

Elle a abandonné les figues sur le marbre de la cuisine et a couru dans sa chambre trouver une robe de plage et des sandales. En tirant vers elle les deux battants de l'armoire en cérusé, elle sait déjà à l'avance qu'elle n'a rien à se mettre. Mais surprise ! Surprise ! Tout semble s'améliorer ce matin. L'armoire est pleine à craquer. Elle a un choix énorme devant elle. Aziz qui tient une échoppe de repassage avec son apprenti Nasr à deux pas de chez eux a dû expédier ce dernier tout à l'heure avec toute sa garde-robe fraichement repassée.

À plusieurs reprises elle l'avait appelé le jour précédent en lui criant par la fenêtre, mais il ne lui avait pas répondu. Il n'était même pas sorti sur le trottoir pour voir de qui il s'agissait. Exaspérée, elle était descendue lui demander quand est-ce qu'il allait finalement livrer ses affaires ? Dans un baquet sur le trottoir à l'extérieur de la baraque, elle avait reconnu son jupon blanc baignant dans un liquide d'amidon. Jamais il ne sera prêt à temps pour le samedi suivant. Elle s'était alors querellée avec lui.

Pendant l'été, constamment à couteaux tirés, Mira livrait au repasseur une guerre acharnée. Elle en avait ras-le-bol de ce type. Il lui cassait les pieds. Toutes ses robes étaient là chiffonnées, roulées en boule, entre ses mains. Que comptait-il faire ? Elle lui avait demandé sur un ton péremptoire.

Le repasseur avait ignoré sa question et pendant qu'elle continuait sa harangue, il avait pris une gorgée d'eau dans une tasse émaillée et s'apprêtait à vaporiser le contenu de sa bouche sur une chemise. Pour un instant, Mira avait cru que tout allait lui gicler au visage. Le front du repasseur brillait de transpiration. Il continuait de l'ignorer.

Avec un morceau de cuir noir d'usure, qu'il tenait dans la paume de sa main droite, il avait pris un des fers qui se trouvaient sur les charbons incandescents, l'approcha tout près de son visage et cracha sur la plaque pour voir s'il était bien brulant – il l'était. Ensuite, il s'était mis à appuyer de toutes ses forces sur le vêtement. Finalement, quand il avait fini de plier la chemise, il se tourna vers elle et lui fit un grand sourire, découvrant des molaires en or.

– Ne t'inquiète pas comme ça. Pourquoi tu t'énerves tellement ? Tu verras, tout sera prêt à temps. Aie confiance en moi. C'est moi Aziz, le makouagui (repasseur) du quartier qui te le dit.

– Le problème avec toi Aziz c'est qu'on ne peut jamais te faire confiance. J'en ai assez avec tes histoires ! Samedi passé j'ai dû attendre jusqu'à sept heures pour que tu livres mon jupon et il était

encore humide. *Je suis arrivée en retard à la surprise-partie. Mouch oussoul ya Aziz (ce n'est pas juste). Je t'avertis que si tu continues comme ça, nous irons ailleurs.*
– Ailleurs ? Où ailleurs ? Un ricanement sonore lui tord un coin de la bouche, découvrant encore une fois ses dents en or. L'autre repasseur, rah fel segnne *(il est en prison). Crois-tu qu'il ait le temps de s'occuper de repassage dans l'endroit où il se trouve ?*
Comment avait-il pu se rappeler l'incident ? En effet, il y avait un autre repasseur qui possédait une petite bicoque dans la ruelle derrière l'immeuble. Un jour la police était arrivée, l'avait arrêté et menottes aux poings, ils l'emportaient sans autre forme de procès dans un fourgon noir. On ne le revit plus jamais. La baraque resta fermée quelques temps et puis devint un dépôt de Coca-Cola. Qu'avait-il donc fait ? Mira avait demandé à Fatma, la bonne qui s'occupait d'elle à l'époque. Aurait-il brulé les chemises d'un client ?
Mira se souvint que Fatma s'était mise à rire comme une cinglée et lui avait murmuré à l'oreille : « Non, habibti, il va en prison pour avoir planté de vilaines fleurs dans son petit lopin de terre à l'arrière de la cabane. » Mira ne comprit rien de ce que la bonne lui racontait. Qu'est-ce que c'était que cette histoire de fleurs ? En fait, il plantait du haschiche, mais ça Mira ne le comprit que des années plus tard.

Elle choisit dans l'armoire une robe à bretelles en cloqué à petits carreaux blancs et noirs entrelacés de rubans rouges et verts - elle adore cette robe. Elle a été cousue par Madame Castro, la couturière qui vient chaque saison confectionner des vêtements pour Mira et quelquefois un ou deux pour la bonne. Titine a copié le modèle dans la vitrine de Lumbroso, la boutique haut de gamme de la rue Chérif et le tissu acheté à la draperie du Salon Vert.
Elle se décide pour une paire de lacets rouges et les enfile dans les spartiates qu'elle a trouvées chez Naylan, le cordonnier de la rue Fouad. Elle possède six paires de lanières de différentes

couleurs. C'est du dernier cri.

Mira s'empare du sac en paille qui est accroché au portemanteau et file hors de l'appartement.

« Je passe la journée à la plage » elle hurle à qui veut bien l'entendre.

Claquant la porte derrière elle; elle dévale les escaliers quatre à quatre. Daisy l'attend dans le hall d'entrée.

Les deux filles prennent le chemin de la station pour prendre le tramway pour la plage. Elles passent devant Ahmad, le propriétaire des bicyclettes de location. Il est là debout, comme d'habitude, adossé nonchalamment contre le mur, un pied sur l'autre, une cigarette « Coutarelli » collée au coin des lèvres.

Des bécanes reluisantes avec des fleurs en papier entrelacées dans les roues sont suspendues au plafond. Sur le trottoir mouillé qu'il arrose régulièrement pour atténuer la chaleur, des Vespas et des Lambrettas attendent d'être louées. Il salue les deux filles avec son habituel

– *Ahlanne ya Nylon. 'Ala fenne, ya amar ?* (Où est-ce que vous allez, beautés ?)

– *'Al bahr* ! (À la mer) Elles lui lancent.

Elles sont descendues du tramway à la station de Rouchdy. Le chemin qui mène à la plage commence par une pente raide. Il faut faire un effort et il fait très chaud. Mais une fois qu'elles ont gravi la côte et atteint son sommet, la descente vers la mer est vertigineuse. Dévalant la route à corps perdu, elles savourent une légère brise qui vient à leur encontre. Et finalement elle est là, immense, fidèle au rendez-vous dans sa robe couleur d'émeraude. C'est toujours le même sentiment d'exaltation, de surprise, de plaisir, chaque fois qu'elles revoient la mer, même si elles ont déjà parcouru ce trajet des centaines de fois.

Une mer d'huile les accueille, piquetée ici et là par des baigneurs empressés d'être sur leur périssoire C'est le calme plat. Le drapeau vert flotte sur la plage – pas de restriction à la baignade.

La baie de Stanley est l'une des plages les plus fréquentées d'Alexandrie. Elle jouit d'une courbe naturelle qui la protège des vents frontaux venant du nord. Les cabines construites en bois forment un demi-cercle à l'arrière de la plage sur trois ou quatre rangées de gradins aménagés autour de la rade. À longueur de journée, on flâne le long des promenades. On s'arrête pour bavarder avec des amis ou pour prendre une boisson rafraîchissante au bar de la plage.

Chaque année les parents de Mira louent une cabine pour la saison dans une section privée qui se situe un peu en retrait de la grande baie. Ils ont une vue panoramique sur l'ensemble de la plage avec un aspect nord-est. La cabine construite en pierre consiste en une grande pièce avec un petit coin cuisine. À l'extérieur il y a une véranda avec de larges bancs prêts à recevoir de grands coussins rectangulaires recouverts d'un tissu de toile rayé. À l'intérieur de la cabine, une série de tableaux peints à l'huile représentant les animaux de Walt Disney sont suspendus en frise tout autour de la pièce. Le père de Mira les a peints. Il aime la peinture. C'est son passe-temps favori.

Les deux filles ont enfilé leur maillot de bain Jantzen et sont parties rejoindre un groupe d'amis pour aller nager. Ils marchent tous jusqu'à la pointe de la baie là où de grands rochers ont été placés dans le passé. Ici on est très loin du rivage et rien que les bons nageurs s'aventurent à cet endroit. Daisy et Mira aiment prendre des risques et surtout détestent se trouver avec la masse de baigneurs au bord de l'eau.
Ils se sont baignés et ensuite se sont couchés quelques minutes sur les rochers pour se sécher sous un soleil de plomb qui maintenant tape très fort.
Guy a étalé sa serviette et est venu s'allonger près de Mira. Il

aime être en sa compagnie – elle le sait. Mais pour le moment, il n'y a pas de place pour lui dans le cœur de Mira.
– Dites les gars, que direz-vous d'une petite surprise-partie cet après-m à la plage ? J'ai apporté avec moi mon gramophone *His Master's Voice* et une série de disques.
– Excellente idée. Mais chez qui ?
– Qu'en dis-tu Mira ? On pourrait faire ça chez toi à la cabine.
– Pourquoi pas ? O.K. D'accord pour chez moi. Disons vers six heures ?
Elle sait que s'ils viennent à l'apprendre, ses parents ne seront pas très contents. Mais elle s'en fiche carrément. Comment vont-ils le savoir ? La seule personne qui peut lui causer des ennuis et qu'elle craint un peu est l'affreux Soliman qui n'a rien du Magnifique. C'est le gardien du complexe. Mais il quitte la plage vers cinq heures. Il n'en saura rien.
Elle soupçonne qu'un de ces jours Soliman saisira l'occasion de tout raconter à ses parents. Mais raconter quoi ? C'est plutôt elle qui peut en raconter à ses parents mais elle ne sait pas comment aborder le sujet.
Assis sur un tabouret en bois, Soliman reste flanqué à l'entrée des douches pour dames, passant le temps à regarder les filles qui rentrent et qui sortent. Comme un bouddha dans une immense *abaya* (burnous) noire, il égrène à longueur de journée une *sebha* (chapelet) d'ambre - sa grosse bedaine devant lui.
Rarement il quitte sa place. Mais Mira l'a surpris dernièrement pénétrer dans les douches pendant qu'une gamine se déshabillait. L'apercevant il est ressorti sur-le-champ comme un furibond mais non sans au préalable lui lancer un regard noir de haine qui disait « Toi fais attention, je t'ai à l'œil ». Mira le considère comme une véritable ordure ! Souvent il la sermonne.
« Tes parents sont-ils au courant que tu fumes des cigarettes et du nombre de garçons qui viennent te voir à la cabine ? »
C'est un peu une guerre d'attrition avec le gardien. Qui va finir

par faire tomber l'autre ?

De retour à la cabine, les deux filles endossent une chemise sur leur maillot de bain pour se protéger d'un soleil ardent. Retroussant les manches, les cols relevés et les deux pans avant noués sous la poitrine, elles partent rejoindre la file de jeunes gens qui s'est formée devant la sandwicherie de foul et fallafel sur le trottoir du San Giovanni.

Le soleil frappe très fort. L'asphalte fond sous la chaleur accablante. Elles sont pieds nus et sautillent sur la pointe des pieds pour éviter de longs contacts avec le sol brulant du trottoir. Enfin, leur tour arrive et elle entrent dans la boutique. Il fait encore plus chaud à l'intérieur. Deux sandwichs bourrés de boulettes de fallafel et de salade et deux bouteilles de Pepsi-Cola dans les mains, elles reviennent s'installer confortablement sur les coussins de la véranda.

Elles ont des tas de trucs urgents à discuter aujourd'hui. Tout d'abord un pressant besoin d'argent. Deux copains louent une garçonnière dans le quartier d'Ibrahmieh. Malheureusement ils n'arrivent pas à payer le loyer en entier. Daisy et Mira, cranant devant leurs amis et voulant les épater, acceptent de contribuer à la condition qu'ils les laissent utiliser la cuisine de l'appartement comme labo une ou deux fois par semaine. Elles comptent entreprendre des expériences chimiques qui sont au programme de l'année scolaire.

Tout alla bien pour un moment, mais à présent elles aussi trouvent les paiements difficiles à faire. Et puis l'appartement est devenu sordide. Des préservatifs usés trainent partout. Le matelas est miteux, déchiré et affreux à voir, partout maculé de taches. Quand au cabinet de toilette, c'est la catastrophe. Elles veulent bien se défaire de leur promesse, mais elles se trouvent gênées. Elles n'osent pas les laisser tomber. Alors comment faire ? Pour le moment il faut obtenir de l'argent et en vitesse. Elles ne peuvent quand même pas courir chez les parents leur

demander de les aider à payer le loyer d'un bordel !
– Que penses-tu si je vends deux de mes bracelets en or ? On pourrait peut-être aller samedi matin chez ce bijoutier derrière la Bourse à la place Mohammed Ali. Il n'est pas très connu. Je suis allée une fois avec la bonne - elle voulait s'acheter un *kerdal* (collier plat en or) avec l'argent qu'elle avait reçu de la *gam'eyya* (épargne). Personne n'en saura rien. Je sais qu'il rachète l'or au poids.

Daisy trouve tout ça absurde.

– Je pense que ce n'est probablement pas une idée géniale de ta part. Il vaut mieux réfléchir avant de nous embarquer dans une sale histoire. Ne franchissons pas le Rubicon pour le moment – ça pourrait finir mal. Et puis, que se passera-t-il le mois prochain et le mois d'après ? Exactement combien de bracelets comptes-tu vendre ?

Elles changent de sujet. Qui sera à la surprise-partie de samedi prochain ? Dimanche Armand organise une sortie en cutter avec toute la clique. Le rendez-vous est fixé pour 11 heures à la porte numéro six des douanes. Elles passeront prendre deux douzaines de mille-feuilles à la crème de chez Délices. Ce sera leur contribution.

Le gars dans la cabine d'à côté fredonne le dernier refrain à la mode du film « l'Homme qui en savait trop » avec Doris Day et James Stewart.

Que sera sera
whatever will be will be
the future's not ours to see
que sera sera
what will be will be.

Elles entendent des bruits confus venir de l'extérieur. Des gens courent en se dirigeant vers la Corniche. Les rumeurs se

propagent comme une trainée de poudre.
– Mais qu'est-ce qui se passe ? C'est une manifestation ?
– Non. C'est le *rayiss* ! (Le leader). *Yalla, yalla.* Dépêchez-vous. Venez vite voir ! *Le* rayiss va passer dans quelques instants.
Habillées à la hâte, elles ont quitté la plage.
Des attroupements se sont formés sur les trottoirs. Des rues transversales, des immeubles avoisinants, la foule est arrivée de partout. Une populace grouillante se bouscule pour se mettre en avant. On se groupe en masse sur les balcons, sur le rebord des fenêtres. Certains essayent de se mettre sur les barreaux en fer de la Corniche mais ils renoncent car ils sont trop brulants. On ne peut même pas les toucher. Pour avoir une meilleure vue, des gamins se sont suspendus en grappes à des réverbères.
Le *'agouz* de la Baie des Amoureux, le marchand de limonade est venu. Il profite de la cohue pour se faufiler entre les passants. On le reconnait à son turban blanc qu'il a roulé en torsade autour de la tête. Il s'égosille en criant : « Glacées les *Gazoza, Spathis, Cacola, Bebs, Sinalco* » Sur son avant-bras, il tient un seau en fer blanc chargé de bouteilles variées. Un gros morceau de glace enroulé dans une serpillère trône sur le tout.
La circulation s'est arrêtée brusquement. Deux policiers sur des motocyclettes passent devant la foule haletante, roulant à tombeau ouvert. Ils ont risqué de déraper dans le virage. Et puis le calme absolu. Plus rien. La marée humaine retient son souffle. Elle est galvanisée. Le silence est palpable. Petit à petit, un grondement sourd et continu qui vient de loin commence à se faire entendre. La rumeur monte au fur et à mesure que le convoi motorisé s'approche. Le bruit s'amplifiant de plus en plus devient assourdissant. À présent, la foule est en liesse, hystérique, déchainée, sifflant, applaudissant, hurlant, piétinant sur place. Des femmes lancent des *zagharites* (youyous) stridents qui feraient trembler la terre.
Et finalement il est là devant eux. Gamal Abdel Nasser, dans

toute sa splendeur. L'ambitieux leader, l'homme qui cherche à réformer la société égyptienne. Il est là, réel, debout dans une Jeep militaire, rasé de près, le visage taillé à la serpe, jeune, le teint basané, arborant un énorme sourire. Il lève les mains pour saluer la foule. Il n'a que trente-huit ans et en route pour la Manshieh, la grande place d'Alexandrie, pour délivrer son discours annuel commémorant le départ du roi Farouk, qui quatre ans plus tôt, en 1952, a été renversé par le mouvement des *Zobat el ahrar* (officiers libres) et par la suite exilé.

Quand plus tard dans la soirée, Mira rentre à la maison, elle est surprise de trouver ses parents qui l'attendent. Sa mère n'est pas contente. Elle est d'une humeur massacrante et son père semble préoccupé. Où est-elle donc allée jusqu'à cette heure tardive ?

Elle ne peut quand même pas leur dire qu'elle est restée une partie de la soirée à danser à la plage avec des amis et le reste dans les bras de Robert. Elle craint aussi que Daisy ne soit déjà passée pour vérifier si elle est rentrée. Elle a dû s'étonner de la voir quitter la cabine si soudainement sans aucune explication.

Il était arrivé dans sa nouvelle Chevrolet Bel Air décapotable bleu myosotis aux environs de sept heures et s'était pointé tout en haut des marches du complexe. De l'endroit où il se trouvait, il pouvait voir la cabine. Pendant un moment il se mit à l'observer en train de se déhancher avec un garçon sur l'air de « Only You » des Platters qui passait sur le gramophone. Elle se figea en l'apercevant. Son cœur se mit à battre la chamade. C'était bien lui ! Il avait attaché nonchalamment un pull-over rouge autour du cou et il la regardait fixement. Même dans la pénombre de cette fin d'après-midi, elle vit la colère qui marquait son visage. Il n'était pas content. Il devait même être furieux. Elle enfila sa robe et ses sandales et quelques instants plus tard, elle courut le rejoindre.

– Monte immédiatement dans la voiture.

La capote était fermée. Il la poussa un peu brusquement sur la

banquette avant et referma la portière derrière elle. Ensuite, il contourna le véhicule pour se mettre au volant. Il fit marche arrière et sortit de l'espace étroit dans lequel il s'était garé.
– Attends ! Je ne peux quand même pas m'enfuir comme ça comme une voleuse. Il faut que je leur dise quelque chose, bon sang !
– Tu restes ici. Tu ne bouges pas. Tu n'as rien à leur dire.
– Mais ... Mais j'ai laissé mon sac avec les clés de la cabine à l'intérieur.
– Mais rien. Qu'ils crèvent ! Ils n'ont qu'à se débrouiller. Ils finiront par les trouver, tes clés.
Des larmes silencieuses lui glissaient sur les joues.
– Arrête de pleurnicher et dis-moi plutôt ce que tu fricotais avec ces saltimbanques.
– Cesse de dire des sottises.
Robert réprima un sourire
– Des sottises ! Dis-moi plutôt que je suis un imbécile ! Tu me prends pour un aveugle ? Dans le noir, en maillot de bain et dansant par-dessus le marché ! Vous vous tripotiez – c'est ça ou je me trompe ? Au fait, c'est quoi, votre jeu ? Tu ne penses pas qu'il est grand temps que je raconte tout ça à ta mère ?
– Mais qu'est-ce que tu attends de moi exactement ? Nous n'avons plus aucune relation normale. Je ne suis plus qu'une parenthèse dans ta vie. Tout ça n'est qu'un arrangement provisoire avec toi. Aujourd'hui tu es là. Demain tu n'es plus là. On ne sait jamais où te trouver. Tu ne réponds jamais au téléphone. Tu arrives quand tu veux. Tu repars quand cela te chante. Tu m'utilises comme si j'étais de la pâte à modeler. Tout ce que tu cherches à faire, c'est me faire souffrir. J'en ai assez moi ! Trouve-toi une Pénélope qui soit prête à supporter tes caprices et à t'attendre en tricotant au coin du feu.
Mira sanglotait à présent, le dos collé à la portière. Robert tira un mouchoir de sa poche et le lui tendit pour sécher ses larmes.
– Allez, allez, ça suffit comme ça ! On ne va pas en faire une tragédie grecque. Viens ici. Approche-toi.

Mira hésita et puis vint se mettre près de lui.
Il garda une main sur le volant pendant que de l'autre il lui caressait les cheveux. À présent, ils roulaient à vive allure sur la Corniche en direction de Sidi Bichre. Mira, les yeux pleins de larmes, fixait le faisceau de lumière blanche que jetaient les gros phares qui venaient à leur encontre de l'autre côté de la chaussée.
Après un moment, elle finit par se calmer. Elle ravala ses larmes, se moucha bruyamment, renifla et alluma une cigarette L&M mentholée avec le briquet Dupont plaqué or qui se trouvait dans la boite à gants. Elle aimait son mécanisme. Clic clac, une petite flamme bleue jaillissait. Elle aspira une longue bouffée à la manière des vedettes de Hollywood, rejeta la fumée par les narines et ensuite lui passa la cigarette qu'elle posa entre ses lèvres.
– Tu sais, Mira, ce que tu fabriques avec les autres n'a rien à comparer avec notre amour. Le nôtre c'est la façon véritable de le faire. Et puis, je déteste te voir perdre ton temps avec tous ces zouaves !
Elle se retourna vers lui et lui enfonça sa main entre les cuisses ...
– C'est donc ça ce que tu préfères alors !
– Arrête ! Tu vas me faire faire un accident.
Il freina précipitamment et vira dans une rue transversale. Il stationna la voiture sur le bas-côté, ferma le contact et attira Mira vers lui. Ils se jetèrent dans les bras l'un de l'autre et se mirent à s'embrasser goulument. Bouche contre bouche, leurs langues entrelacées, leurs dents entrouvertes s'entrechoquant dans la frénésie de leurs baisers. Les mains agiles et fortes de Robert s'égaraient sur son corps. Il la couvrait de caresses. Il essaya de baisser les bretelles de la robe, mais trouva qu'elle portait encore son maillot de bain.
– Enlève-moi cette saleté !
– Non ! Pas ici. Quelqu'un peut nous voir. D'ailleurs, il est tard. Il faut que je rentre chez moi.
C'était le plein été. On pouvait déjà apercevoir des lumières briller à toutes les fenêtres des villas avoisinantes.
Donc peine perdue pour ce soir ! Énervé, Robert reprit la route vers le

centre-ville mais s'arrêta quand même à Glym un instant pour acheter des glaces. Il sortit de la voiture. Mira le regarda se frayer un chemin parmi les vacanciers.
Qu'est-ce qu'il était beau ! Ses cheveux châtains, gominés, coupés à la James Dean. Une mèche rebelle qui lui tombait sur le front. Le col de sa chemise relevé. Sa peau brunie, hâlée par le soleil. Son air désabusé, je-m'en-foutiste. Son charme irrésistible. Un sourire désarmant en coin toujours un peu moqueur. Il était le portrait craché de Cal Trask dans « East of Eden ». Elle l'aimait à en mourir. Elle n'avait besoin de personne dans sa vie que lui. Elle le suivrait jusqu'au bout du monde s'il le lui demandait.
Il retourna avec deux cornets de Dondourma, cette crème glacée délectable, au gout de mastique et déjà ils reprenaient la route. Elle calla sa tête dans le creux de son épaule et resta là blottie à nouveau contre lui. Lentement elle lui déboutonna la chemise et glissa amoureusement sa main sur son torse nu ... L'air frais du soir embaumé de senteurs de frangipane pénétrait par la fenêtre restée grande ouverte.

Maintenant il faut trouver une excuse plus plausible. Laquelle ? Elle réfléchit vite. Il n'y a pas de temps à perdre. Que va-t-elle inventer pour justifier son retard ? Elle décide de leur dire que le Pape est mort comme dans « Les Contes du Lundi » d'Alphonse Daudet. Mais elle sait à l'avance que la mort du Pape ne les intéresse pas. Il faut trouver quelque chose de mieux, de plus plausible. Comment va-t-elle s'en sortir ? Elle voit les sourcils de sa mère se froncer. Titine a le regard méfiant. Elle est énervée et déjà sur le pied de guerre. L'atmosphère est tendue. L'orage approche - elle le sent venir. Mais elle pense à Robert. Elle a encore le gout de ses lèvres langoureuses sur les siennes et la chaleur de ses caresses sur sa peau. Elle est prête à affronter la bataille, la guerre s'il le faut. Elle prend courage et va risquer le tout pour le tout.

– À propos j'ai vu Nasser aujourd'hui.
– Quoi ? Mais qu'est-ce que tu nous inventes encore ? Tu as de ces sorties ! Tu racontes constamment des tas de bêtises.
– Je vous jure. Je l'ai vu à la plage. Il passait dans une Jeep militaire sur la Corniche. Les trottoirs grouillaient de monde. La foule était en liesse.
– Mais c'est impossible. Il faisait un discours en ville.
– Mais non ! Avant ça. Il est venu du Palais de Montazah. Il est passé par Stanley Bay et nous l'avons tous vu. Même le *'agouz* était là – tu sais celui de la Baie des Amoureux. Il est arrivé pour vendre ses gazeuses.

C'est gagné ! Le Pape s'est métamorphosé en Nasser. On ne lui pose plus aucune autre question sur son retard ni sur le lieu où elle a passé la soirée.

Plus tard, alors qu'ils sont tous les trois assis au balcon en train de déguster des tranches de pastèque glacée accompagnées de fromage blanc, son père lui raconte que Nasser, sur le perron de la Bourse, a fait le discours de sa vie. Une harangue qui a duré trois heures dans laquelle il a annoncé que La Compagnie Universelle du Canal Maritime de Suez sera désormais une société anonyme égyptienne. Il rouspète contre les États Unis qui ont refusé de l'aider à financer la construction du Grand Barrage d'Aswan et de la manière hostile dont John Foster Dulles s'est conduit envers l'Égypte.

Et Mira l'a vu ce jour-là. Le jour où elle a dansé en maillot de bain à la plage et fini la soirée dans les bras de Robert. Ce même jour où tout va commencer à basculer. Elle l'a vu en chair et en os ce jeudi 26 juillet 1956 alors qu'il est allé livrer le discours le plus important de sa carrière.

Elle ne le sait pas encore, mais ce sera le dernier été qu'elle passera dans ce pays. La décision que Nasser a prise va avoir des conséquences incalculables en Égypte et à l'étranger. Il venait d'ouvrir la boite de Pandore !

GIACOMO

Le traintrain de la vie quotidienne continuait comme si de rien n'était et continuerait pendant les mois à venir, bien qu'un grand nombre d'activités se tramait dans les plus hautes sphères du pouvoir. Aux Nations Unies, on essayait de trouver une solution au problème du contrôle d'une des voies maritimes les plus stratégiques et les plus importantes de la planète.
L'été brulant poursuivait sa course infernale vers de nouveaux records. Mira passait tout son temps à la plage, plus dans l'eau que hors de l'eau. Un juillet torride arriva et repartit.
La dernière fois qu'elle avait vu Robert remontait au jour où il était arrivé en coup de vent à la cabine. Elle l'avait appelé à plusieurs reprises mais trouvait son numéro perpétuellement

occupé. Et quand ça finissait par répondre – il était déjà sorti. Elle lui avait laissé nombre de messages chez lui pour qu'il la rappelle mais il ne la rappelait pas. Où était-il à présent ? Où se cachait-il ? Dans les bras de qui passait-il tout son temps ? Elle soupçonnait qu'il avait une liaison secrète avec une femme mariée.
Quand sa copine Nadine lui avait dit l'avoir aperçu une ou deux fois avec une blonde oxygénée devant l'entrée du *clubhouse* au Sporting Club, elle avait eu un pincement de cœur. Elle en était restée malade de jalousie - il sortait avec une autre. Le bel Hippolyte se languissait à présent dans les bras de Phèdre ! Si elle pouvait, elle lancerait des recherches pour le retrouver. Rien que pour savoir ce qu'il faisait et avec qui il passait tout son temps.
Cependant Mira ne tarda pas à se faire de nouveaux amis. Elle n'allait pas moisir « *dans les feux, dans les larmes* », tout l'été en attendant son bon plaisir indéfiniment.

*

Mira alla s'asseoir dans un des compartiments banquette au fond de la salle à la cafétéria du Cinéma Royal. Elle avait dix minutes d'avance. Elle était curieuse de savoir pourquoi Luisa, sa copine lui avait donné rendez-vous. Les deux filles se connaissaient bien mais ne se fréquentaient pas. Elles avaient été éclaireuses ensemble dans la même troupe au Lycée Français.
Les yeux continuellement rivés à l'autre bout du local, elle ne vit pas immédiatement le serveur qui s'était approché d'elle, un plateau en métal sous le bras et qui attendait. Aussitôt elle commanda la première chose qui lui passa par la tête pour qu'il déguerpisse au plus vite. Il lui bloquait la vue de l'allée.
Déjà plus de vingt-cinq minutes qu'elle était là. Combien de temps encore allait-t-elle devoir attendre ? Elle n'aurait jamais dû

accepter ce rendez-vous. Si Luisa avait quelque chose de tellement important à lui dire, elle aurait pu le faire par téléphone.

Énervée, impatiente, les coudes sur la table, elle but quelques gorgées de la Pepsi-Cola glacée que le garçon venait de lui apporter tout en continuant à observer le va-et-vient incessant dans la salle. Il y avait un monde fou dans la cafétéria. Elle reconnut de loin une ou deux connaissances et leur renvoya leur salut avec un petit geste de la main. Des groupes entraient et sortaient continuellement, se saluaient, s'embrassaient, se tapaient sur l'épaule. Certains tenaient des billets pour le spectacle et s'apprêtaient à passer dans la salle pour la séance de six heures qui allait commencer d'une minute à l'autre. Thaïs, une copine, vint la saluer en lui proposant de se joindre à ses amis pour aller au cinéma.

Elle aurait bien voulu accepter la proposition de Thaïs au lieu d'attendre comme une idiote ! On donnait de très bons films cette semaine entre autres *The Rose Tattoo* avec Anna Magnani qui venait de remporter l'Oscar pour la meilleure actrice et au Strand, en passant tout à l'heure, elle avait vu la réclame pour le film de Lola Montès avec Martine Carol. En face, au théâtre Mohammed Ali, elle se rappelait avoir vu l'affiche pour une représentation de la pièce d'Edmond Rostand, l'Aiglon, mais c'était surement complet. Il aurait fallu s'y prendre plus tôt pour obtenir des places.

Elle regarda la montre à son poignet et décida que si dans cinq minutes Luisa n'était pas arrivée, elle allait partir. Elle en avait marre de poireauter.

Avec le brouhaha général et la fumée dense des cigarettes qui emplissait l'atmosphère, elle ne la vit pas venir. Tout d'un coup Luisa s'était matérialisée devant elle. Elle était souriante, ses cheveux châtain foncé coupés courts « à la garçonne » dans le style d'Audrey Hepburn avec une demie frange sur le front et

deux anneaux en or comme boucles d'oreilles qui se balançaient quand elle bougeait la tête. Elle portait un ensemble deux pièces confectionné dans un tissu en taffetas changeant bleu / vert avec un petit col « Claudine » autour du cou.
– *Mira scusami per il ritardo !* Avec tout ce monde, pas moyen de nous trouver une place où garer.
– Nous ?
– Au fait, je te présente Giacomo, mon cousin. *Giacomo, ma dove sei ?*
Luisa se retourna. Sa jupe froufroutante à volants virevolta dans une gracieuse pirouette. Le cousin en question était là juste derrière. Cousin et cousine s'installèrent sur la banquette en face de Mira et Luisa fit les présentations.
Mira le connaissait de vue. Elle se souvenait l'avoir déjà aperçu à plusieurs reprises sur les courts de Tennis du Smouha Club. Elle l'avait même vu jouer dans des tournois auxquels elle avait assistés. Mais ce dont Mira n'était pas au courant, c'est que Giacomo avait expressément demandé à sa cousine de la lui présenter - cette fille lui plaisait. Il avait une folle envie de la connaitre. Ils sympathisèrent d'emblée.

Avec Gianluca, le petit ami de Luisa, ils sortaient maintenant très souvent à quatre. Giacomo avait six ans de plus qu'elle. C'était un type bien. Un chic type ! Poli et attentionné, il était toujours à ses petits soins et il semblait visiblement très épris d'elle au point de faire tout pour lui plaire. Il lui téléphonait tous les jours, l'invitant à sortir danser dans des endroits publics – comme au Mayfair Inn, à la Pergola, au Romance ou à des kermesses organisées. Mira acceptait tout ce que Giacomo lui proposait. Elle voulait tout faire pour que Robert n'occupe plus ses pensées. Elle essayait à tout prix de l'effacer de son horizon. Elle aurait voulu rayer jusqu'à son souvenir de sa mémoire.
Giacomo travaillait les matinées chez son oncle, un courtier en

café à la rue Tatwig dans le centre commercial de la ville. Souvent les après-midis, quand son emploi du temps le lui permettait, il passait la prendre à la plage vers trois heures et dans sa Ford Taunus rouge cerise, il l'emmenait faire de longues balades en voiture dans les abords d'Alexandrie.
Et quand il participait à des tournois interclubs, il aimait l'avoir sans cesse à ses côtés. Assise sur les gradins, les coudes sur les genoux, le menton dans les mains, elle se concentrait de toutes ses forces sur la partie. Elle vissait ses yeux sur la balle qui rebondissait de gauche à droite du filet. Quand il marquait un jeu, elle se levait brusquement pour applaudir en le regardant intensément, le conjurant de remporter la victoire. Elle avait tellement envie qu'il gagne à chaque fois.

*

Mira, un pied posé sur le parapet, attendait Giacomo devant le vestiaire des hommes. Il était en train de se changer après avoir remporté un match.
Un quart d'heure plus tard, elle entendit le cliquetis du rideau de bambou. Elle se retourna et vit Giacomo apparaitre sur le seuil de la porte. Qu'est-ce qu'il était beau ! Un véritable athlète. Décontracté, les cheveux encore humides, rejetés en arrière et vêtu d'une paire de *slacks* en toile blanche, d'une chemise polo en coton mercerisé et d'espadrilles. Il lui souriait. À cet instant, elle se dit « Je crois que je l'aime ».
– *Carissima, andiamo prendere un té ghiacciato.* Il lui dit avec un certain entrain dans la voix et en la prenant gentiment par le coude. Elle le laissa faire.
Giacomo était Italien et lui parlait souvent dans sa langue maternelle. Elle aimait ça !
Ils entrèrent dans le clubhouse par la porte à tambour, traversèrent les salons de thé et allèrent s'installer confortablement en

terrasse dans deux fauteuils en osier devant les bacs à géranium.
– Alors toi, laisse-moi te dire, tu joues comme un as, tu sais. Tu n'as rien à reprocher à ton service. Quant à ton revers, il est exceptionnel. C'est ce qui te fait continuellement gagner des points. Tu es le « Drobny » de demain.
– Allez n'exagérons pas ! C'est simplement parce que tu es là.
– Arrête ! Ne dis pas de bêtises ! Que je sois là ou pas, tu joues comme un dieu.
– Quand tu es à mes côtés, je me sens ragaillardi, en pleine forme. J'ai la sensation de t'avoir avec moi sur le court. Tu me donnes du courage.
Giacomo commanda deux thés glacés au citron à Abouzeid, le garçon et se leva pour aller chercher dans la salle une assiette de sandwichs préparés à l'intention des joueurs du match. Mira avait en horreur cette boisson amère qui lui picotait le fond de la gorge, mais il aimait tellement ça qu'elle ne disait rien pour ne pas lui faire de peine.

Giacomo posa négligemment sa main sur le genou de Mira et lui dit gentiment
– Donne-moi ta main *carissima*.
– Tu es dingue ? Il n'y a pas une personne dans ce club qui ne connait pas mes parents.
Elle donnait le dos à la terrasse et ne le vit pas s'approcher d'eux.
– Tu me présentes ? C'est qui ce type ?
– Non, mais ... ? C'est Giacomo. Il m'aide à améliorer mon jeu.
Embarrassée elle se tourna vers Giacomo.
– C'est mon oncle Michel.
– S'il t'aide à améliorer ton jeu, pourquoi ici et pas sur le court. Allez, ramasse tes affaires je te ramène chez toi.
Époustouflée par le culot de son oncle, Mira était hors d'elle.
– Non ! Je ne rentre pas à la maison. J'attends une copine.
– C'est qui ta copine ? Tes parents sont-ils au courant ?

– Oui, oui. Mes parents sont au courant. Ne t'en fais pas. Laisse nous.
– Bon. Mais si tu as besoin de moi, je suis dans la salle de jeu. Tu m'appelles. Tiens prend ça.
Il lui mit deux Cupidons dans le creux de la main et s'éloigna.
– Mais qu'est-ce que je suis moi, une gamine, pour qu'il me donne des toffees.
Elle jeta avec rage les Cupidons dans les géraniums.
– Il a l'air d'exercer une forte emprise sur toi ton oncle à ce que je vois !
– Mais de quel droit ? Il n'est pas mon père pour autant que je sache !
– Peut-être qu'il se sent responsable.
– Responsable de quoi ? Il a continuellement le nez fourré dans mes affaires. Il se mêle de tout, surtout de ma vie personnelle. Et puis il veut tout le temps m'emmener dans sa voiture. Je le retrouve souvent à la sortie de l'école. Même une fois il a voulu …
La phrase est restée suspendue à ses lèvres.
– Il a voulu quoi ?
– Rien. Oublie ! Rien d'important. Laisse tomber.
Giacomo aurait souhaité la questionner davantage, mais il respecte son silence. Il se dit que l'oncle doit être une vraie fripouille.
– Tes parents ne disent rien ?
– Mes parents ? Quels parents ? Qu'est-ce que tu veux qu'ils disent ? Va les trouver ! Ils ne sont jamais là quand il le faut. Ils sont éternellement en vadrouille ou plongés dans une salle de jeux.
– Tu ne sors jamais avec eux ?
– Rarement. Enfin parfois pour des week-ends pendant l'hiver et une fois par an quand ils prennent part à la Chasse au Trésor organisée par la Reforme Illustrée. Quand j'étais plus jeune ils

m'emmenaient quand ils sortaient en groupe avec des amis, mais je ne les voyais pas. J'étais toujours flanquée avec les autres gosses. Et quand j'étais malheureuse, ils me consolaient avec un plateau de mille-feuilles à la crème. Le père de Terry, ma voisine, a toujours dit que je suis la fille de la bonne. Tu crois qu'il y a une de place pour un enfant dans leur existence ?
– Qu'est-ce qu'elle fait dans la vie ta mère ?
– Elle ne fait rien de spécial. Elle jouait du piano comme une virtuose dans sa jeunesse et puis elle a tout abandonné. À présent elle joue aux cartes.

Titine était une passionnée de jeux de cartes. On disait d'elle qu'elle était née avec les cartes en main. Elle jouait en après-midi, en soirée, les week-ends. Elle ne ratait jamais une invitation. Elle allait partout - au Club, dans des cercles mondains, à la plage, au casino, à l'hôtel du Beau Rivage. Rien n'existait plus quand elle se trouvait devant un tapis vert.
Elle avait une façon de tirer la carte de l'éventail qu'elle tenait dans la main gauche en la faisant claquer pour la placer ensuite avec précision sur la table comme si elle craignait qu'elle ne lui échappe. Le bruit sec de la carte qui claque faisait monter en elle l'adrénaline et son plaisir redoublait encore plus quand elle tenait des jokers en main.
Et lorsque c'était à son tour de donner, elle posait sur le parterre ses longs doigts effilés aux ongles soignés recouverts de vernis écarlate avec la superbe bague carrée en brillants qu'elle portait à l'annulaire droit et qui scintillait de mille feux. Lentement elle ramenait les cartes vers elle, les ramassait, divisait le paquet exactement en deux parts égales pour les effeuiller et ensuite les distribuer avec l'aisance et la dextérité d'un croupier de casino.
Si elle avait possédé une hampe pour drapeaux sur le balcon, elle aurait pu pavoiser un morceau de tapis vert en guise d'étendard. Le plus terrible c'est qu'elle jouait pour gagner. Elle voulait gagner tous les coups - pas pour de l'argent, mais pour la gloire, pour le plaisir. Councan, Canasta, J'achète, Rami, Colonne, Pinacle, tous ces jeux de

hasard et tous les endroits étaient bons pourvu qu'il y ait une table, des chaises, des fiches et deux paquets de cartes.

Quand Mira se trouvait au Club pendant l'hiver et que le soir tombait de bonne heure, elle devait quitter le jardin d'enfants et aller attendre que ses parents sortent éventuellement de la salle de jeux strictement interdite aux enfants.
Là, dans les salons de thé du Club, enfoncés dans des fauteuils avec ses camarades, ils s'empiffraient de gâteaux et de toasts au fromage et jambon que leur préparait Madame Morpurgo la femme du gérant – le personnel ayant déjà quitté la cuisine pour la journée.
À sept heures précises, Sayed le secrétaire du club arrivait pour ouvrir les battants des deux portes de la salle. C'était le signal que la séance était terminée. Titine, Henri et leurs acolytes émergeaient finalement précédés d'un nuage de fumée. C'était l'heure de ramener Mira à la maison.

Souvent avec Henri comme partenaire de crime, ils prenaient part à des tournois de Colonne qui duraient deux ou trois jours d'affilé. Pendant la période du concours, tous les soirs en rentrant, les discussions et les querelles entre les deux époux devenaient si violentes qu'il fallait fermer les fenêtres de peur que les voisins entendant les cris n'aillent appeler la police.
À peine avaient-ils franchi le seuil de la porte d'entrée, qu'un torrent d'injures et de menaces pleuvait.
– Tu résonnes comme deux pieds réunis. Tu es un piètre imbécile. Tu ne fais jamais de plan.
– Et toi tu joues comme une vieille pantoufle. Tu ne comprends rien à mon jeu. Tu brules tous tes jokers bêtement, sans réfléchir.
– Mais où as-tu la tête ? Regarde-moi dans les yeux quand tu joues, ne regarde pas ailleurs. J'en ai marre de tes histoires à la noix ! Tu ramasses tout le parterre continuellement ! À quoi ça sert ?
– C'est ça, tu veux que je triche ?

– Qui te demande de tricher ? Tu es un monstre. J'en ai assez. Tu me ridiculises devant tout le monde. Que le diable te patafiole ! Grâce à toi, nous sortirons perdants !
Elle l'accusait de lui gâcher l'existence. Elle menaçait de se défenestrer s'il continuait à jouer à sa façon. Sinon elle le quitterait – c'était peut-être une meilleure solution. Elle changerait de partenaire – encore mieux. Dorénavant elle ne prendrait plus part au tournoi. Euréka !
À chaque fois Mira se demandait comment tout cela allait-il se terminer ? Par un meurtre ou par un divorce ? Le plus souvent ils finissaient par remporter le premier prix ou le prix de consolation. On sablait le champagne ! Le lendemain Henri revenait du bureau avec une magnifique tourte au croquant de chez Baudrot et un plateau de mille-feuilles à la crème pour Mira. Tout rentrait dans l'ordre. Le calme était rétabli pour le moment et une petite pièce insignifiante de monnaie en or ou une babiole en cristal taillé venait rejoindre tout le bric-à-brac qui se trouvait déjà dans un coin du secrétaire.

D'habitude s'ils n'étaient pas au Monseigneur ou au casino Chatby pour un diner dansant ou pour des attractions, Titine et Henri se retrouvaient très souvent avec leurs amis au Ritrovo, au Santa Lucia, chez Pastroudis pour leurs fameuses escalopes de veau, à l'Union ou au Tiro, le club du tir aux pigeons, qui se trouvait sur le promontoire du port Est. Parfois ils s'aventuraient plus loin jusqu'au souk el Attarine, le marché des droguistes, pour se régaler de cailles ou de pigeons grillés. Et toujours, immédiatement après ces repas copieux, ils ramassaient des gâteaux dans une pâtisserie de la ville et se réunissaient chez l'un d'entre eux pour une partie de cartes qui durait jusqu'aux petites heures du matin. Il leur arrivait de finir chez Benyamin, le restaurant de foul pour le petit déjeuner.
Les dimanches d'hiver, ils passaient souvent prendre Mira à la sortie de l'école et en convoi de quatre à cinq voitures ils partaient déjeuner à l'hôtel d'Ikingi Mariout dans le désert ou chez Xénophon, le restaurant de poisson sur la route du Mex.

Chez Xénophon ils réservaient toujours la longue table devant la baie. Les garçons s'affairaient. On installait les enfants à un bout, les parents à l'autre bout.
Immédiatement à peine s'étaient-ils attablés, que les hors d'œuvres apparaissaient. Des concombres sur de la glace pilée, des légumes marinés, des crevettes, du crabe que les enfants appelaient abou galambo, *des olives, des pistaches. Les grands buvaient de la bière, les petits des boissons gazeuses. On criait, gesticulait, rigolait, discutait, chahutait. Ils parlaient tous à la fois. Les conversations s'entremêlaient. Les entrées arrivaient. Deux énormes daurades grillées au feu de bois et couchées sur de longs plats suffisaient pour nourrir tout ce monde. Les serveurs les découpaient minutieusement en filets. Ensuite ils arrosaient la chair blanche et ferme d'une sauce à base d'huile d'olive, de persil et de citron. Chacun recevait sa portion. Des monticules de frites brulantes atterrissaient sur la table et les petits applaudissaient. On se régalait !*
Plus tard ils commandaient les desserts : des gelatis (glaces) *aux différents parfums : fraise, abricot, pistache, chocolat. Les enfants ne se décidaient jamais et finalement chacun goutait dans l'assiette de l'autre. Mira adorait ces escapades du dimanche. Elle aimait retrouver ses petits camarades du club. Bien que parfois elle les jalousait. Ils étaient tous chouchoutés et dorlotés par leurs parents mais pas elle.*
Quelques uns d'entre eux avaient l'habitude de passer l'été à la montagne au Home de La Garenne à Villars en Suisse. Autour de la table les parents racontaient leurs exploits, leurs prouesses.
Souvent Henri les filmait avec son appareil 8mm. Ils se mettaient tous devant l'objectif, gesticulaient, prenaient des poses. Ils exhibaient les beaux pulls jacquard et les pantalons de ski qu'ils avaient ramenés de leur séjour à l'étranger. Mira restait à l'arrière. Personne ne lui demandait quoi que ce soit. C'était comme si elle n'existait pas.

Aussi il y avait toujours une triste fin à ces sorties. Après le déjeuner qui finissait tard dans l'après-midi, Titine et Henri déposaient Mira rue

Zananiri en la laissant toute seule sur le trottoir devant la porte de l'immeuble. Eux, continuaient avec leurs amis pour ne retourner que tard dans la nuit.
Les larmes plein les yeux, le cœur gros, elle grimpait un à un les escaliers qui menaient à l'appartement. Elle était déprimée. La perspective de ce qui l'attendait là-haut la rendait malheureuse. Le visage morose de la bonne qui était restée seule toute la journée et la pile de devoirs encore à faire. Elle était fatiguée, il faisait froid et il commençait à faire nuit. Pourquoi ses parents ne rentraient-ils jamais avec elle ? Pourquoi l'avaient-ils mise au monde s'ils comptaient l'abandonner par la suite ?

Dernièrement, Giacomo l'avait emmenée déjeuner à Aboukir au restaurant Zéphyrion au bord de mer où ils avaient mangé du crabe et des oursins et bu de la bière Stella bien frappée qui lui avait donné un mal de tête instantané qui n'avait duré toutefois que quelques minutes. Plus tard, la boisson aidant, elle s'était mise à lui raconter qu'elle avait justement eu comme sujet aux examens d'histoire de fin d'année « La Campagne d'Égypte ».
Comment en rade d'Aboukir la flotte française commandée par l'amiral Brueys, tué pendant la bataille, avait été presque totalement anéantie par les britanniques sous les ordres de Nelson.
– Tu sais j'admire Napoléon, cet homme téméraire qui a forcé toute l'Europe à se plier sous son joug. J'admire tout ce qu'il a fait pour la France. Mais par contre je hais ses défaites. Les Français se sont battus avec acharnement à Aboukir - 1,700 marins sont morts durant la bataille. Pourquoi fallait-il qu'ils perdent ?
– Mais attends ! *Carissima*, il faut bien qu'il y ait un perdant dans cette histoire, sinon les guerres ne finiraient jamais.
– Oui ! Mais pas lui ! Il aurait toujours gagné si ce n'est la perfide Albion qui s'est placée sur son chemin et qui l'a trahi. Je

déteste les Anglais. Ils ont brulé Jeanne D'Arc et ensuite se sont acharnés sur l'Empereur des Français. Il leur faut toujours une cible !
Jamais à court d'arguments, Mira s'enflammait – elle devenait toute rouge. Elle faisait des gestes avec les mains, traçait sur la nappe avec son doigt la position des deux flottes avant la bataille. L'encerclement des Français. La supercherie des Anglais. L'attaque en pleine nuit. C'était comme s'ils étaient là encore, devant eux, ce matin d'aout 1798, ce 14 Thermidor de l'an VI, sous un soleil de plomb, jetés sur la berge, mourant devant leurs navires en flammes.

Giacomo la trouvait adorable, cette petite. Il ne la quittait pas des yeux. Il buvait ses paroles comme du petit-lait. C'était une battante. Au fond elle avait peut-être raison. Il se mit à réfléchir à l'Angleterre. La situation politique du moment allait bientôt se détériorer davantage. Ils ne se laisseront pas faire. Leur ôter sous les yeux le contrôle du canal de Suez comme ça tout bonnement du jour au lendemain – ça n'allait pas se passer comme ça. D'une manière ou d'une autre leur vengeance ne tarderait pas à se manifester. La cible des Anglais, à présent, c'était Nasser !
Souvent il la regardait avec une attention émerveillée. Il aurait voulu la demander en mariage à ses parents. Mais elle n'avait que seize ans. Elle n'avait pas encore terminé le Lycée - ils n'accepteraient jamais. C'était une enfant. Elle portait souvent des petites socquettes blanches avec des mocassins à brides.
Il lui prit la main qu'elle avait posée sur la table.
– *Sai che ti amo da impazzire ?*
Elle lui sourit, mais ne lui répondit pas. Elle tourna la tête vers la baie pour regarder au loin les felouques avec leurs voiles blanches comme des virgules, glisser sur une mer d'azur. Giacomo sentait qu'elle lui filait entre les doigts. À chaque fois

qu'il revenait sur le sujet, elle s'échappait. Il attendait un signe d'elle, un tout petit signe qui lui dirait qu'elle lui retournait un peu de son amour. Mais rien. Pas la moindre lueur à l'horizon. Était-elle en train de passer à côté du bonheur ?
Souvent le samedi ou le dimanche soir au lieu d'aller au cinéma comme ils en avaient l'habitude, ils partaient pour Agami. Et là, en complicité tous les quatre, ils se baignaient au clair de lune dans une mer d'encre. Ils passaient des soirées inoubliables à la belle étoile, s'embrassant sur le sable fin encore chaud tout en regardant dans le ciel noir les étoiles filantes et en délimitant avec leur doigt dans le tapis d'astres scintillants le pourtour de la Voie Lactée.
De retour en ville, affamés, épuisés, les cheveux en bataille, encore mouillés, un gout de sel sur les lèvres, du sable collé à la peau, Giacomo se mettait en double file devant la brasserie Alakéfak à la gare de Ramleh et avec Gianluca, ils couraient chercher leurs fameux sandwichs de crevettes à la mayonnaise qu'ils dévoraient dans la voiture avant de rentrer à la maison. La sauce leur coulait sur le menton. Ils étaient heureux. Ils savaient que le lendemain ils allaient tout pouvoir recommencer.
N'empêche qu'il y avait des nuages à l'horizon.
Un soir, au retour d'une sortie à Agami, quelques kilomètres avant Dékheila, pas très loin du poste de contrôle d'Amrieh, une fourgonnette s'est mise en travers de la route. Giacomo est au volant. Il freine brusquement et se rabat sur la gauche pour éviter de déraper sur le sable. Les jeunes gens croient à un accident. C'est un barrage de police. Immédiatement deux gendarmes sortent du véhicule et s'approchent lentement de la voiture.
Mira est assise sur le siège avant à côté de Giacomo. Gianluca et Luisa sont à l'arrière. Giacomo lui serre fortement la main en l'adjurant de ne rien dire.
– Stai *zitta, Mirella. Non ti muove.*

Un des policiers plonge son regard à l'intérieur du véhicule, l'autre leur tourne le dos – il fume une cigarette.
– El *salamou aleikom*. Papiers s'il vous plait.
Giacomo ouvre la boite à gants et lui tend les documents de la voiture. Il les prend mais ne les regarde même pas. Il continue à observer les occupants avec un regard interrogateur.
– D'où venez-vous et où allez-vous ?
– Nous revenons de notre chalet à Agami. Nous rentrons à Alexandrie.
– De quelle nationalité êtes-vous ?
– Italienne.
– Vous êtes tous les quatre des Italiens ?
– Oui tous.
– Il y a des Juifs parmi vous ?
– Non. Nous sommes tous des Italiens.
– Ouvrez le coffre.
Giacomo sort de la voiture, contourne le véhicule et s'exécute.
Le policier balaye l'intérieur du porte-bagages avec le faisceau de sa lampe électrique. Il n'y a que les maillots et les serviettes mouillés, jetés pêle-mêle.
– Vous vous êtes baignés à Agami ?
– Oui.
– Tu as des Camel, des cigarettes américaines ?
– Je m'excuse, je n'ai que des égyptiennes.
Giacomo lui tend la boite de Belmont qu'il a dans sa poche.
– *Bélmounte* ! C'est de la saleté ça ! Ce n'est pas des cigarettes, c'est de la paille !
Néanmoins il lui en prend deux dans la boite, retire légèrement sa casquette et les place derrière l'oreille.
– Tu es certain qu'il n'y pas de Juifs parmi vous ?
– Certain. Nous sommes tous des Italiens catholiques. Giacomo répond au policier avec fermeté et conviction. Mais il sait pertinemment bien que si la question est directement posée à Mira,

elle se fera une joie de lui dire en pleine figure qu'elle est Juive.
– OK. Vous pouvez repartir à présent. Il donne deux coups secs sur le toit avec le plat de la main.
Giacomo retourne dans la voiture, tourne la clé du contact et calmement embraye. Ils repartent. Ils ont eu chaud. Ils retournent à Alexandrie mais sans toutefois s'arrêter chez Alakéfak pour les sandwichs de crevettes à la mayonnaise. Chacun rentre chez lui effrayé par ce qu'ils viennent de subir.

Mais Mira n'arrive pas à oublier Robert. Il lui manque. Elle a hâte de le revoir. Elle rêve d'être à nouveau dans ses bras. Elle l'imagine à chaque tournant de rue. Au cinéma, à l'entracte, ses yeux le cherchent partout dans la salle. Quand elle se trouve à la plage, elle croit apercevoir sa voiture sur la Corniche. C'est la seule voiture décapotable avec ce « bleu myosotis » en ville. À peine rentrée, elle court à la cuisine demander à la bonne s'il est venu ou s'il a appelé. Où est-il ? Elle soulève le récepteur pour vérifier que le téléphone n'est pas en panne. C'est Robert qu'elle aime. Elle en est sure. Elle ne voit plus que lui dans son existence. C'est de Robert qu'elle est folle amoureuse et pas d'un autre. Et le plus terrible encore, c'est que c'est lui qu'elle a devant les yeux à chaque fois qu'elle embrasse Giacomo.

À la mi-septembre elle est invitée un samedi soir à une surprise-partie chez Claudie Chamla, une copine du club. Giacomo est parti au Caire pour quelques jours rendre visite à sa mère – ses parents sont séparés. Et c'est ce soir-là qu'elle va revoir Robert.
En entrant au salon, elle l'aperçoit dans le miroir. Il est en train de bavarder avec quelqu'un dans un coin de la chambre derrière la porte. Il n'a pas l'air d'être accompagné. Costumé et cravaté, une jambe sur l'autre, il s'est mis de profil dans un fauteuil en cuir et tient entre ses doigts une cigarette qu'il n'a pas encore allumée. Il lui tourne un peu le dos et ne la voit pas tout de suite.

Elle croit que son cœur va s'arrêter de battre.
Mais il l'avise et se lève immédiatement du fauteuil
– Ah tiens ! Mais qu'est-ce que tu fabriques ici toi ?
Mira le regarde dans les yeux avec un air furibond. Ces yeux pétillants qu'il a, gris-vert, remplis de malice, qu'elle connait si bien et qu'elle n'a pas oubliés.
– C'est quoi cette question ? Je n'ai plus le droit de sortir sans ta permission ?
– Aouch ! Tu as tous les droits mon amour. Mais … Je suis simplement surpris de te voir ici toute seule. J'aurais cru que tu te serais mieux trouvée sur un court de tennis à cette heure-ci dans le noir (il prononce nouare) ou peut-être même sur une plage abandonnée.
Mira a reçu ces paroles comme un choc en plein ventre. Attention ! Il ne faut surtout pas réagir. Une sonnette d'alarme résonne dans sa tête. Elle essaye de maintenir son sang froid. Elle sait qu'il l'attend au tournant. Il est en train de lui tendre un piège.
– Tout d'abord je ne suis pas ton amour. Et puis qu'est-ce que c'est que cette histoire de tennis et de plage déserte ? Tu te fous de ma gueule !
Robert, les mains dans les poches de son pantalon, s'est planté devant Mira et la toise avec insolence. Il ne l'a jamais regardée de cette façon méprisante. Elle sent qu'il cherche à la provoquer.
– Mais pas du tout ! Simplement, j'ai appris que tu sortais avec Lew Hoad ces temps-ci et j'ai pensé que tu pourrais peut-être me procurer deux places pour le prochain tournoi ? Je te serais très redevable. Tu sais je raffole de tennis. Tu pourras aussi lui donner un baiser de plus pour le remercier de ma part. Un de plus un de moins - quelle importance après tout ! À propos, il donne toujours des cours du soir ton tennisman ?
– Surtout ne sois pas vulgaire ! Ça ne te va pas !
Des picotements lui arrivent aux yeux. C'est comme s'il vient de

lui jeter un seau d'eau en pleine figure. Une haine sourde monte en elle. Elle sent qu'elle le déteste. Elle veut le faire taire, lui arracher ce sourire railleur mais une phrase entraine l'autre. Et tout d'un coup les mots jaillissent de sa bouche sans qu'elle ne puisse rien faire pour les empêcher.
– Tu es un vrai salaud, tu sais ! Tu mérites de recevoir une bonne paire de claques. S'il n'y avait pas tout ce monde ici, je te cracherais au visage. Je vois que tu as eu ta ration de ragots. C'est malin de ta part. Tu es content à présent ? Tu as vidé ton sac d'ordures ? Satisfait ? Décidément rien ne change avec toi. Éternellement le même Robert. Sarcastique ! Méchant ! Toujours un sens parfait de la repartie. Tu sais ce que tu peux faire ?
– ... ?
– Aller te faire f... voir ailleurs !
– Qui est vulgaire à présent ?
Mais qu'est-ce qui lui a pris ? Qu'est-ce qu'elle peut être sotte ! Comme c'est bête ce qu'elle vient de lui dire ! Elle aurait dû le voir venir. Pourquoi lui a-t-elle répondu de la sorte ? Pourquoi a-t-elle débité toutes ces horreurs ? Comment s'arrange-t-elle pour tout gâcher ? Tout ruiner en l'espace d'un seul instant ? Si seulement elle sait garder sa langue dans sa poche. C'est simple. Elle s'est faite avoir. Il tient toujours tous les atouts ce Robert. Et elle lui a donné toutes les chances pour qu'il se débine. Et c'est exactement ce qu'il cherche à faire. Trouver une excuse et disparaitre sans aucune explication. Retourner dans les bras d'une autre. Comment a-t-elle pu croire un seul instant qu'elle pouvait lui suffire. Elle n'est rien pour lui. Taquin, ironique, moqueur, pourquoi s'arrange-t-il pour être si odieux avec elle ?
Si seulement elle peut tout recommencer, repartir à zéro. Rembobiner la pellicule. Rentrer de nouveau dans la pièce. « Salut Robert, quelle surprise de te revoir – ça fait longtemps qu'on ne s'est pas vu. Tu vas bien ? » Mais il est trop tard. Elle

ne peut plus retourner en arrière, réparer l'irréparable. Elle ne peut plus rien changer.

Un étau lui serre la gorge. Elle ravale son désespoir et ses larmes et part rejoindre un groupe d'amis. Ils lui changeront les idées. Elle ne va pas se laisser abattre et lui faire le plaisir de pleurer devant tout le monde.

Les copains ne réalisent pas ce qui vient de se passer et l'entrainent sur la piste pour un tour de mambo endiablé. Ensuite elle vient s'affaler sur le canapé pendant que les autres sont sortis fumer au balcon.

À présent on entend la voix suave et caressante de Nat King Cole entamer un slow. Les couples se lèvent à nouveau pour danser.

Non dimenticar means don't forget you are my Darling
Don't forget to be
All you mean to me ...

— Allez, ne fais pas cette tête, lève-toi, viens danser.

Robert lui tend la main pour qu'elle le suive sur la piste. Pour un instant elle reste interdite. Elle va lui refuser. Elle n'a pas l'air d'avoir bougé, pourtant elle est debout. Ses genoux vacillent mais elle sent comme un aimant qui la guide vers ces yeux gris-vert qui la regardent avec insistance. Il l'a saisie par le poignet. Un instant plus tard, elle est emprisonnée dans ses bras. Son étreinte s'est resserrée fortement, un peu avec rage, comme s'il veut lui faire mal. Mais pour Mira le temps s'est arrêté. Elle va savourer ce moment dans sa totalité car elle sait déjà à l'avance que ce soir, il ne lui accordera qu'une seule danse. Elle connait la chanson ! Elle sait comment les choses vont se passer. Il lui donne juste un avant-gout de ce qui aurait pu être. Il la punit pour avoir osé sortir avec un autre.

D'ailleurs pendant qu'ils évoluent sur la piste, elle a attiré l'attention de Sami le photographe et lui a fait signe de les

prendre en photo. Elle veut garder cette image pour la postérité comme preuve qu'il l'a tenue amoureusement dans ses bras devant tout le monde ne serait-ce qu'une seule fois.
Durant les quelques minutes que dure le slow, elle sent comme une sorte de déchirure dans sa poitrine et une immense tristesse l'envahir. Une ombre passe sur ses yeux. Elle sait qu'il se fiche bien d'elle et de plus il s'arrange pour l'humilier devant tous ses amis. Lui a tous les droits de faire ce qu'il veut, elle aucun. Elle en a assez. Combien de temps va encore durer cette mascarade ? Elle décide d'y mettre fin une fois pour toutes. Il est presque dix heures, la fête bat son plein. Elle extirpe son sac et son boléro en angora de sous le poids écrasant d'un garçon et d'une fille qui se bécotent sur le lit de la chambre à coucher et disparait dans l'escalier. Le cœur écrabouillé, en miettes, la gorge nouée, elle jure de ne plus jamais le revoir.

À l'instant où elle enfonce la clé dans la serrure, elle entend le téléphone sonner. L'appartement est plongé dans une obscurité totale - la bonne a dû rentrer se coucher de bonne heure. Elle est sure que c'est Robert au téléphone. Mortifié d'avoir découvert qu'elle a quitté la fête, il se dit probablement repentant de l'avoir blessée et veut s'excuser. Surement il lui propose de venir la chercher en voiture pour aller faire une randonnée sur la Corniche comme à son habitude. Déjà elle lui pardonne tout. Elle a tout oublié, tout effacé. Finalement la décision qu'elle a prise de ne plus le revoir n'est que de courte durée. Elle cherche sur le mur avec des doigts tremblants l'interrupteur et allume le plafonnier de l'entrée. Le cœur battant, elle court décrocher.
Mais ce n'est pas Robert - c'est Giacomo qui lui demande comment elle a passé la soirée. Si elle s'est amusée à la fête. Avec qui a-t-elle dansé ? Elle lui manque terriblement. Il a hâte de la revoir, de la serrer dans ses bras et de sentir ses jolies lèvres sur les siennes.

– Quand est-ce que tu retournes ?
– Pas avant la fin de la semaine prochaine. J'ai un tournoi samedi au TTC (Tewfikieh Tennis Club).
– Je peux peut-être te rejoindre au Caire pour quelques jours ?
Il y a de la friture sur la ligne. Giacomo n'a pas entendu ce que Mira lui a dit
– Qu'est-ce que tu as dis ?
– Que je pourrai venir te voir au Caire si tu veux ?
– Tu es sure ? Mais c'est une merveilleuse idée. Appelle Luisa et Gianluca pour leur dire de se joindre à nous. Seulement attention, il fait très chaud ! On ne s'attendait pas à un septembre si cuisant ! Le mercure monte tous les jours de plus en plus. N'empêche qu'on va s'amuser comme des fous. La ville est vide. Tous les cairotes sont encore en vacances. Nous pourrons aller danser un soir à l'Auberge des Pyramides si le cœur t'en dit ma jolie ?
– Chiche ! J'en parle à ma mère et je m'occupe du reste.
Titine a accepté de laisser partir sa fille avec Luisa et Gianluca. Ils dormiront dans l'appartement du bureau. À la gare du Caire, ils ont pris le rapide pour la capitale. Giacomo les attendra à l'autre bout.

Quatre jours de pure folie pendant lesquels ils ont joué aux touristes. Avec sa voiture, Giacomo les a promenés partout. Au musée, ils ont visité le trésor de Toutankhamon; la salle consacrée à Akhénaton, le pharaon qui a dédié sa vie au dieu Aton; la salle des bijoux; les momies royales. Devant les pyramides, ils ont fait une balade à dos de chameau. Ensuite Mira est montée jusqu'à la première pierre de la pyramide de Kéops et le bras replié au niveau de l'estomac comme le Petit Caporal, elle a déclamé à haute voix les paroles qu'il a adressées à ses officiers avant la bataille « *Soldats, songez que du haut de ces pyramides quarante siècles vous contemplent.* »

Au souk du Mouski, Giacomo lui a offert un bracelet en argent serti de scarabées multicolores. Un après-midi ils se sont baladés en dahabieh sur le Nil et ensuite ils sont allés prendre le thé à l'anglaise sur le yacht Kassed Kheir devant l'hôtel Sémiramis. Et tous les soirs, ils sont sortis diner et danser en plein air.

Mira est retournée claquée vendredi après-midi. Elle a quitté le train à la gare de Sidi-Gaber et Gianluca et Luisa ont continué jusqu'au terminus de la Gare du Caire au centre ville. Les vacances étaient extraordinaires, splendides, inoubliables. Des vacances de rêve. Ils ont rigolé comme des fous.

Crevée de fatigue et saoule de plaisir, elle a allumé le chauffe-bain et a pris une douche qui lui a fait un bien fou. En effaçant avec le plat de la main la buée que s'est formée sur le miroir de la salle de bain, elle a vu apparaitre un visage enflammé, brulé par le soleil intense des derniers jours. Immédiatement elle a recouvert ses épaules et son nez de crème Nivea pour atténuer les brulures et s'est allongée sur le lit. Un traversin sous sa nuque, elle feuillette distraitement un roman-photo dans la revue « Nous Deux ».

Elle a entendu le bruit de la poignée bouger et relève la tête pour trouver la bonne dans l'entrebâillement de la porte.

– Robert est venu deux fois.

Elle a entendu ce que la bonne vient de lui dire, mais elle refuse de la croire. Ce n'est pas possible. Robert n'est pas venu et surement pas deux fois.

– Robert est venu deux fois ? Elle répète. Mais pourquoi deux fois ? Tu ne lui as pas dit que j'étais au Caire ?

– Oui, je lui ai dit. Et puis la fois d'après, il est venu déposer une lettre.

– Une lettre ? Et où est-elle cette lettre ?

– Elle est là ! Je l'ai cachée dans le tiroir de la table de nuit.

Mira se redresse d'un bond, balance ses jambes et s'assied sur le rebord du lit. Elle n'arrive pas à concevoir qu'elle se trouve à

proximité d'une lettre de Robert depuis plus d'une heure et qu'elle ne le sait pas. Immédiatement elle ouvre le tiroir qu'elle a devant elle. La lettre est là, posée à la surface sur un tas de *karakibs* (désordre). L'enveloppe *Air Mail* zébrée rouge et bleu est libellée à Mlle Mireille Lévy, Alexandrie. Il a écrit ALEXANDRIE en lettres majuscules soulignées de deux traits. C'est bien lui. Elle a reconnu son écriture, cette écriture carrée et agressive qu'il a et se demande si les deux traits c'est pour lui faire savoir que c'est officiel. C'est définitif, il la quitte pour toujours. Point à la ligne. Et il lui envoie ce message par courrier pour qu'elle cesse de lui empoisonner l'existence.
Pour se contrôler devant la bonne, elle regarde la lettre et la retourne avec indifférence, presque avec dégout. Mais à l'instant où la porte s'est refermée et que la bonne est repartie vers la cuisine, elle la décachète avec une telle anxiété qu'elle a failli la déchirer, tellement elle à hâte de la lire. Qu'est-ce qu'il peut bien avoir à lui dire dans une lettre. Ne lui a-t-il pas déjà tout dit samedi dernier ?

« *Ma Mira chérie,*
« *Où es-tu ? Pourquoi es-tu partie au Caire dans cette chaleur torride sans me le dire. Je t'ai cherchée partout. Samedi soir en rentrant de la surprise-partie, je n'arrivais pas à m'endormir. J'ai fini par me coucher très tard avec ton visage qui me hantait. Je voudrais m'excuser pour mon comportement débile de cette soirée. J'ai été méchant et je m'en excuse. Je sais que je t'ai fait de la peine.*
« *Hier je n'en pouvais plus d'être seul et je suis sorti avec Daisy. Mais ne t'en fais pas mon chou, même si je pouvais flirter avec elle, je n'aurais pas pu car toutes mes pensées demeurent près de toi.*
« *Mira mon amour, tu me manques horriblement et je ne sais pas si je pourrai résister jusqu'à Vendredi. J'ai hâte de te revoir. Appelles-moi à peine tu rentres - à n'importe quelle heure. Je meurs d'envie d'entendre ta voix au téléphone. Je te réserve samedi soir – il est pour toi, nous*

sortons ensemble.
« *Je t'embrasse sur ta belle bouche qui est toujours très douce, celui qui t'a toujours aimée.*
« Robert »

Elle a relu la lettre cinq fois, six fois, dix fois pour s'assurer qu'elle est authentique et que ce n'est pas une blague.
Le Robert qui a écrit cette lettre, n'est pas celui qui était à la fête samedi. Quelque chose a dû se passer depuis lors. Il y a un détail qui cloche dans toute cette affaire. Mais lequel ? Et puis comment va-t-elle se débrouiller à présent ? Elle ne peut quand même pas sortir avec deux types à la fois. Elle ne le fera pas. C'est trop risqué. Et surtout elle ne fera pas ça à Giacomo. Ce serait trop cruel de sa part. Il ne comprendrait pas. Après les vacances du Caire, elle se comporterait comme la dernière des dernières.
Elle a replié lentement la lettre, la glissée dans l'enveloppe et l'a fourrée dans sa poche. Elle décide de ne rien faire pour l'instant. Il n'est pas question qu'elle lui téléphone non plus. Elle en a marre de jouer au jeu du chat et de la souris. Elle va descendre dans la rue pour éviter d'avoir à répondre au téléphone.

Mira est sortie sur le palier de la cuisine. Elle appelle Daisy en fredonnant la Habanera de Carmen.
« *L'amour est enfant de bohème ; il n'a jamais jamais connu de loi ; si tu ne m'aimes pas, je t'aime : si je t'aime, prends garde à toi...* »
— Tiens, tu es déjà de retour ?
— Descends ! On va aller sur la Corniche manger du maïs grillé. J'ai des tas de trucs à te raconter.
Elle crie à la bonne que si Robert appelle, qu'elle lui dise qu'elle n'est pas encore rentrée. Ou qu'elle lui dise plutôt qu'en désespoir de cause, comme Anna Karénine, elle s'est jetée sur les rails du train !

– Je lui dis le train de quelle heure ? Lui demande la malheureuse bonne qui n'a rien compris.

Mira en a assez de toutes ces histoires - elle se sent emprisonnée au milieu d'une horrible comédie. Si elle continue sur ce chemin, elle court au désastre. Elle ne va pas se mettre dans une situation alambiquée avec deux garçons - et surtout pas l'année du bac.

L'été touche à sa fin. Et si elle larguait les amarres une fois pour toutes ? Elle va les quitter tous les deux pour en finir et se jeter dans le travail en essayant d'oublier tout ça.

Napoléon Bonaparte l'a bien dit : « *La seule victoire en amour, c'est la fuite* ».

LA RENTRÉE

À la fin du mois de Septembre, Mira commence à se préparer pour le retour en classe. Une année importante l'attend. Entre copains on ne parle plus que du bac. Quelques jours avant la rentrée, elle se rend dans le quartier de Camp de César chez les revendeurs de livres. Munie d'une longue liste, elle parcourt les étagères poussiéreuses et encombrées à la recherche de manuels scolaires qui vont lui servir dans les mois à venir.

Un après-midi elle descend chez Georges qui tient une papèterie dans un sous-sol à deux pâtés de maisons de chez elle. Au niveau du trottoir, quelques marches mènent à sa boutique et là on entre comme dans les entrailles de la terre. C'est une immense salle au sol carrelé, au plafond bas où des tubes de néon illuminent la pièce. Tout autour, sur les murs badigeonnés à la chaux, s'étagent des fournitures scolaires.

Georges, l'éternelle cigarette collée au coin des lèvres et l'œil droit à moitié fermé par la fumée qui le gêne, trône au milieu du local devant la caisse.

On trouve tout chez lui. C'est la caverne d'Ali Baba : stylos, plumes, crayons, gommes, buvards, plumiers, taille-crayons, règles, cahiers, papier bleu, étiquettes avec de plus un grand assortiment de confiseries - en somme, tous les articles pouvant être susceptibles de servir à un écolier.

Chez Georges, il y a toujours un va-et-vient continuel. Dehors, sur le trottoir, adossés contre le mur, une jambe repliée, les jeunes aiment à s'arrêter un moment pour fumer une cigarette clandestine, revoir pour quelques instants l'ami(e) adoré(e) ou discuter d'un problème de mathématiques. Pour une raison ou une autre c'est toujours une bonne excuse pour interrompre ses devoirs.

— Je n'ai plus d'encre. Je file chez Georges.

— J'ai besoin de cahiers de brouillon. Je vais voir ce qu'il y a chez Georges.

Georges se déplace difficilement. Il a perdu une jambe pendant la campagne de Grèce durant la Deuxième Guerre Mondiale. Il traine son grand corps déformé et épuisé à travers le local, une main fermement écrasée sur le pommeau de sa canne pendant que de l'autre il met de l'ordre ici et là sur les étagères qui ont été dérangées. Parfois des gamins l'aident à répartir sur les rayons la marchandise du stock qui se trouve dans une remise à l'arrière. Et Georges ne manque jamais de les récompenser avec une barre de chocolat ICA « chats liés », un morceau de caca chinois, des bonbons berlingots Nadler ou des bâtonnets de sucre d'orge parfumés à l'anis qu'il puise dans les grands bocaux de verre qui se trouvent devant lui sur le comptoir.

Mira se plaît beaucoup dans son magasin. Elle aime le parfum qui flotte dans l'air - un mélange d'encre et de papier mêlé à celui de la réglisse, de la violette et de la menthe qui émane des pots de caramels. Quand elle se rend chez Georges en début d'année scolaire munie de cinquante piastres, elle est toujours ravie de quitter la boutique les bras chargés de toutes sortes d'articles neufs.

Aujourd'hui, elle est venue pour acheter quelques cahiers à carreaux parisiens.

— *Ela edo pethi mou* (Viens près de moi petite). Viens ici t'asseoir un peu sur mes genoux, je te montrerai ce que j'ai dans la poche. Viens, je te laisserai toucher ma jambe de bois. Tu peux aussi me chatouiller la moustache si tu veux.

— Mais tu es dingue ! Tu es devenu fou Georges ! Tu as perdu le ciboulot ! Arrête avec toutes ces bêtises. Ça suffit. *Basta !* Je ne suis plus une petite fille.

Georges soupire. Il continue à radoter.

— Tu sais, il y aura la guerre bientôt. Tout va finir ici. Tout va se casser. Il ne restera plus un seul étranger. Je vais perdre tous mes amis. Je partirai pour la Grèce et vous ne me reverrez plus jamais. Qu'est-ce que j'en sais, moi, de la Grèce ? Nous les Grecs, nous sommes ici depuis Alexandre - la plus grande colonie hellénique après Athènes. Mes aïeux ont fondé cette ville. Je suis allé là-bas pendant la guerre et j'ai failli y laisser ma peau. Une seule fois m'aura suffi.

— Mais enfin, ne sois pas si pessimiste Georges. *Ola ine endaxi* (Tout va bien). Laisse tomber tes bisaïeuls. Arrête un peu avec toutes tes prédictions à la noix. Il n'y aura pas de guerre et tu seras encore ici dans cinquante ans à vendre des crayons et des cahiers. Et puis oublie tout ça et dis-moi un peu si tu as toujours les grandes étiquettes ? Les petites que j'ai prises la dernière fois ne valent rien - elles ne collent pas.

Avec ses camarades, Mira vit des moments de surexcitation. Prête pour le retour en classe, elle a recouvert des dizaines de nouveaux cahiers de papier bleu qui s'alignent dans un coin de la table de travail. L'étiquette blanche ornée d'une bordure marine est nettement collée en haut à droite avec le nom de Mira et de sa classe soigneusement écrit à la plume en calligraphie sur deux petites lignes - les pleins et les déliés nettement formés.

Les livres qu'elle a obtenus sont en parfait état – comme neufs. Ils ne semblent pas avoir été ouverts à aucun moment. Ils ont dû appartenir à une bande de paresseux. Elle aime avoir de nouveaux livres, elle aime leur odeur, mais elle n'a pas la possibilité de les obtenir à l'économat du lycée chez Monsieur Canel – ils sont trop chers. Seuls les enfants de riches peuvent se le permettre. Mira, elle, doit se les procurer à moitié prix chez les revendeurs.

Elle vérifie le contenu de sa trousse dans laquelle elle a mis le nouveau stylo Parker 51. Elle a rempli son réservoir d'encre verte. Elle a décidé de changer de couleur cette année. Ça fait plus chic, le vert. Et puis le vert c'est la couleur de l'espoir. C'est un cadeau de Giacomo. Il a fait graver sur le capuchon doré ces trois mots : *Te amo - Giacomo*. Elle va recouvrir le message avec un morceau de *leucoplast* ou peut-être même lui trouver un autre capuchon – il n'est pas question d'exhiber ce genre de truc à l'école. Elle ne peut s'attirer que des ennuis. Déjà l'année dernière, elle a eu des problèmes avec la gourmette plaquée or que Robert lui a offerte pour son anniversaire de chez Oréco. Un bracelet avec un cœur qu'il a fait graver de leurs initiales MR. En voyant l'objet à son poignet, le prof de math lui a flanqué un zéro *non rachetable* en la sommant de ne plus jamais « tu m'entends bien, plus jamais » remettre ce bracelet à l'école.

Des compas en acier de toutes sortes sont couchés sur un écrin de velours noir. Un cadeau de son père ramené de Bucarest. Elle a rangé le tout dans son nouveau cartable en cuir beige.

Tout se présente bien. On attend vivement la rentrée scolaire. Et finalement la première semaine d'octobre les voit retourner en classe. Mais déjà ça ne va plus très fort. Un malaise erre sur le pays. Un climat d'incertitude va en s'accroissant de jour en jour. On s'inquiète de ce qui se passe à l'extérieur.

Tous les soirs, Titine, penchée sur le poste de radio, à l'affut des ondes courtes, n'arrête pas de tourner le bouton dans tous les sens, avide d'informations. Et le bruit familier de la friture est de retour. Elle ne rate rien, elle écoute tout : la BBC, Radio Monte Carlo, Radio Luxembourg, la Radio du Caire, espérant trouver des nouvelles ayant rapport à la situation politique du moment.

Et tous les jours de nouvelles lois sont édictées. Les nationalisations des compagnies étrangères arrivent en avalanche. Henri toujours si optimiste est à présent continuellement d'humeur maussade. Il se sent acculé. Il a des ennuis au bureau. Le gouvernement a installé des séquestres partout. Il faut tout refaire, tout changer. Remplir des formulaires. Répondre aux convocations. Il se demande comment tout cela va finir.

Mira se rend compte que la situation doit être très grave. Ses parents ne sortent plus en soirée.

Les projecteurs aussi sont de retour, entrecroisant toutes les nuits leurs longs faisceaux blancs dans le ciel noir d'Alexandrie. Jamais rien vu de pareil depuis la Deuxième Guerre Mondiale. Titine, avec l'aide du domestique et munie d'une paire de ciseaux et d'un paquet de punaises, recouvre les fenêtres de gros papier *Kraft* bleu marine.

Et le 29 octobre la bombe éclate ! C'est un lundi. À une heure précise, Mira est en train de ranger ses affaires dans son cartable pour se préparer à rentrer à la maison comme d'habitude. Au moment de quitter la salle de classe, la sous-directrice, Mlle Dalmedico, avertit tous les élèves de se réunir immédiatement près du bassin de têtards au fond de la cour. Elle a une communication importante à leur faire.

« L'école sera fermée à partir de demain pour une durée indéterminée. Les élèves seront contactés chez eux par la direction s'il y a du changement. Des devoirs seront préparés pour chaque classe et ils vous seront distribués. Maintenant, ne trainez pas dehors et rentrez immédiatement chez vous. »

Mira fréquente ce lycée depuis déjà douze ans et jamais il n'a fermé ses portes, pas même durant l'épidémie de choléra en 47. Les élèves sont tout à fait déboussolés par la nouvelle. Sur le chemin de la station de tram, ils discutent, lancent des pronostics, crient d'un trottoir à l'autre :
— Ils ne perdent jamais le Nord ces gens-là. C'est la catastrophe. Il y aura surement une guerre. Elle est peut-être déjà aux frontières. Nous pourrons être tués d'une minute à l'autre et ils pensent encore à nous donner des devoirs. Les amis, préparez-vous ce soir pour des bombardements.
— Si nous sommes tués, plus besoin de faire de devoirs, crie quelqu'un.
— Ne t'en fais pas, ils te les enverront au paradis !
— Ou plutôt à l'enfer !
Ils éclatent tous de rire.

LA GUERRE DE SUEZ

Arrivée à la station, Mira saute du tramway encore en marche et court jusqu'à la maison. Elle sent les livres et les cahiers tanguer dans le cartable qu'elle a posé sur la hanche. Elle est agitée et anxieuse. Elle a hâte de se retrouver chez elle.

Dans le hall de l'immeuble, elle se heurte à Moustafa, le domestique qui l'accueille avec son habituel « *Ya mit alf how do you do* » (cent mille saluts).

Il vient de retourner à l'instant de chez le boulanger syrien qui se trouve de l'autre côté de la voie ferrée. Dans sa main il tient un cabas en paille tressée dans lequel on peut voir six petits pains *chami* tout gonflés, tout ronds et encore chauds. Il lui fait des yeux de merlan frit, comme quand elle était petite et qu'il voulait lui faire peur. Un large sourire découvre ses belles dents blanches qui ressemblent à des touches de piano.

Mira grimpe après lui les escaliers de service et trouve Ehtemad à la cuisine en train de surveiller de très près les casseroles qu'elle a sur le feu.

Elle a abandonné ses affaires sur le canapé de l'entrée et a couru rejoindre ses parents dans leur chambre. Son père vient à l'instant de rentrer. Il est en train de défaire le nœud de sa cravate. Titine s'est jetée négligemment en travers du lit.

– Que se passe-t-il ? On nous a dit à l'école de ne plus revenir pour le moment.

– Ne t'emballe pas si vite. Il n'y a pas le feu encore. Nous ne savons presque rien de ce qui se passe à l'extérieur, donc pour le moment passons calmement à table. Ce n'est peut-être l'affaire que de quelques jours. Tout reprendra sa place d'ici là et tout rentrera dans l'ordre. Et à propos, rien devant les domestiques, tu m'entends bien. Pas un mot, pas de discussions et pas de récriminations à la cuisine. C'est simple, tu ne parles pas de politique. Rien. Tu attends voir et tu te tais.

Henri est définitif sur ce point.

Ils se mettent à table. Ils déjeunent tous les jours à une heure trente précise pour donner à Henri le temps de manger, faire sa sieste, prendre son café pour ensuite être de retour au bureau à quatre heures.

Moustafa est déjà là tenant la soupière fumante entre ses mains, prêt à servir. Le silence règne dans la salle à manger. Les plats se succèdent les uns après les autres comme sur un tapis roulant. Une soupe aux petits légumes, des tranches de *taglio bianco* (veau) avec des pommes de terre *sofritto* (rissolés), du riz aux vermicelles, que Mira déteste, des épinards en branche, de la salade et du melon. Ça n'en finit pas.

Inconsciemment Mira fait des boules sur la nappe avec la mie de

pain. Elle semble avoir la tête ailleurs car elle a l'air d'avoir oublié ce qu'il y a dans son assiette. Elle n'a plus faim. Ses parents parlent de banalités, de choses et d'autres. Elle est nerveuse. Elle tressaille à chaque fois qu'elle entend le téléphone sonner. Il a sonné à plusieurs reprises pendant le déjeuner, et à chaque fois elle a entendu le domestique annoncer que la famille est à table. Elle se demande si la guerre finira bien avant qu'ils ne finissent de déjeuner.
Henri a toujours refusé de prendre des appels téléphoniques pendant les repas même si on est en temps de guerre ! Et cette fois-ci ça a bien l'air qu'on y est ! Ses parents semblent avoir une notion de la situation et immédiatement le repas fini, ils se retirent dans leur chambre pour discuter.
Le téléphone n'a pas arrêté de sonner pendant tout l'après-midi et chaque fois l'un d'eux est venu prendre l'appel dans le hall d'entrée - ils n'ont qu'un appareil.

Tout éclata en fin d'après-midi. C'était le commencement d'un conflit mais on ne mentionnait pas le nom de l'agresseur. Jamais depuis la création de l'État d'Israël, le mot « Israël » n'avait été prononcé. Il avait été effacé, supprimé, oublié, interdit. On n'en parlait pas, ni à l'école, ni à la radio, rarement dans les journaux, définitivement pas dans la rue, en fait nulle part. Le mot tabou en question avait même été rayé des cartes géographiques - peut-être n'avait-il jamais existé.
Quand on demandait où était passée telle ou telle personne, la réponse était toujours : elle est partie là-bas ! C'était où là-bas ? C'était là-bas, très loin, dans un pays d'outremer. Rarement entendait-on chuchoter « en Palestine ».
Et lorsque des membres de la famille avaient émigré en Israël en 49, Mira croyait qu'Israël était un pays lointain, car il fallait prendre deux navires pour y parvenir. D'abord partir pour Marseille, Chypre ou Gênes et ensuite embarquer sur un autre bateau qui les amènerait là-bas.

Aucun courrier, aucune communication n'arrivaient ni ne partaient « là-bas ». Sauf une seule fois, un soir où ils se trouvaient tous réunis autour de la table de la salle à manger chez Zia Fortunée.
Le mari de Fortunée, Zio Albert tenait dans sa main tremblante trois feuilles de papier jauni recouvertes d'une écriture ronde et serrée. « Je vous ai réunis ce soir car nous venons de recevoir une lettre d'Esther. Bien sûr la lettre a déjà été ouverte par la censure. Elle date d'il y a trois mois – elle a dû faire le tour du monde avant de nous parvenir. Lisez-la chacun de vous et voyez ce que vous pourrez déduire en lisant entre les lignes. » Mira avait jeté un coup d'œil sur les trois feuillets qu'on se passait de main en main, et elle remarqua qu'il n'y avait pas de ligne sur le papier. Qu'est-ce que c'était que cette histoire ? Comment allaient-ils lire entre les lignes s'il n'y en avait pas ?

Au début des années cinquante Mira et ses parents partirent en vacances pour l'Europe. Depuis 1948, il était interdit de quitter l'Égypte sans un visa de sortie, même aux détenteurs de nationalité étrangère. Henri avait pu obtenir des autorités égyptiennes un « laissez-passer » avec l'assurance qu'il partait pour affaires. Pendant que Mira et sa mère visitaient l'Europe, il était allé rencontrer des négociants de bois à Marienbad, en Tchécoslovaquie. Titine, elle, obtint un visa pour raison de santé. Un médecin, ami de la famille, lui procura une lettre disant qu'elle avait besoin de consulter un éminent spécialiste du foie. Elle n'avait aucun problème avec son foie. Mais comme en Égypte la plupart des gens souffraient du foie, c'était assez plausible comme excuse. On entendait : « J'ai le foie » comme on disait « Il a le cœur ». Tous ceux qui pouvaient se permettre de quitter le pays pendant les vacances, partaient. Ils prétendaient qu'ils avaient besoin de soins ou d'une cure thermale et qu'ils étaient porteurs d'une lettre destinée à un spécialiste quelque part à l'étranger.
Pendant qu'ils se trouvaient en Europe cette année-là, ils rencontrèrent Claire, la sœur d'Henri qui avait émigré en Israël en 49 avec toute sa smala quand l'émigration avait été permise aux Juifs apatrides ou de

nationalité égyptienne.

La rencontre eut lieu dans un endroit isolé, un hôtel prés du Grand Ballon de Guebwiller dans les Vosges. Mira s'était ennuyée à mourir, avait bu de la bière de Lutterbach et mangé des milliers de bretzels.

Titine ne supportait pas la voix aigüe et les reproches incessants que sa belle-sœur leur déballait tous les jours. Aussi elle refusait de refaire le monde tous les matins. Alors, avec Mira, elles partaient dans un car de tourisme qui les emmenait dans la montagne. Là, elles passaient la journée à se promener pendant que le frère et la sœur se disputaient dans les jardins de l'hôtel.

Claire insistait en disant qu'ils devaient quitter l'Égypte, partir pour Israël ou ailleurs. Soutenir le pays et l'aider financièrement. Cette situation ne pouvait plus durer. C'en était fini de cette vie de cocagne – ce dolce farniente passé à se dorer au soleil pendant que d'autres se tuaient à bâtir une nation. Dans tous les cas elle prévoyait qu'il y aurait une guerre bientôt. Mais Henri n'écoutait que d'une oreille tous les discours que sa sœur lui débitait.

Il lui disait « Ma chérie ! Sache que tant qu'il y aura des hommes sur la terre, il y aura des guerres ! Quant aux Juifs et aux Arabes, ils continueront à s'entre-tuer pour des siècles à venir. Tout le monde est d'accord sur ce point de vue. »

Mais lui Henri n'allait pas commencer à se faire un sang d'encre sur l'état de l'État d'Israël. Ça ne l'intéressait pas vraiment. Bien sûr l'existence d'un état hébreu comme Israël était un paradis pour les Juifs d'Europe qui avaient survécu au Génocide, qui avaient tout perdu pendant toutes ces années de guerre et qui maintenant n'avaient plus rien à perdre. Mais pas pour ceux qui vivaient en Égypte et qui ne craignaient rien pour le moment et n'avaient vraiment pas besoin d'un tel paradis. Pourquoi fallait-il tout plaquer et s'en aller ? Pour aller où ? Henri se trouvait bien en Égypte. C'était son pays. Il y était né et ses parents avant lui. Sa famille vivait depuis plus de quatre siècles sur une terre arabe – pourquoi changer. Israël, d'accord pour les quelques têtes brulées de sionistes, mais pas pour lui.

D'ailleurs pour le moment il avait d'autres chats à fouetter. Il pensait plutôt à ses affaires - au Vido, le navire que sa compagnie allait affréter du port de Split d'un moment à l'autre pour transporter une cargaison de bois qui servirait à fabriquer des traverses de chemins de fer.
Jusqu'au dernier moment Claire continuait sa rengaine : « Vous pouvez commencer à préparer vos valises et compter les jours – vous ne resterez plus pour encore longtemps en Égypte. Comme je vous l'ai déjà dit, bientôt il y aura une guerre. »

À partir du 29 octobre tout commença à se bouleverser. Les jours qui suivirent virent la guerre faire rage sur le front de Suez. Alexandrie était sous couvre-feu. À la tombée de la nuit, chacun se barricadait chez soi, toutes lumières éteintes. Dans la rue, des voyous hurlaient les obscénités habituelles.
« *Taffoul nour, yahoudi ibn kalb* » (Éteint la lumière Juif, fils de chien)
Des bombardements venaient de la région du port. Mais ce n'était que la défense aérienne d'Anfouchi et du promontoire de la Silselah qui n'arrêtait pas de s'attaquer à des cibles imaginaires. La nuit les voisins couraient sur la terrasse pour voir si quelque chose se passait dans la région portuaire. Les projecteurs balayaient continuellement le ciel à la recherche d'avions ennemis. Mais pour le moment la guerre n'était qu'aux frontières.
Le soir Titine et Henri restaient cloués devant le poste de radio. Les stations étrangères donnaient des nouvelles en permanence et en profusion. La guerre des ondes était entamée « Israël a occupé le Sinaï. » Des lieux dont on n'avait jamais entendu parler dans pareil contexte étaient maintenant sur toutes les bouches. Mitla Pass, Rafah, El Arish, Charm el Cheikh.
« Demain les Israéliens seront au Caire » annonçait un speaker à la radio. Le gouvernement déclara immédiatement l'état d'urgence. Mais comme l'histoire le raconte, les Américains

s'interposèrent et tout prit un autre tournant, bien que dans le pays la situation continuait à s'empirer.

Un après-midi, Terry et Mira se rendirent chez leur amie Paulette qui habitait de l'autre côté de la ligne du tram près de la mer. On leur avait recommandé au préalable de retourner bien avant le couvre-feu. Il était dangereux de s'éterniser dans les rues après le coucher du soleil.
Elles trainaillèrent chez Paulette, passant le temps à se farder, à écouter de la musique, à se mettre de *l'éclat-d'or* sur les ongles et à parler de garçons. Quand éventuellement elles décidèrent de partir, la nuit commençait déjà à tomber. L'heure du couvre-feu était passée depuis longtemps.
Hâtivement les deux filles se dirigèrent vers la station. Elles n'avaient pas beaucoup de chemin à faire. La rue commerciale, le passage à niveau, et ensuite toute la longueur de la rue Zananiri. Dans la rue Delta, tous les rideaux de tôle étaient baissés. La pâtisserie Minerva, Yéhia la sandwicherie de foul, Bata la boutique de chaussures, la laiterie Mandara Farm, Christo l'épicier, la bonneterie Acher, la droguerie Delta, partout on ne voyait que des devantures fermées. Nulle part où s'abriter un moment et personne à qui demander de l'aide s'il le fallait.
Soudain une escouade de jeunes soldats armés apparut de l'autre côté sur le trottoir d'en face, venant d'une rue perpendiculaire, probablement la rue de Thèbes. Il devait y en avoir une douzaine tout au plus. Mira et Terry étaient pétrifiées.
Quand un soldat qui les avait probablement repérées, sortit des rangs et commença à traverser lentement la rue en se dirigeant vers elles, Terry chuchota à l'oreille de son amie : « Qu'allons-nous faire ? Ils vont nous tuer avant que nos parents n'aient le plaisir de le faire eux-mêmes. Ou ils vont surement nous embarquer et nous jeter dans un cachot et on ne nous retrouvera plus jamais. »

Elles avaient entendu dire que des patrouilles qui arpentaient souvent les rues de la ville, arrêtaient les gens par caprice pour une raison ou une autre et les plaçaient en détention dans une prison quelque part aux abords de la ville.
Le soldat, remarquant que les deux filles s'étaient transformées en statues de sel, se hâta de traverser la rue, porta brièvement l'index à son képi et s'approchant de Mira, posa légèrement la main sur son épaule.
– *Matte Khafouche. Ana Adel.* (N'ayez pas peur. C'est moi Adel)
–*Adel ? Enta Adel ?* Articula Mira qui n'en croyait pas ses oreilles. C'est bien toi ? Tu es soldat à présent ? Tu ne poursuis plus tes études à la faculté de médecine ?
C'était la première fois qu'elle lui adressait la parole et la première fois qu'ils se trouvaient si près l'un de l'autre. La nuit pouvait tomber. La foudre s'abattre sur sa tête, elle s'en fichait. Elle n'avait plus rien à craindre : Adel était là. Il les protègerait. Elle lui accordait toute sa confiance.
Elle sentait encore la chaleur de la main qu'il avait posée quelques instants plus tôt sur son épaule. Un courant de plaisir la traversa. Comment ne l'avait-elle pas reconnu tout de suite dans son uniforme de soldat ?
Adel, le plus beau garçon du quartier, à la taille élancée, aux grands yeux noirs et profonds avec les cheveux coupés en brosse. Adel qui avait été son premier amour. Elle devait avoir onze ou douze ans à l'époque. Ils ne s'étaient jamais parlé. Leur relation avait été muette et platonique.

Tous les jours après déjeuner, quand ses parents s'étaient retirés dans leur chambre pour la sieste, Mira courait au balcon. Adel était déjà là. Il l'attendait de l'autre côté de la ruelle, installé à son balcon dans l'immeuble d'en face. Ils se regardaient dans les yeux pour ce qui semblait être des heures. Mira faisait des minauderies. Elle tressait ses cheveux en une longue natte. Ensuite elle les défaisait et les jetait en arrière. Elle se mettait à lire un livre - un roman de Delly peut-être. « Mitsi », c'était elle l'héroïne et Adel, le séduisant Christian, son prince charmant. Elle rentrait à l'intérieur et revenait avec une écharpe en soie chamarrée qui appartenait à sa mère et qu'elle se nouait autour du cou. Et ils restaient là longtemps tous les deux accoudés sur le rebord de leur balcon respectif. Parfois, sa mère à lui l'appelait. Il rentrait et revenait quelques instants plus tard un livre à la main, lui aussi. Il l'imitait. C'était un jeu. Mais jamais mot n'avait franchi leurs lèvres.

Et puis un jour, le petit frère de Adel mourut de la typhoïde. Il y eut des veillées funèbres pendant plus d'une semaine. Un chader (une tente) avait été érigé sur tout un tronçon de la ruelle pour accomoder la foule qui venait prier tous les soirs. Après ça Mira perdit sa trace. Il ne sortait plus au balcon. Ses parents habitaient toujours le même immeuble. Dernièrement la bonne lui avait dit qu'il était parti pour Le Caire étudier la médecine à la faculté de Kasr el Aini. Il l'avait reconnue là sur le trottoir et voulait les aider. Il ne l'avait pas oubliée.

– Ne vous inquiétez pas. Nous allons vous escorter jusque chez vous. Vous serez en toute sécurité.

Les deux amies avançaient en se tenant par la main un peu à l'écart de la file de soldats. Mira regardait Adel du coin de l'œil. À présent, il avait rejoint son groupe. Il marchait avec eux dans les rangs. Elle ne voulait pas l'embarrasser devant ses camarades. Mais elle aurait tant aimé bavarder avec lui davantage. Elle aurait voulu apprendre à mieux le connaitre. Discuter, échanger des idées sur la situation du moment. Ils auraient pu être de bons copains, peut-être même des amis intimes. Après tout ils étaient des voisins, étaient nés dans la même ville et avaient probablement suivi le même genre d'études. Leur avenir avait beaucoup de points similaires. Il allait être médecin – plus tard elle voulait devenir anesthésiste. Elle avait lu et relu les trois volumes des Hommes en Blanc

d'André Soubiran et c'était la médecine qu'elle voulait poursuivre plus tard. Ne se rejoignaient-ils pas dans un avenir commun ? Malheureusement dans un monde sens dessus dessous, de plus en plus intolérant, leur chemin prenait des parcours différents. Un abime les séparait. Il était musulman – elle était juive.
Ils se quittèrent devant la porte de l'immeuble. Elle lui fit un petit signe de la main en se demandant si elle le reverrait un jour.

Défense de s'aventurer dans les rues après la tombée de la nuit. Plus de sorties dans des endroits publics, plus de théâtres, plus de cinémas, plus de cafétérias. On se regroupait en famille ou chez des amis en petit comité rien que pour échanger des nouvelles et des potins. Jour après jour les rumeurs les plus folles abondaient dans la ville. Informations et contre-informations arrivaient de partout. Il fallait être vigilant et très bref au téléphone. Ne pas s'attarder en de longues conversations futiles. Le bruit circulait que des standardistes malintentionnées écoutaient sur les lignes pour ensuite dénoncer les abonnés. Le téléphone était devenu un objet de menace.

À la mi-novembre, il se mit à sonner en plein milieu de la nuit. Henri était sommé de se présenter dans la demi-heure qui suivrait à tel poste de police de la ville pour une convocation.
Depuis des années, il avait l'habitude d'être appelé aux bureaux de la *Muhafsah* (Gouvernorat). C'étaient toujours les mêmes questions.
– Sais-tu où se trouvent certains membres de ta famille qui ont quitté l'Égypte en 49 ?
– Non, je ne le sais pas.
– Nous savons qu'ils sont partis pour la « *falastine* ? »
– Non je ne le sais pas. Mais si vous le savez, alors donnez-moi

de leurs nouvelles.

Comme il parlait et écrivait l'arabe à la perfection et qu'il connaissait un tas de hauts fonctionnaires dans le service des douanes et au Ministère des Affaires Étrangères, tout finissait par une bonne poignée de main mêlée à un brin d'humour à l'égyptienne ! On envoyait le *farrrache* (commis de bureau) chercher des cafés du bar d'en face. Mais jamais encore il n'avait été convoqué au beau milieu de la nuit.

Henri s'habillait calmement, priait Titine de ne pas trop s'inquiéter, l'assurant que c'était surement une erreur et qu'il serait de retour très bientôt et effectivement il était de retour une heure après - le poste de police en question étant fermement clos. Cela se passa à deux ou trois reprises jusqu'à ce qu'Henri et Titine comprirent que le même scénario se passait dans beaucoup d'autres familles. Des agitateurs malveillants parcouraient l'annuaire téléphonique et se mettaient à appeler des abonnés aux noms à consonance israélite.

Ayant servi dans la marine anglaise pendant la Deuxième Guerre Mondiale, Henri fut placé en résidence surveillée. Immédiatement les autorités locales expédièrent un chaouiche qui se posta devant l'immeuble pour observer ses allées et venues.

Il arrivait tous les matins de bonne heure et prenait place sur le banc à côté du portier. Les deux hommes bavardaient à longueur de journée d'une voix monocorde. Que pouvaient-ils bien avoir à se dire ? Le portier, une jambe posée sur un genou passait le temps à se masser les orteils, à s'arracher des fragments d'ongles et à se frotter la plante des pieds. Plus tard il se levait pour aller préparer dans sa petite loge deux verres de thé fort et bien sucré avec les provisions qu'il avait prises au préalable chez Titine.

Il y avait des rentrées et des sorties continuelles de locataires mais le policier n'avait aucune idée de qui pouvait bien être le khawagga en question. Le portier, le fidèle 'Am Mohammad, qui n'était pas vraiment impressionné par ce petit chaouiche qu'il

considérait comme un semeur de troubles, ne le lui avait jamais dit.
Mira craignait les nuits. Souvent elle se réveillait en sursaut croyant avoir entendu un bruit étrange. Ce n'était pas le téléphone, c'était le parquet qui craquait. Dans la rue une voiture passait, les phares balayant sur leur passage les ombres des persiennes fermées. Mira était en transe. Elle restait là couchée, en nage, immobile, tremblante de peur sans faire le moindre bruit épiant les sons étranges qui lui parvenaient de la rue. Si elle entendait des pneus de voiture crisser et que les ombres se figeaient sur le plafond, c'est que la voiture s'était arrêtée. Alors elle attendait, morte de frayeur dans l'obscurité de la chambre pour voir si c'était peut-être une voiture de police venue pour les emmener.
À l'époque une blague circulait en ville.
« Un renard arriva à la frontière libyenne en provenance d'Égypte et demanda d'être admis. Pourquoi voulait-il quitter l'Égypte ? C'est qu'ici on met les chameaux en prison. Mais tu es un renard. Oui je le sais. Mais combien de temps croyez-vous qu'ils prendront pour s'en rendre compte ? »

Ehtemad, la bonne, qui était une personne innocente et très discrète avait par contre une sœur militante et patriotique. Chaque après-midi Mona escaladait les escaliers de service et venait se poster sur le palier derrière la porte de la cuisine. Elle essayait de convaincre sa sœur d'espionner ses patrons, de leur soustraire de l'argent et de ne pas trop se démener pour eux. En somme, de faire ce qu'il lui plaisait.
Quand Mira arrivait à la cuisine, un feu d'artifice lui éclatait au visage. Mona brandissait des menaces, la bombardant de vieux slogans révolutionnaires. *El nézam. wel a'mal wel étéhad* (L'ordre, le travail et l'union) allaient être leur nouvel objectif. Nous y voilà de nouveau ! C'étaient les slogans de 1952 qui refaisaient

surface.

D'ailleurs on entendait la chanteuse Oum Kalthoum avec sa voix qui dominait les ondes le crier tous les jours sur toutes les radios de tous les cafés de toute l'Égypte. Ensuite, Mona s'armait d'encore plus de courage et déversait tout son venin et toute sa hargne sur Mira. Elle criait « Nous allons nous battre. Nous allons nous débarrasser des Européens, ces mécréants, cette vermine. Maintenant tout va changer. Les étrangers payeront ! Et ils payeront cher pour ce qu'ils ont fait de nous. Le Nil se remplira de leur sang ! Je crache sur tous les étrangers. Le Prophète nous aidera dans notre tâche et nous vengera. »

« *Ha nedbahoukom koulokom* (Nous allons tous vous égorger). Vous allez voir. » Elle faisait avec sa main le signe du couteau sur la gorge.

Mona racontait que Mounir, son fiancé, était au front risquant sa vie pour sauver son peuple. Mais contre qui se battait-il ? Qui était l'ennemi ? Comme d'habitude le mot tabou n'était pas mentionné ! On n'en parlait jamais. Israël ne pouvait pas être une force à craindre. Israël était faible, lâche. Israël n'existait pas. Toutes les insultes et toutes les vengeances étaient dirigées envers les Anglais, mais curieusement jamais envers les Français. Les relations entre la France et l'Égypte avaient toujours été bonnes. Mais la querelle du moment n'avait rien de comparable au conflit qui opposait l'Égypte à la Grande-Bretagne.

Mira était une proie facile. Elles avaient toutes les deux seize ans et souvent la dispute s'envenimait et un combat verbal s'ensuivait jusqu'à ce qu'elles entendent le bruit des talons de Titine.

Quand la maitresse de maison arrivait sur les lieux, elle était hors d'elle « Mais qu'est-ce que c'est que tous ces cris ? C'est quoi cette histoire ? On vous entend jusque dans la rue. J'en ai assez, ça suffit ! Toi, tu vas dans ta chambre immédiatement. Et toi, tu retournes chez tes patrons. Allez, file et qu'on ne te revoie plus chez nous. Tu nous causes trop de problèmes. Tu as bien compris ? »

Vers la fin du mois de novembre tout commença à tourbillonner comme dans un horrible cauchemar. Un matin Henri appela du bureau, et après avoir raccroché, Titine, la mine défaite, se laissa tomber lourdement dans le fauteuil sans pouvoir articuler le moindre mot. Elle était pâle et son visage affichait un regard rempli d'inquiétude et de tristesse.
Depuis quelque temps déjà, ils vivaient dans un climat d'incertitude qui tous les jours s'aggravait davantage. Même en mettant les choses au pire, ils ne savaient plus à quoi s'en tenir. De jour en jour les nouvelles étaient alarmantes. Des rumeurs couraient de partout. On entendait dire que les ressortissants britanniques et français allaient être expulsés. Certains étaient déjà partis. Mais cette fois-ci c'était confirmé. Henri venait de dire à Titine que les autorités leur donnaient quinze jours pour quitter le sol égyptien et ne plus y remettre les pieds. Et qu'une dépêche officielle à cet effet arriverait par courrier spécial dans les heures à venir.
Comment fait-on pour ramasser toute une vie, toute une histoire et l'emporter tout bonnement dans une valise ? Une histoire qui avait duré plus de cent ans. Comme ça tout simplement en quinze jours ! Pour aller où ? Ils étaient désespérés. Mais partir, il fallait partir. Après le choc initial de l'annonce de l'expulsion, Henri et Titine méditaient en pensant que tout ça pouvait très bien finir par s'arranger. En Égypte tout finissait par s'arranger. Ils ne partiraient pas. Des amis égyptiens leur conseillaient de rester, de tenir bon. « Vous verrez, on s'en sortira. Nasser a fait une grave erreur. Il est allé trop loin. Il va revenir sur sa décision. »
Titine supplia Henri de se mettre en contact avec des connaissances qu'il avait au Ministère des Affaires Étrangères.

C'était le seul moyen d'avoir un plus ample aperçu de la situation. Henri travaillait dans l'industrie du coton et de ce fait connaissait des personnes haut placées. Il communiqua avec certains de ses collègues.

Dans les jours qui suivirent il reçut un coup de téléphone d'un ministre avec qui il avait travaillé dans le passé quand il était employé au Wardian chez Les Fils d'Antoine Bassili, les négociants en bois. « Écoute-moi *habibi*, mon ami. Tu es comme un frère pour moi. Écoute bien ce que j'ai à te dire. Quitte le pays ! Pars ! Tout va se détériorer pour les étrangers encore plus dans les mois à venir. Mais je te promets qu'on se rencontrera un de ces jours à l'étranger et qu'on boira un bon café ensemble. *Ma'a salama ya sahbi. Allah ma'ak* » (Adieu mon ami. Que Dieu soit avec toi)

Il ne leur restait plus grand choix. Il fallait partir. Henri consola sa femme, qui sanglotait.

— Comment allons-nous abandonner tout derrière nous, ne rien emporter ? Laisser tout et partir ? Partir pour aller où ? Il n'y a plus de place pour nous en ce bas monde. Nous sommes continuellement chassés de partout. Pour le restant de notre vie, notre sort sera de fuir un pays pour un autre.

Henri essayait de la tranquilliser. Après tout il fallait qu'un des deux puisse garder le moral. Il avait le caractère combattif et finirait bien par s'en sortir de ce marasme.

— Écoute-moi un peu, Titine ma chérie. N'oublie jamais la chance qu'on avait eue la dernière fois quand Rommel était presque arrivé dans la banlieue d'Alexandrie. Une chance carabinée, un miracle ! On était si prêt de tout perdre, et notre vie avec. Aurions-nous pu être libres de partir à l'époque si les Allemands avaient occupé le pays ?

— Mais tout ça c'était avant. C'est autre chose à présent.

— Quelle importance ! Cette fois-ci aussi nous avons beaucoup de chance. Nasser nous fait une faveur - il nous laisse plier bagage,

il ne nous retient pas. Il nous chasse. Il nous expulse. Il nous donne quinze jours pour partir. En Europe, en quarante, on leur laissait à peine quelques minutes pour ramasser leurs affaires. Tu vois, Titine, il ne nous déporte pas dans des camps de concentration. Il ne nous force pas à coudre une étoile jaune sur nos vêtements pour nous distinguer des autres. Nous n'avons pas besoin de faux papiers pour quitter l'Égypte. Nous sommes libres de refaire notre vie là où il nous plaira.
Titine restait inconsolable.
– Quelle faute avons-nous commise pour qu'on nous chasse de notre propre maison ?
– Aucune. À travers l'histoire, nous n'avons commis aucune faute. Te rappelles-tu combien nous cherchions par monts et par vaux tes cousins de Salonique, ceux qui étaient partis pour la France en 25. Nous avions remué ciel et terre à l'époque pour les inviter à venir se réfugier en Égypte pour échapper aux conflits en Europe. Et puis un jour après la fin de la guerre, on nous a suggéré d'écrire au Centre d'Accueil à l'hôtel Lutétia à Paris, là où se rassemblaient tous les déportés qui étaient revenus des camps. Quelques temps après, la Croix-Rouge nous avait fait savoir que les Nazis les avaient tous tués. Les rafles, les massacres, les fours crématoires, rappelle-toi – nous n'avons su tout ça que plus tard. Et ceux qui étaient restés à Salonique – ceux-là aussi les Nazis les avaient tous exilés pour les tuer par la suite. Quelles fautes avaient-ils commises ?
– Mais à quoi ça sert ? C'est des paroles tout ça. Nous seuls nous partirons et les autres resteront.
– Non ! Tu verras ! Le même sort nous sera réservé à tous. Comme à Salonique quand nous avions appris qu'il ne restait plus que deux mille Juifs dans cette florissante communauté qui avait été le berceau de tous tes ancêtres depuis des siècles. Anéantie ! Finie ! Effacée à jamais ! Ce sera probablement la destinée des Juifs d'Égypte car crois-moi ils ne resteront pas. Ils

partiront tous. Avant qu'il ne leur arrive la même fatalité.

« Rien que des effets personnels » on pouvait lire sur le communiqué officiel. Pas de bijoux, pas d'argent, pas d'objets d'art, pas de meubles, pas de tapis. En somme rien ! Mais par contre on pouvait s'acheter autant de billets de voyage que l'on voulait. Jusqu'au bout du monde s'il le fallait ! Pourtant quelques jours plus tard un nouveau problème se posait. Toutes les agences de voyages affichaient « complet » pour les départs vers l'Europe.
Finalement Henri obtint trois passages sur l'*Espéria* qui partait pour Venise le samedi 15 décembre – aller simple sans retour, ainsi que des billets de train jusqu'à Londres. C'était à Londres qu'ils pourraient encaisser une lettre de crédit d'une valeur de cent cinquante livres qu'Henri avait pu organiser à la dernière minute.

Tous les matins Titine et Mira couraient en ville à la recherche de vêtements. L'hiver européen était un climat auquel elles n'avaient jamais eu à faire face. Titine trouva au fond d'un tiroir deux feutres « Borsalino » qu'elle donna à une modiste qui leur confectionna des chapeaux. Henri les avait ramenés de Milan quelques années auparavant.
Au fil des jours les magasins se vidaient. Il ne leur restait plus grand-chose. Tous les stocks étaient épuisés. Aussi la guerre avait mis un terme à toutes les importations.
Mira rêvait toujours de pénétrer dans les boutiques chic de la rue Chérif, là où l'on trouvait des maillots de bain de Californie, des soieries d'Italie, des tricots d'Écosse, tout à des prix exorbitants et inabordables. Mais maintenant elles y allaient tous les jours espérant trouver quelque chose dans le méli-mélo qui leur restait comme marchandise. Elles pouvaient tout se payer. Elles avaient de l'argent à jeter par les fenêtres mais rien à acheter.

Dans les rues, elles rencontraient beaucoup de monde. Tous avec les mêmes problèmes. On se passait des tuyaux, on se racontait des histoires. On s'informait des destinations de chacun. Ceux-ci partaient pour l'Argentine, ceux-là pour le Brésil, d'autres partaient s'installer en Suisse avec leurs gros sous. Certains allaient attendre en France leur visa pour les États Unis ou le Canada. Mais en réalité ce n'était que les ressortissants anglais et français qui étaient concernés pour le moment.

Elles finirent par récolter ici et là quelques effets : une jupe, des écharpes en tricot, des gants, un ou deux chandails, un manteau, une radio portative en bakélite et de grosses chaussures à lacets pour Mira d'une pointure de trop pour pouvoir les fourrer de chaussettes en laine qu'elles avaient trouvées à la boutique Old England.

Les bijoux créaient un vrai casse-tête à Titine. Comment faire ? Les vendre, ils ne rapporteraient rien. D'ailleurs il leur était défendu de vendre quoi que ce soit. Et même si elle arrivait à les liquider, que ferait-elle avec l'argent ? Titine possédait une quantité suffisamment appréciable. Entre autres quelques bijoux de famille qui s'étaient accumulés au fil des générations. C'était la coutume en Égypte. On investissait beaucoup dans l'or et les diamants. Même les familles les plus démunies en possédaient. À chaque anniversaire Mira recevait toujours comme cadeaux de la part de ses parents, de ses oncles et de ses tantes des bracelets, des breloques, des gourmettes et des chaines. Des bruits couraient en ville que les autorités avaient installé aux douanes des appareils susceptibles de détecter les diamants. On racontait que des cordonniers avaient confectionné des souliers à talons creux pour les remplir de pierres précieuses mais dont ils avaient par la suite dénoncé les propriétaires à la police. Certains cousaient les bijoux dans les doublures de manteaux, dans des animaux en peluche. D'autres les avalaient. Henri et Titine décidèrent de les confier à un ministre qui promettait de les faire passer dans une valise diplomatique à son prochain voyage en Europe, et d'ailleurs c'est exactement ce qu'il fit.

Une vingtaine de bouquins en tout. C'était tout ce qu'elle avait le droit d'emporter. Mira grimpa à la sandara pour voir ce qui restait de la bibliothèque de son oncle Charles. Il était mort dans les années trente et Titine avait hérité de tous ses livres. À l'époque elle les avait entassés pêle-mêle dans des boites pour les ranger au grenier.

Dans le petit espace qui surmontait la salle de bain, une forte odeur de moisi caractéristique à celle des vieux livres emplissait l'atmosphère. Mira allongea le bras et ouvrit le vasistas pour laisser entrer un peu d'air frais et de lumière. Elle s'assit sur un vieux matelas et regarda autour d'elle. Malheureusement il ne restait plus grand-chose. Juste quelques cartons éparpillés ici et là. Titine avait tout détruit.

Des centaines de livres étaient partis en fumée. Des volumes reliés de la Tribune Juive. Des journaux comme le Figaro, le Monde Illustré portant sur l'affaire Dreyfus. Une copie du journal l'Aurore avec la célèbre lettre d'Emile Zola, « J'accuse » adressée au président de la république Félix Faure, jaunie, pliée en quatre dans une grande enveloppe beige – elle l'avait détruite. Elle avait jeté les romans de Voltaire, Zola, Rousseau, Hugo, Anatole France, Balzac, toute l'étendue de la littérature française. Les romans de Tolstoï, Gorki, Dostoïevski, Kafka. Des livres sur la vie des Juifs en Égypte au XIXe siècle, sur l'antisémitisme en France, d'autres sur l'Inquisition espagnole. Tous trop dangereux pour être gardés avait-elle dit. Jour après jour, pendant des mois, systématiquement, elle avait tout brulé, déchiré, jeté.

Depuis le début des années 50, Henri savait mieux que quiconque que son nom était inscrit sur une liste noire, après le départ en Israël de certains membres de sa famille. Et puis il avait servi dans la marine pendant la guerre. Ils s'attendaient

donc toujours à une descente du *Moukhabarat*, la police secrète.
D'ailleurs au moment de « l'opération Susannah », en 1954, quand des attentats perpétrés par des Israéliens d'origine égyptienne avaient été commis pour déstabiliser le régime en Égypte, Henri avait été interpelé au Gouvernorat à plusieurs reprises.
En Égypte les livres étaient souvent un sujet de controverse. On emprisonnait des Juifs pour avoir possédé des livres de prière. Une fois il y eut une descente de police chez le grand-oncle, Isaac. On trouva dans sa bibliothèque un livre qui se nommait « Haggadah » le livre de prière de la Pâque juive. Ils l'embarquèrent. Pendant plus de deux semaines, on n'eut pas de ses nouvelles jusqu'à ce que son cousin, Maitre Felix Benzakein, le grand avocat, put prouver qu'il s'agissait de Haggadah, livre de prière et non pas de « Hagannah », l'armée juive.

MERCREDI 12 DÉCEMBRE

Il ne restait plus que quelques jours pour la date prévue de leur départ. C'était leur dernière nuit dans l'appartement de la rue Zananiri. Henri et Titine étaient sortis et ne retourneraient que tard dans la soirée. Mira et la bonne étaient épuisées. Elles avaient travaillé toute la journée rien qu'à mettre de l'ordre dans les placards. Titine voulait absolument que tout soit laissé en parfait état de rangement. C'était comme si elle pensait retourner dans un prochain avenir. Mira craignait pour sa mère. L'imminent départ, l'avait-il rendue folle ? Moustafa était venu dans la matinée laver les carrelages et donner un coup de balaie dans les chambres. Il était triste. Cette fois-ci il ne lui fit pas ses yeux de merlan frit.

Avec les meubles astiqués et les parquets cirés, l'appartement était resplendissant - digne d'un jour de fête. La bonne, elle, n'arrêtait pas de pleurnicher jusqu'au point où Mira craignait qu'elle ne perde l'autre œil.

Le soir Ehtemad transporta son matelas du balcon et l'étala devant le lit de Mira comme l'avaient fait toutes les bonnes qui avaient travaillé chez eux depuis qu'elle était toute petite. Elle refusait d'accepter leur départ. Mira ne pouvait rien faire pour la consoler.

La servante alla éteindre le plafonnier et retourna se coucher sur le matelas. Là dans l'obscurité de la chambre, Mira, allongée sur son lit attendait l'instant où l'œil de verre tomberait au fond de la tasse d'eau. Elle savait que ce serait la dernière fois qu'elle entendrait ce bruit familier.

JEUDI 13 DÉCEMBRE

Mira passa une grande partie de la matinée à dire au revoir à la bande d'amis. Ils se retrouvèrent dans la villa d'un copain à la cité Smouha. Certains étaient tristes, d'autres un peu jaloux de la voir partir. Surtout les garçons. Quelle chance elle avait de lâcher tout ça ! Partir à l'aventure, en Europe ou peut-être même en Amérique. L'Amérique, c'était le bout du monde pour eux. C'était ce qu'ils rêvaient tous de faire. Comme Christophe Colomb, embarquer sur un navire et redécouvrir l'Amérique encore une fois ! S'en aller. Déguerpir de ce trou. S'enfuir ! S'éloigner au plus loin possible de cette horrible crise.
On la bombardait de questions. On lui demandait « *Quo Vadis,* Mira ? » Où allait-elle ? Trouvera-t-elle un lycée pour finir ses

études ? Avait-elle jamais vu la neige ? Vivra-t-elle à Paris ou ailleurs ? On s'échangeait des photos dédicacées. Elle décida de laisser sa collection de disques à ses amis. On se faisait des promesses de se revoir au plus vite. N'empêche qu'ils prenaient rendez-vous dans cinq ans pour le premier août 1961 à midi au premier étage de la Tour Eiffel. Ils y seront tous. C'était juré !

*

Mira observait sa mère vaquer dans l'appartement. Elle n'osait pas la regarder de peur de la voir éclater en sanglots. Titine allait de chambre en chambre sans aucun but. Elle ouvrait des tiroirs pour ensuite les refermer. Elle ajustait un objet sur une étagère, tirait les persiennes et puis les entrebâillait.

Henri et Titine tirèrent derrière eux la porte de l'appartement de la rue Zananiri. Ils ne le reverront plus jamais. Ils laissaient tout à l'intérieur - le mobilier, les tapis, les cristaux, l'argenterie, la vaisselle, les bibelots. Pour la énième fois, Titine avait vérifié l'intérieur des armoires. Tout était en ordre. Le linge de maison était rangé soigneusement en piles nettes les unes sur les autres - draps, nappes, serviettes, essuie-mains. Mais parmi les draps et les nappes qui avaient été brodés à la main, ils laissaient leurs souvenirs, leurs joies, leurs querelles, leurs tristesses. En fait toute leur vie restait là derrière eux.
Ils saluèrent chaleureusement le portier qui leur avait été si serviable et si complaisant pendant toutes ces années. Ils lui confièrent trois jeux de clés qu'il devait remettre au propriétaire. Mais ce n'était plus Parazolli. Il avait vendu l'immeuble immédiatement après la guerre et était reparti dans son Italie natale pour vivre le restant de ses jours.
Henri glissa dans la main du bawab un gros pourboire. C'était fini. Une page se tournait.

L'après-midi, Mira alla chez Daisy. Les deux jeunes filles se mirent à bavarder de tout sauf de l'imminent départ. Elles évitèrent d'aborder des sujets pénibles. C'était trop dur. L'avenir allait-il les séparer l'une de l'autre à tout jamais ? Se reverront-elles un jour dans un monde meilleur ?
Elles riaient en se remémorant tous les trucs défendus et tous les tours pendables qu'elles avaient osés faire ou infliger à d'autres. À deux c'était toujours beaucoup plus facile.
Elles évoquèrent les bains de mer du samedi matin pendant l'hiver, quand elles se laissaient glisser sur les rochers de la pointe à Stanley Bay recouverts de varech pour ensuite se jeter dans une mer agitée et glaciale à couper le souffle. Après ces baignades revigorantes, les deux filles, grelottantes, claquant des dents, enveloppées dans des burnous, se séchaient au soleil en sirotant du lait aux fraises frappé que Daisy apportait dans un Thermos.
Les journées de *tchampa* (école buissonnière) quand elles se cachaient dans l'Impériale du tramway jusqu'à dix heures. Aller retour, aller retour, jusqu'à ce que tous les camarades et professeurs soient rentrés en classe. Ensuite la course folle à la gare de Ramleh pour s'engouffrer en vitesse avec deux grands cornets de pépins dans le cinéma le plus proche de peur d'être découvertes.
Les escapades le soir sur la Corniche à Sporting pour aller rencontrer un groupe d'amis et manger des épis de maïs grillés. Au retour, riant comme des folles, elles s'arrêtaient toujours chez Mahmoud le glacier de chez Pastroudis. Elles le taquinaient, rigolaient, flirtaient avec lui, lui chipaient des cornets de biscuit sur l'étagère et il finissait toujours par leur offrir des glaces à l'abricot dont Daisy raffolait. Il lui disait : *Enti zay el amar, ya meshmesh hamawi !* (Tu es comme la lune, bel abricot)
Monsieur Cohen. Malheureux Monsieur Cohen - elles l'avaient rendu fou. Quels tours abominables elles lui avaient joués ! Elles

l'avaient rencontré dans une surprise-partie. C'était l'oncle de la fille qui donnait la fête. Il était marié. Elles s'étaient mises à flirter indignement avec le pauvre diable en lui promettant monts et merveilles. Il leur téléphonait presque tous les jours pendant des semaines. Elles acceptaient des rendez-vous sans jamais s'y rendre. Parfois elles arrivaient en courant, coquines, méchantes, prétextant qu'elles ne pouvaient rester que quelques minutes. Elles acceptaient les fleurs et le plateau de mille-feuilles à la crème de chez Délices que l'infortuné bonhomme leur apportait - Mira lui avait dit que c'étaient ses gâteaux préférés.   Qu'allait devenir Daisy sans Mira et Mira sans Daisy ?

À cinq heures Robert arriva. Mira l'avait attendu tout l'après-midi anticipant anxieusement le moment où ils allaient se retrouver. Il était convenu que Daisy leur laisserait le champ libre et sortirait faire un tour chez une amie. Les deux filles s'étaient déjà dites au revoir à maintes reprises. Au moment de sortir de la chambre, Daisy lança à sa copine un clin d'œil complice et disparut dans le corridor en leur criant que personne ne viendrait avant sept heures. Les deux filles se promettaient de se téléphoner dans la soirée.
À l'instant où ils entendirent la porte de l'entrée se refermer, Robert culbuta Mira sur les oreillers et ils se mirent à s'embrasser fougueusement. Mira tressaillit au premier contact de la bouche de Robert sur la sienne. Ça faisait longtemps ! Elle frissonnait de plaisir. Tout s'éveillait en elle. Son cœur battait si fort qu'elle sentait une douleur à son poignet. Elle aurait voulu rester là dans ses bras pour toujours. Ne pas partir.
Elle leva les yeux vers lui et le regarda étrangement avec douceur. Elle essayait de découvrir quelque chose dans son visage qu'elle emporterait avec elle. Elle l'aimait à en mourir. Mais lui ne l'aimait pas. Elle le savait. À quoi bon se leurrer ! Il l'aimait bien, c'est tout. Pour être ensemble, il aurait fallu qu'ils

se retrouvent sur une ile déserte. Trop de filles autour de lui. Il était beau. Il avait un succès fou. Elles succombaient toutes à son charme quand il était devant elles. Comme un bourdon, il voltigeait de l'une à l'autre. Il disparaissait, il revenait. Les dernières vacances avaient été un tissu de mensonges.
Pourtant depuis le début des évènements, il passait très souvent la voir à la sauvette pour l'emmener se promener en voiture sur la Corniche. Le vendredi il s'arrangeait toujours pour se brouiller avec elle ainsi le week-end il restait introuvable. À coup sûr il était sorti avec une autre. Le lundi, comme par enchantement, il revenait.

Robert lui avait ôté son chemisier et essayait maintenant de défaire son soutien-gorge. Elle refusait de céder à son empressement. Brusquement elle le repoussa, se redressa d'un bond, faisant gémir les ressorts du sommier. Elle s'assit en tailleur sur le lit en s'adossant contre les oreillers et lui prit les deux mains qui essayaient de prendre possession de son corps et les posa fermement devant lui.
– Ça suffit, on va s'arrêter là !
– Allez ! Ne sois pas si difficile. Nous n'avons pas beaucoup de temps.
– Tu rigoles j'espère ! Qu'est-ce qui nous reste encore comme temps d'après toi ? Pas grand-chose ! Tu viens de t'en rendre compte ? Demain je pars. Tout est fini. En définitive tu auras la paix. Je ne t'embêterai plus avec mes histoires. Je ne serai plus là à te casser les pieds continuellement.
– Tais-toi, idiote ! Il la reprit brusquement dans ses bras et plaqua sa bouche contre la sienne pour essayer de la faire taire. Il posait ses baisers un peu partout sur son cou, sur son visage, sur ses épaules.
À présent elle était nue jusqu'à la taille - les seins exposés devant lui. À son tour il déboutonna sa chemise et défit sa ceinture.

Ensuite il la renversa complètement sur le lit et se coucha à côté d'elle. Il lui caressait les seins, l'embrassait partout. Il prit sa main et la glissa dans l'ouverture de son pantalon. Sous ses doigts elle sentit un durcissement. Il essaya de lui retrousser la jupe, mais elle résistait encore. Elle gardait les jambes fermement serrées. Elle refusait de céder à la tentation.
– Non pas ça. Pas maintenant. C'est trop tard ! Quelqu'un peut arriver d'un instant à l'autre.
Mira gigotait. Elle s'énervait.
– Allez, ne t'inquiètes pas, reste calme. Personne ne viendra pour le moment. Ne t'en fais pas, je ne vais pas te faire de mal.
– Promis ?
– Juré !
Et puis quelle importance après tout, elle s'enfichait à présent. Elle était dans les bras du gars qu'elle désirait le plus au monde et probablement pour la dernière fois. Une vague de plaisir l'envahit. Elle ne pensa plus à rien et ferma les yeux. Elle savait qu'à partir du lendemain, elle n'allait plus jamais le revoir.

Plus tard, les joues en feu, les cheveux en désordre, les vêtements en pagaille, ils se rhabillèrent à la hâte et sortirent de l'appartement. Il la raccompagna en silence jusque chez sa tante où elle allait passer la nuit avec ses parents. Ils marchaient côte à côte sur le trottoir. Ils n'échangèrent aucune parole jusqu'à ce qu'ils atteignirent le portail de l'immeuble. Mira offrit à Robert son visage encore enflammé et il y posa un baiser furtif sur chaque joue comme de bons copains au cas où on les regardait d'une fenêtre. Ensuite ils se séparèrent. Qui sait quand elle allait le revoir ? Probablement jamais !
Elle prit l'ascenseur qui la jeta sur le palier du troisième. Elle était malheureuse. Les larmes embuaient ses yeux. Elle hésita un moment, se ravisa, fit volte face, empêcha avec son pied le grillage automatique de se refermer et retourna dans la cabine.

Elle appuya son doigt sur le bouton marqué RDC. Elle se précipita hors de l'immeuble et prenant les jambes à son cou, se mit à courir comme une damnée. Elle vit sa silhouette se détacher dans la pénombre du crépuscule. Il remontait lentement la rue Mielli, cette petite rue en pente qui menait à la station de Cléopatra. Son cœur battait à tout rompre. Elle voulait le revoir encore une fois. Encore une dernière fois ! Elle le rattrapa et lui tomba presque sur le dos.
– Mais qu'est-ce qui te prend, tu es cinglée ou quoi ?
– C'est vrai je suis folle, j'ai toujours été folle ! Je veux t'embrasser pour une dernière fois.
– Ici devant tout le monde, c'est impossible.
– Non, non ! Pas ici. Attends. Viens. Je connais un endroit.
Elle l'entraina sous le porche du grand bâtiment qui se trouvait à l'angle de la rue devant la gare. Elle connaissait très bien l'immeuble. Petite, elle venait presque tous les jours quand les Amiel, des amis à ses parents, habitaient au premier étage. Le hall était plongé dans l'obscurité. Il n'y avait personne. Ils entrèrent dans le réduit des boites aux lettres et ils se mirent à s'embrasser à bouche que veux-tu pendant un long moment. Ils s'embrassaient à perdre haleine – ils se dévoraient. Elle lui promit que où qu'elle se trouve dans le monde, elle n'oubliera jamais ses baisers.
« Rappelle-toi toujours, quoique qu'il arrive, je te fais la promesse de ne jamais t'oublier. Tu seras toujours là, dans mon cœur, dans mes pensées, je t'aimerai pour deux, je t'aimerai au carré. »

VENDREDI 14 DÉCEMBRE

À sept heures du matin, un coursier de chez Floréal livra une superbe gerbe de roses adressée à Mlle Mira Levy. Aziza vint lui apporter les fleurs au salon où Mira dormait encore recroquevillée sur le canapé à côté de son cousin.
Les yeux à peine ouverts, elle distingua dans la faible lueur qui venait de l'extérieur, le message griffonné sur une carte de visite : « *Ti amerò per sempre. Buon viaggio. G.* »
Neuf roses rouges baccarat - une à une, il avait dû les choisir lui-même. Décidément elle recevait toujours des roses dans cet appartement. Elle se rappela les fleurs d'Alex, le jour de son anniversaire. Elle avait eu si peur quand il l'avait emmenée sur

la plage pour l'embrasser. Que c'était loin Alex à présent. Le jeu de la bouteille. Son premier vrai baiser qui l'avait catapultée sur une autre planète. Que d'eau sous les ponts !
Posées sur ses genoux les fleurs dégageaient un parfum enivrant de roses fraiches. Pour un moment elle les regarda intensément et elle vit toutes ses petites amourettes défiler devant ses yeux. Adel, Samir, Alex, Alain, Robert, Giacomo, Guy, Gérard - elle ne les oubliera jamais. Chacun d'eux aura une petite place dans son cœur.
Elle décida qu'il fallait qu'elle emporte ces roses avec elle. Mais il y avait deux douanes encore à passer : son père et l'autre. Et bien tant pis ! À son père, elle lui dira que des amis s'étaient cotisés pour les lui offrir et pour l'autre, Titine tiendra le bouquet sur son bras. Ils ne diront rien. Ils n'oseront pas !
Elle avait revu Giacomo plusieurs fois depuis le début des évènements. Malheureusement, il était très préoccupé pour l'instant et souvent appelé au Caire auprès de sa maman malade. Elle lui avait fait la promesse de lui écrire au plus tôt possible pour lui faire savoir où elle se trouvait dans le monde.

*

Sur la table de la salle à manger, l'oncle Michel leur avait préparé un petit déjeuner à la libanaise. Il y avait du pain chami, de l'huile d'olive rapportée de leur propriété de Bhamdoun, du *zahtar* (thym), de la *labna* (fromage crémeux) et une grande assiette remplie de *kolwashkor* et de *konafa* aux pistaches, des pâtisseries qu'ils avaient ramenées de chez Samadi durant leur dernier voyage à Beyrouth.
Silencieux, ils mangeaient du bout des lèvres et se regardaient ne sachant pas quoi dire. Les deux sœurs ne comprenaient pas ce qui était en train de leur arriver. Depuis leur enfance à Salonique, elles ne s'étaient jamais séparées. Qui sait quand ils

allaient tous se revoir.

– Maman ne soit pas si triste, dit Mira en étouffant un bâillement. Dans quelques jours nous allons revoir Venise. On ira prendre le thé chez Florian sur la Piazza San Marco. Je sais combien tu adores ça !

– Mais de quoi tu parles ? Il n'est plus question que nous allions dans des endroits pareils, c'est fini tout ça. Nous sommes des réfugiés à présent. Nous sommes fichus – il ne nous reste plus rien ! Nous avons tout perdu. On nous a tout enlevé, jusqu'à notre identité.

Il était neuf heures quand Ahmad le chauffeur arriva avec la Packard pour les emmener au port d'embarquement. Les bagages avaient déjà été acheminés le jour précédent et les attendaient au port pour le dédouanage.
Il était en larmes au moment de les saluer pour la dernière fois.

–*Ya sa'att el bey*, (Votre honoré chef), que dois-je faire des voitures ? Il s'occupait de celle du bureau et de la voiture personnelle d'Henri.

– Je n'en sais rien. Garde-les. Nous n'en aurons plus besoin.

Vers deux heures ils montèrent sur le navire non sans au préalable être passés au crible par le contrôle des douanes.
Une femme engoncée dans un uniforme de policière qu'elle arrivait à peine à boutonner et qui lui tirait de tous les côtés pria Mira de la suivre. Elle la fit entrer dans une petite pièce remplie de dossiers et de paperasses et lui demanda sur un ton plutôt déplaisant de se déshabiller. Ensuite elle sortit en refermant la porte derrière elle.
Mira trouvait cela humiliant et dégradant. Titine l'avait avertie d'une pareille éventualité. La jeune fille sentit sa gorge se nouer mais fit un grand effort pour ne pas pleurer. Elle ravala ses larmes et décida de demeurer stoïque devant cette situation. Elle

ôta ses souliers, son chandail et sa robe mais garda ses sous-vêtements - elle n'avait rien à cacher. Ce n'était qu'un mauvais quart d'heure encore à passer et ensuite tout sera terminé.
La femme retourna dans la chambre
— Pourquoi n'as-tu pas tout enlevé ? Est-ce que tu as tes règles ?
Mira eut un sursaut d'indignation. Qui était cette salope pour lui demander une question si indiscrète. Horrifiée, n'arrivant pas à ouvrir la bouche, elle fit non de la tête.
— Alors déshabille-toi complètement. Je n'ai pas beaucoup de temps à perdre.
Mira hésita un instant, murmura « sale lesbienne » entre ses dents et ensuite arracha ses vêtements avec rage. Elle se sentait près de suffoquer. Elle était très mal à l'aise de se mettre toute nue devant cette inconnue.
La policière se mit à tourner autour de Mira en la regardant à la dérobée.
— Si elle me touche, je hurle. Pensa Mira
— Ça va comme ça. Tu peux te rhabiller maintenant.
Mira essayait de maitriser son tremblement. Des larmes lui piquaient les yeux. Elle voulait crier, saccager tout autour d'elle. Mais encore une fois, elle fit un effort surhumain pour essayer de rester calme.
Elle se rhabilla en vitesse et retourna auprès de ses parents. En voyant le visage pâle et décomposé de sa fille, Titine comprit ce qui s'était passé. Elle voulait faire un esclandre, se plaindre, mais Henri lui fit signe de se taire. Cela ne ferait qu'aggraver la situation. Ça ne valait pas la peine. Il y avait encore des valises à ouvrir.

Plus tard trois douaniers inspectèrent les affaires de Mira.
— Qu'est-ce que c'est que tous ces livres ? Tu comptes ouvrir une librairie en Europe ? Dit l'un d'eux d'une voix sarcastique.
Ils se mirent à les feuilleter un à un. Comme le font souvent les

jeunes, Robert avait apposé sa signature sur la page blanche de ses manuels de classe – ainsi elle se rappellera de lui à chaque fois qu'elle ouvrira un bouquin. Un d'eux remarqua la signature.
– C'est quoi ça ?
– Ce n'est rien. La signature d'un ami, répondit Mira.
Avec une rage acharnée, le douanier déchira toutes les pages blanches. Comme ça sans raison, livre après livre, dans un geste de mépris. Ils essayaient de lui arracher le souvenir de Robert. Mais ils n'y parviendraient pas. Chimie, physique, sciences nat, histoire, tous eurent leur tour. « L'Anglais par la Conversation » de Richard and Wendy Hall reçut une inspection élaborée comme si le livre contenait des messages secrets. Finalement ils tamponnèrent le tout avec leur signature « *Press Censor. Alexandria* ».
La dernière et la plus terrible des humiliations furent les cachets énormes à l'encre verte qu'ils apposèrent sur les passeports. Bang, bang, comme des coups de mitraillette, leur poing frappait le papier avec force « *No return. Definite emigration* ». Ils étaient bannis, renvoyés, chassés, liquidés pour toujours de la terre d'Égypte.
Le bruit du tampon tombant sur le livret traversa le cœur de Mira comme une épée. C'était comme si quelqu'un claquait la porte derrière son passé. Ils étaient libres de partir, on ne les retenait pas, mais on les avait rendus orphelins. On les avait démunis de tout, séparés de leur famille, d'êtres chers et de leur lieu de naissance. On leur avait tout enlevé. C'était ce qu'il y avait de plus dur à supporter. Se reverront-ils un jour ? Vivront-ils de nouveau ensemble comme ils l'avaient fait pendant des générations ?
Ils montèrent à bord. Ils avaient déjà voyagé sur ce paquebot dans de plus heureuses circonstances. Le navire ne partait pas avant le lendemain, mais Henri avait préféré embarquer un jour plus tôt. Rien ne les retenait plus ici.

SAMEDI 15 DÉCEMBRE

Dernier jour, derniers instants sur la terre d'Égypte. Sur le pont, l'équipage s'affairait et s'apprêtait à larguer les amarres. Le navire s'ébranla dans un grincement sourd et lentement commença à se détacher du quai. Les sirènes se firent entendre.
Accoudés sur le bastingage et collés les uns aux autres comme des sardines tant ils étaient nombreux, les passagers du paquebot en partance regardaient s'éloigner Alexandrie. Bientôt ils seront hors du port et en pleine mer.
Subitement, un terrible grondement de moteurs se fit entendre. Il semblait soudain que l'appareillage du navire s'était arrêté. Là-bas sur l'embarcadère qu'ils venaient de quitter, les passagers

observaient avec stupeur tout un remue-ménage.

Deux véhicules de police venaient de s'arrêter juste à quelques mètres du bord. Ils freinèrent brusquement en donnant des coups de klaxons ininterrompus. Les sirènes du paquebot hurlaient. À bord la foule était éberluée de voir ce qui était en train de se passer. Chacun s'interrogeait en regardant son voisin comme si l'autre avait la réponse. « Mais quoi encore ? » Des policiers armés sortirent des voitures en ajustant leur casquette et en poussant devant eux quatre jeunes gens, menottes aux poings. Une vedette s'approchait de la jetée.

Ils montèrent tous sur le canot. On comprit tout de suite. Ces hommes étaient en détention et venaient d'être relâchés. Chacun d'eux avait sa famille à bord. Elles avaient surement obtenu leur visa de sortie mais jusqu'à la dernière minute personne ne savait s'ils allaient être libérés. Mira et ses parents virent les quatre détenus, hissés par des cordages, rejoindre le navire aux larmes et aux cris de joie de leurs proches.

Mira avait déjà vu cette scène auparavant quand sa tante Claire était partie sur le navire Providence pour Marseille en 49. Des jeunes gens accusés de sionisme avaient été relâchés de prison et avaient rejoint le bateau après le départ. Mira était alors une enfant et cet épisode de jeunes garçons tirés par des cordages le long du flanc du navire, l'avait longtemps affectée.

On repartait. Les derniers vestiges du port d'Alexandrie se déroulaient devant leurs yeux. Les épaves rouillées des navires de guerre, où petite Mira venait souvent pêcher au fil, se dressaient comme des fantômes du passé.

À distance s'étalait une succession de bâtiments : le Club Nautique, le Sailing Club, le Club Grec … Ils passèrent devant le palais de Ras El Tine, d'où le roi Farouk, dans cette fin d'après-midi de juillet 52, était parti pour l'exil sur le yacht Mahroussa,

affublé de son uniforme blanc d'amiral de toutes les flottes et suivi de sa dévouée Nariman qui tenait l'enfant princier dans les bras.
Au loin devant les brise-lames, *Raml el beddah*, cette partie du port au sable blanc où l'on venait ancrer son cutter pour se baigner pendant les promenades en mer.

Henri regarda défiler devant lui tous les quais où pendant de nombreuses années il recevait des chargements de bois, de charbon et de beaucoup d'autres marchandises. Où les balles de coton partaient de Minet el Bassal en route pour Liverpool. Ses années de guerre passées à bord d'un ravitailleur de la *Royal Navy*. Comme dans un film, il était en train de voir toute sa vie se dérouler lentement devant lui.

Le navire avait quitté le port et voguait maintenant en pleine mer. Bientôt il sera hors des eaux territoriales en route vers de nouveaux horizons. Pendant quelques temps les goélands suivirent le sillage du paquebot. Des passagers leur jetaient des morceaux de pain. Ils survolèrent encore quelques instants et ensuite rebroussèrent chemin pour retourner au port.
Mira se tourna vers l'ouest. À l'horizon, le ciel était rouge. Derrière elle, Alexandrie qu'elle abandonnait sans laisser d'adresse. Pour quelques temps encore, elle fixa un soleil couchant resplendissant qui s'était depuis longtemps déplacé de son zénith.

Une rumeur arrivait de quelque part. On chantait haTikvah (l'espoir), l'hymne national israélien. C'était tard dans l'après-midi de ce samedi 15 décembre 1956.